U0672867

The 2017 Zhejiang

Financial Development Report

浙江金融发展报告

——蓝皮书（2017）——

陈国平　丁敏哲　史晋川◎总主编

汪　炜　章　华◎主　编

ZHEJIANG UNIVERSITY PRESS

浙江大学出版社

图书在版编目（CIP）数据

浙江金融发展报告：蓝皮书. 2017 / 汪炜, 章华主编；浙江省金融业发展促进会, 浙江大学金融研究院编. -- 杭州：浙江大学出版社, 2018.1

（浙江金融发展报告系列丛书 / 陈国平, 丁敏哲, 史晋川主编）

ISBN 978-7-308-17860-0

Ⅰ.①浙… Ⅱ.①汪… ②章… ③浙… ④浙… Ⅲ.①地方金融事业－经济发展－研究报告－浙江－2017 Ⅳ.①F832.755

中国版本图书馆CIP数据核字(2018)第012558号

浙江金融发展报告——蓝皮书（2017）

汪 炜 章 华 主编

浙江省金融业发展促进会
浙江大学金融研究院　编

责任编辑	冯社宁 赵 静
责任校对	杨利军 张培洁
封面设计	续设计
排　 版	杭州兴邦电子印务有限公司
出版发行	浙江大学出版社
	（杭州市天目山路148号　邮政编码310007）
	（网址：http://www.zjupress.com）
印　 刷	杭州杭新印务有限公司
开　 本	787mm×1092mm　1/16
印　 张	22.125
字　 数	340千
版 印 次	2018年1月第1版　2018年1月第1次印刷
书　 号	ISBN 978-7-308-17860-0
定　 价	56.00元

版权所有　翻印必究　　印装差错　负责调换

浙江大学出版社发行中心电话（0571）88925591；http://zjdxcbs.tmall.com

本书编委会

编写单位　浙江省金融业发展促进会

　　　　　　浙江大学金融研究院

总 主 编　陈国平　丁敏哲　史晋川

副总主编　（按姓氏笔画为序）

　　　　　　王宗成　包纯田　邹　飞　张雁云

　　　　　　徐素荣　殷兴山　盛益军　熊　涛

主　　编　汪　炜　章　华

编委会委员　（按姓氏笔画为序）

　　　　　　王去非　王永明　王怀章　王宗成　王响亮

　　　　　　叶笃银　包纯田　许奇挺　杨柳勇　余津津

　　　　　　汪　炜　张　崴　张有荣　张雁云　陆鹏飞

　　　　　　陈　沁　郑文燕　赵军伟　施月登　贾　婕

　　　　　　钱斌达　徐素荣　殷兴山　高永富　唐　菲

　　　　　　盛益军　常　青　章　华　傅平江　熊　涛

　　　　　　潘广恩

前　言

　　《浙江金融发展报告——蓝皮书(2017)》是按照浙江省委、省政府编写全面反映浙江金融发展情况的报告要求,由浙江省金融业发展促进会和浙江省金融研究院落实编制的地方金融重要文献资料。2017年的浙江省金融发展报告得到了浙江省人民政府金融工作办公室、中国人民银行杭州中心支行、浙江银监局、浙江证监局、浙江保监局等相关部门的大力支持和帮助,凝聚了所有参编单位的心血。

　　本报告共分四篇。第一篇为金融经济运行综合报告,由两个总报告组成,分别是《2016年度浙江省金融运行报告》和《2016年度浙江省地方金融业改革与发展报告》,反映出我省金融业在2016年的整体发展水平和地方金融改革进展。第二篇为金融行业类别报告,按照银行业、证券期货业、保险业、上市公司、政府产业基金、小额贷款公司、股权投资行业和互联网金融8个方面,以7个行业领域分报告和上市公司报告为主体,较为全面地反映了2016年我省金融业发展情况。需要指出的是,由于2016年互联网金融行业处在规范整顿之中,因此我们未将互联网金融研究独立成篇,而是在金融行业类别报告部分对其予以关注。第三篇为金融热点问题研究,以反映我省地方金融发展特色亮点为宗旨,采用点面结合的分析视角,对台州小微金融发展、2016年丽水农村金改、银行业自建电商平台、资本市场推进供给侧改革、P2P网贷平台风险控制等我省备受关注的金融热点给予了特别的关注。第四篇为绿色金融专题研究。绿色金融专题于2015年首次设立,2016年我省积极响应中央政策号召,继续大力推动绿色金融市场发展,在绿色信贷、绿色债券、绿色保险等各细分领域都进行了深入实践,该篇章正是对我省各监管部门发展绿色金融的相关思考与主要经验的总结。另外,附录里收录了2016年我省出台的扶持金融业发展的相关政策和2016年我省主要的经济金融指标。

浙江省金融业发展促进会
浙江省金融研究院
浙江大学金融研究院

目 录

金融经济运行综合报告

金融行业类别报告

金融热点问题研究

绿色金融专题研究

金融经济运行综合报告

第一章　2016年度浙江省金融运行报告

2016年,面对复杂严峻的宏观形势,浙江省主动适应经济发展新常态,积极应对各种风险和挑战,经济运行呈现稳走向好态势,供给侧结构性改革稳步推进,新旧动能转换取得积极进展,全年地区生产总值比上年增长7.5%,其中服务业对浙江省GDP增长的贡献率达到62.9%,居民消费者价格同比上涨1.9%。

2016年,浙江省金融运行平稳,信贷总量合理适度增长。地方政府债务置换和不良贷款处置对贷款增长影响较大,全省新增贷款5338.2亿元,同比多增308.7亿元。融资结构继续优化,直接融资增加2567亿元,占社会融资规模的比重的34.3%,同比上升2.1百分点。融资成本趋于下降,一般性贷款加权平均利率为5.9%,同比下降0.63百分点。证券和保险服务实体经济能力进一步提升。信用体系、支付体系不断完善。

2017年是实施"十三五"规划的关键之年,也是供给侧结构性改革的深化之年。人民银行杭州中心支行将继续坚持稳中求进的工作总基调,认真贯彻稳健中性的货币政策,践行新发展理念,全面做好稳增长、促改革、调结构、惠民生、防风险各项工作,切实履行好基层央行各项职责,持续推动浙江经济金融平稳健康发展。

一、金融运行情况

2016年,浙江金融业全力服务供给侧结构性改革和经济转型升级,货币信贷和社会融资规模平稳增长,融资结构有所优化,市场利率逐步下行,证券和保险业稳健发展,金融生态环境建设扎实推进,金融改革持续深化。

（一）银行业稳健运行,货币信贷平稳增长

2016 年,浙江银行业金融机构认真贯彻稳健的货币政策,努力满足实体经济合理的资金需求,金融改革持续推进。

1. 银行业资产和负债平稳增长。2016 年,浙江省银行业金融机构资产和负债总额分别增长 11.71% 和 11.68%,增幅同比分别回落 1.1 和 1.3 百分点(见表 1-1)。

表 1-1 2016 年浙江省银行业金融机构情况

机构类别	营业网点			法人机构（个）
	机构个数（个）	从业人数（人）	资产总额（亿元）	
一、大型商业银行	3897	95514	44763.39	0
二、国家开发银行和政策性银行	61	1953	7230.89	0
三、股份制商业银行	1131	34377	24683.44	0
四、城市商业银行	1511	43723	27127.34	13
五、城市信用社				
六、小型农村金融机构	4236	51338	21175.61	82
七、财务公司	1	277	955.83	7
八、信托公司	0	965	223.44	5
九、邮政储蓄银行	1741	9215	3446.46	0
十、外资银行	28	761	484.34	0
十一、新型农村机构	228	5699	867.57	81
十二、其他	6	758	1445.15	5
合计	12840	244580	132403.46	193

注:营业网点不包括国家开发银行和政策性银行、大型商业银行、股份制银行等金融机构总部数据;"大型商业银行"包括中国工商银行、中国农业银行、中国银行、中国建设银行和交通银行;"小型农村金融机构"包括农村商业银行、农村合作银行和农村信用社;"新型农村机构"包括村镇银行、贷款公司、农村资金互助社和小额贷款公司;"其他"包含金融租赁公司、汽车金融公司、货币经纪公司、消费金融公司等。

数据来源:人民银行杭州中心支行、浙江银监局。

2. 存款同比多增,非银金融机构存款下降。2016 年年末,浙江省金融机构本外币各项存款余额 99530.3 亿元,同比增长 10.2%,增速与上年持平。全年新增存款 9228.7 亿元,同比多增 524 亿元,其中:住户、企业和政府存款均保持增长,非银金融机构存款下降。住户存款较年初新增 3967.7 亿元,同比

多增1510.3亿元;企业存款新增3239.2亿元,同比多增1212.9亿元;政府存款新增2173.2亿元,同比多增968.8亿元;非银金融机构存款较年初减少206.4亿元,而上年为增加2995.7亿元(见图1-1)。

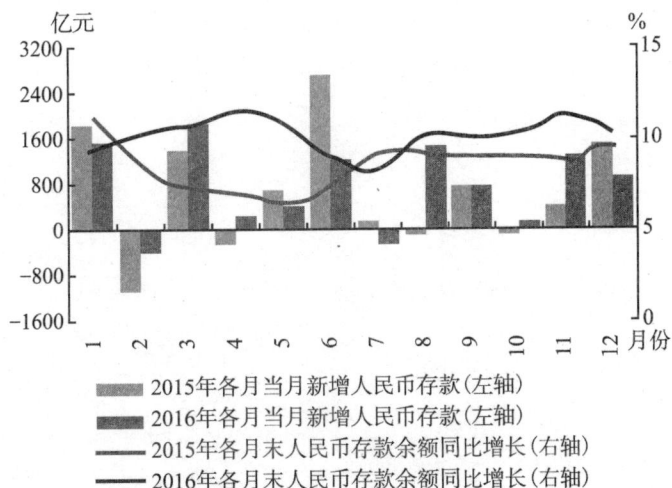

图1-1 2015—2016年浙江省金融机构人民币存款增长

数据来源:人民银行杭州中心支行。

3. 贷款增势平稳,投向相对集中。2016年年末,浙江省本外币贷款余额81804.5亿元,同比增长7%;新增贷款5338.2亿元,同比多增380.7亿元。信贷投向主要集中于政府性项目和房地产领域,其中:个人住房贷款新增3632.0亿元;政府类项目贷款在债务置换3572.0亿元的情况下,依然增加1424.0亿元;制造业贷款受不良贷款处置影响较大,比年初下降1519.0亿元(见图1-2、图1-3)。

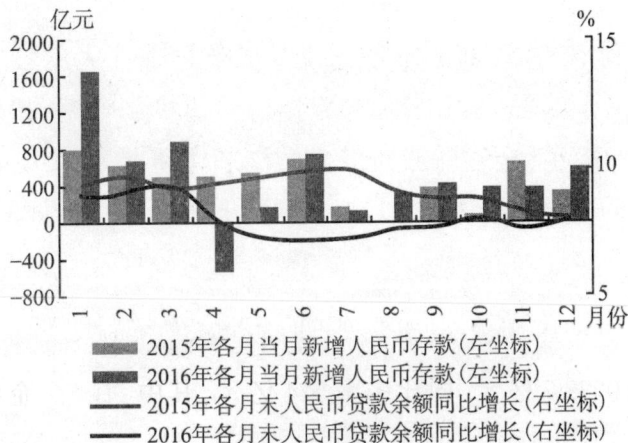

图1-2 2015—2016年浙江省金融机构人民币贷款增长

数据来源:人民银行杭州中心支行。

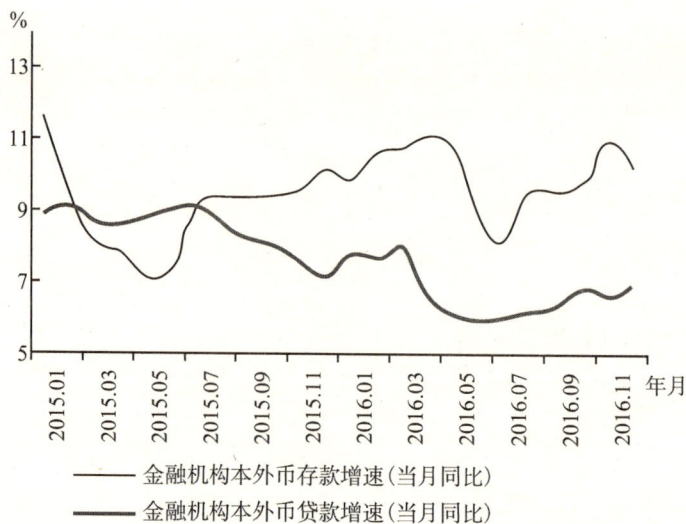

图1-3　2015—2016年浙江省金融机构本外币存、贷款增速变化
数据来源：人民银行杭州中心支行。

2016年，人民银行杭州中心支行组织开展"金融服务供给侧结构性改革年"活动，综合运用多种政策工具引导信贷结构优化，全省共发放再贷款、再贴现147.7亿元，支持了89家金融机构、惠及农户及小微企业6.7万余家。2016年年末，全省小微企业贷款余额20362.9亿元，占全部企业贷款余额的42.1%，同比提高1.5百分点。农村"两权"抵押贷款试点地区的农房抵押贷款余额达92.2亿元，同比增长22.5%，占到全国的40%左右；农地经营权抵押贷款余额8.0亿元，是去年同期的2.4倍。专利权质押贷款余额达12.1亿元，同比增长40.5%。

4. 贷款利率趋降，利率市场化改革成效显现。人民银行杭州中心支行贯彻降成本工作部署，充分发挥利率定价自律机制作用，指导金融机构合理利率定价。2016年，全省一般性贷款加权平均利率为5.9%，同比下降0.63百分点；全省民间借贷监测利率为17.9%，同比下降1.6百分点（见表1-2、图1-4）。

表1-2　2016年浙江省金融机构人民币贷款各利率区间占比　　　　　单位：%

月份		1月	2月	3月	4月	5月	6月
合计		100.0	100.0	100.0	100.0	100.0	100.0
下浮		6.1	8.0	6.8	7.9	8.0	7.9
基准		12.6	11.6	11.6	11.5	11.2	12.6
上浮	小计	81.2	80.4	81.6	80.6	80.8	79.4
	（1.0—1.1]	16.9	20.2	16.5	13.4	13.0	14.7
	（1.1—1.3]	28.2	26.3	27.6	30.5	31.2	30.6
	（1.3—1.5]	13.3	11.9	13.4	13.6	13.6	12.2
	（1.5—2.0]	14.1	12.6	14.3	13.6	13.0	13.0
	2.0以上	8.8	9.4	9.7	9.5	10.0	8.9
月份		7月	8月	9月	10月	11月	12月
合计		100.0	100.0	100.0	100.0	100.0	100.0
下浮		7.4	8.7	9.2	9.9	11.9	14.6
基准		10.9	9.9	12.1	11.1	11.2	15.5
上浮	小计	81.7	81.4	78.6	79.0	76.9	69.9
	（1.0—1.1]	15.2	14.7	15.6	14.3	15.7	16.5
	（1.1—1.3]	29.2	30.6	28.2	28.2	27.4	24.9
	（1.3—1.5]	14.1	13.8	13.3	13.1	12.8	10.5
	（1.5—2.0]	13.2	12.9	12.3	12.9	11.7	10.3
	2.0以上	10.0	9.4	9.3	10.5	9.3	7.6

数据来源：人民银行杭州中心支行。

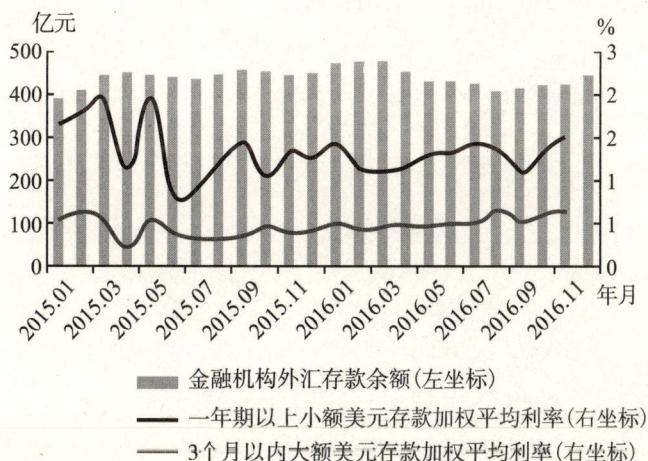

图1-4　2015—2016年浙江省金融机构外币存款余额及外币存款利率

数据来源：人民银行杭州中心支行。

2016年，全省地方法人金融机构大额存单和同业存单发行量分别为11505亿元和896亿元。存单产品发行有效提升了地方中小法人机构的主动负债、流动性管理及市场化定价能力，一些地方法人金融机构将存单产品与小微金融产品紧密对接，有效提升了金融支持实体经济的能力。

5. 银行业改革持续深化，金融服务体系进一步完善。农业银行"三农金融事业部"改革试点稳步推进，邮储银行改革持续深化。浙江网商银行和温州民商银行努力探索民营银行发展新模式，经营总体稳健。全省已有45家农信社改制为农村商业银行，村镇银行基本实现县域全覆盖。光大金瓯资产管理有限公司取得参与浙江省范围内不良资产批量转让资质，浙商资产管理有限公司业务规模快速增长。

6. 银行业资产质量企稳，不良资产处置力度加大。2016年，浙江省银行业不良贷款5年来首次实现"双降"，不良贷款余额1777亿元，比年初减少32亿元；不良贷款率为2.2%，比年初下降0.2百分点；关注类贷款比例为4.3%，比年初下降0.11百分点。全年共处置不良贷款2283亿元，同比增加16%。

7. 跨境人民币业务稳步发展。2016年，浙江省跨境人民币业务量达6562亿元，继续保持全国第4位，全年开展跨境人民币结算企业累计达2.9万余家，比上年增加3000家，业务参与面不断扩大。浙江省推动6家银行与7家第三方支付公司开展业务合作，全年办理电子商务跨境人民币结算业务151亿元，是去年的3.6倍；为77家跨国企业办理跨境人民币双向资金备案，可跨境融入资金规模达2500亿元。

专栏1：浙江省积极探索农村"两权"抵押贷款特色模式

2016年，人民银行杭州中心支行积极加强与省级相关部门的沟通合作，着力推动浙江农村"两权"抵押贷款试点工作。目前，省内各地因地制宜、主动探索，形成了农村"两权"抵押贷款试点的一系列特色做法。

特色一：海盐县创新细化试点工作规范。

为推动和便利更多金融机构开展农地经营权抵押贷款业务，按照可推广、可复制的要求，海盐县一是制定《农村承包土地的经营权抵押贷款管理规范》地方标准,明确了从贷款申请到贷款归还的全流程操作;二是制定《农村土地承包经营权流转管理规范》地方标准,对土地流转条件、方式、程序等进行明确和细化,并对土地流转纠纷提出民间协商、乡村调解、县级仲裁、司法诉讼等多种解决途径;三是制定《农村土地承包经营权流转风险保障金管理规范》,对风险保障金资金来源、使用范围、使用标准和程序,以及资金管理监督做出明确规定。

特色二:青田县农房确权颁证"五同步模式"。

青田县创新推出"五同步"发证模式,全面提升确权颁证效率。一是聘请第三方机构全面开展数字地籍调查和农房面积测绘,并建立了电子数据库。当农民申请贷款办证时,可及时从数据库中调出相应数据为农民颁证。二是制定了《青田县实施浙江省违法建筑处置规定细则(暂行)》,明确违法建筑的认定标准和处置规定,由国土、建设部门同步进行处置。三是对违法建筑被执法机关处罚后,国土和建设部门同步按相关规定给予办理审批手续。四是明确各乡镇把在宅基地、房屋发证过程中出现的历史遗留、政策等问题进行梳理汇总,并提出具体解决方案。五是农村宅基地使用权和房屋所有权登记发证同步办理。

特色三:乐清市高效推进农房抵押不良处置。

乐清市在保障农户基本住房权利的前提下,不断完善农房抵押物处置机制。一是扩大受让对象范围。出台《乐清市抵押农房司法处置暂行规定》,明确对进入执行程序的农房在不改变房屋的农村集体建设用地、宅基地性质的前提下,由本市农业户口人员受让。二是创新处置方式和程序。当发生不良贷款后,金融机构积极采取平移、转贷、展期、债务重组、减额续贷等内部化解手段。当内部手段无法化解后,采取司法诉讼方式进行催收,对到期无法偿还的农房抵押物通过淘宝网等网络平台进行司法拍卖。三是保障农民居住权益。当贷款出现风险时,严格按照"先安置、后处置"的原则进行处置,切实保障农户基本住房权益。

(二)证券业平稳发展,企业上市稳步推进

2016年,浙江省多层次资本市场稳步发展,公司并购重组活跃,企业上市稳步推进,证券经营机构业务规模下降。

1. 多层次资本市场建设持续推进。2016 年年末,浙江股权交易中心挂牌企业 3859 家,比上年增加 697 家;新三板挂牌企业 903 家,比上年增加 492 家。公司并购重组活跃,2010 至 2016 年,并购数量从 139 次增加到 375 次,并购金额从 100.5 亿元增加到 1615.9 亿元,年均分别增长 22.0% 和 74.3%。

2. 企业上市稳步推进。2016 年年末,浙江省共有境内上市公司 329 家,比上年新增 30 家,其中:中小板上市公司、创业板上市公司分别为 131 家、60 家,分别占全国同类上市公司家数的 15.9%、10.5%。2016 年,浙江省境内上市公司在资本市场合计融资 2302.6 亿元,同比增长 1.2 倍。

3. 证券经营机构业务规模有所下降。2016 年年末,浙江省共有法人证券公司 5 家,证券公司分公司 61 家,证券营业部 842 家;期货公司 12 家,期货营业部 181 家。2016 年,全省法人证券公司营业收入 57.2 亿元,同比下降 44.0%。证券经营机构代理交易额 38.1 万亿元,同比下降 39.4%。期货经营机构代理交易额 42.1 万亿元,同比下降 67.9%(见表 1-3)。

表 1-3 2016 年浙江省证券业基本情况

项　　目	数　　量
总部设在辖内的证券公司数(家)	5
总部设在辖内的基金公司数(家)	2
总部设在辖内的期货公司数(家)	12
年末国内上市公司数(家)	329
当年国内股票(A 股)筹资(亿元)	2303
当年发行 H 股筹资(亿元)	
当年国内债券筹资(亿元)	4049
其中:短期融资券筹资额(亿元)	409
中期票据筹资额(亿元)	319

注:当年国内股票(A 股)筹资额指非金融企业境内股票融资;债券筹资额为扣除到期兑付额的余额增量。

数据来源:人民银行杭州中心支行,浙江证监局。

(三)保险业稳步增长,服务民生功能增强

2016 年,浙江保险业持续发展,承保业务增长较快,险种结构稳步改善,保险服务民生功能不断增强。

1. 市场体系不断完善。2016年，浙江省各类保险机构3805家，专业中介机构228家，兼业代理机构4226家，保险销售从业人员30万人。全年新增各类保险机构102家。保险公司资产总额4548.6亿元，较年初增加1477.6亿元（见表1-4）。

表1-4　2016年浙江省保险业基本情况

项　目	数　量
总部设在辖内的保险公司数（家）	7
其中：财产险经营主体（家）	5
寿险经营主体（家）	2
保险公司分支机构（家）	3798
其中：财产险公司分支机构（家）	2210
寿险公司分支机构（家）	1588
保费收入（中外资，亿元）	1784.9
其中：财产险保费收入（中外资，亿元）	696.6
人身险保费收入（中外资，亿元）	1088.3
各类赔款给付（中外资，亿元）	633.2
保险密度（元/人）	3207.6
保险深度（%）	3.8

数据来源：浙江保监局。

2. 各项保险业务平稳增长。2016年，浙江省保险业共实现原保险保费收入1784.9亿元，同比增长24.4%，其中：财产险保费收入和人身险保费收入同比增长分别为7.7%和38.0%。保险业赔付支出633.2亿元，同比增长13.3%，其中：财产险和人身险赔付支出分别同比增长9.1%和22.3%。

3. 保险服务领域稳步拓宽。2016年，浙江省保险业积极支持实体经济发展，全年责任险保费收入20.9亿元，同比增长58.2%，提供了6.6万亿元保障。在"增品、降费、提标、扩面"各个环节均加大了农业保险惠农力度。大力发展大病保险，目前全省商业保险机构承办的大病保险项目已覆盖近八成县（市、区）2700余万群众。探索"三权"抵押贷款、建筑履约保证保险等新模式，小额贷款保证保险已累计帮助辖区近3.5万家小微企业获得贷款155.9亿元。

(四)社会融资规模结构优化,金融市场运行平稳

1. 社会融资规模适度增长,直接融资占比持续上升。2016年,浙江省社会融资规模新增7485.4亿元,同比多增1193.9亿元,扭转了连续5年少增态势。从结构看,各项贷款增量占比下降8百分点至68.1%;委托和信托贷款等表外间接融资新增量占比上升13.8百分点至17.3%;未贴现的银行承兑汇票减少1843.3亿元;直接融资(含债券和股票)增加2567.0亿元,占比上升2.1个百分点至34.3%,其中:发行企业债务融资工具2076.8亿元(见图1-5)。

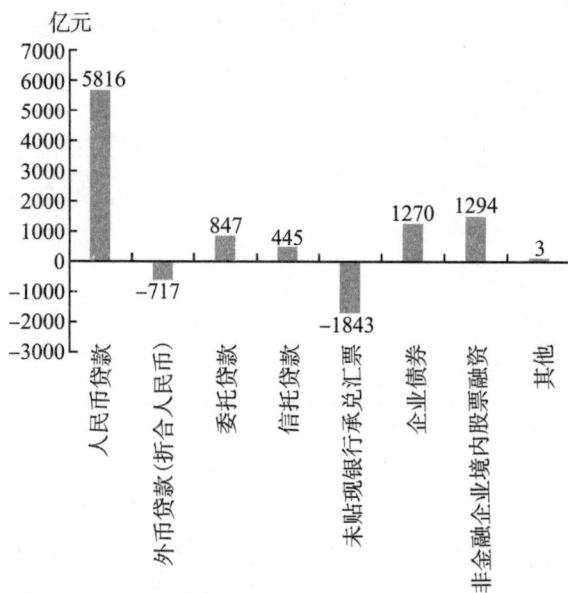

图1-5　2016年浙江省社会融资规模分布结构

数据来源:人民银行杭州中心支行。

2. 银行间市场交易量快速增长。省内金融机构在银行间市场现券交易量和债券回购交易额分别较上年增长52%和1.5倍。全省银行间市场成员拆借交易量同比增长76%。从市场利率看,现券交易加权平均到期收益率3.22%,同比降低0.6百分点;债券回购加权平均利率2.13%,同比降低0.13百分点;同业拆借市场利率在8月后逐步上升,至2016年12月达2.43%。

3. 银票承兑汇票签发量同比减少,票据贴现大幅增长。受票据业务监管加强和实体经济需求放缓等因素影响,2016年年末全省金融机构银行承

兑汇票余额8202亿元,同比下降10.6%。票据贴现业务大幅增长,2016年年末全省金融机构票据贴现余额3731亿元,同比增长25.8%。由于市场流动性总体充裕,货币市场利率基本稳定,票据利率总体处于低位(见表1-5、表1-6)。

表1-5 2016年浙江省金融机构票据业务统计

季度	银行承兑汇票承兑		贴 现			
			银行承兑汇票		商业承兑汇票	
	余额	累计发生额	余额	累计发生额	余额	累计发生额
1	8997	3947.87	3466	44388.11	268.9	3627.74
2	8355	3971.33	3835	26420.59	227.6	2032.34
3	8196	3622.22	3937	17489.25	231.8	1732.41
4	8202	3825.38	3731	13500.77	231.1	1514.88

备注:累计发生额为当季累计。
数据来源:人民银行杭州中心支行。

表1-6 2016年浙江省金融机构票据贴现、转贴现利率

季度	贴 现 率		转贴现率	
	银行承兑汇票	商业承兑汇票	票据买断	票据回购
1	3.45	4.60	3.46	3.13
2	3.30	4.47	3.02	2.95
3	2.97	4.28	2.84	2.84
4	3.20	4.58	3.08	3.14

数据来源:人民银行杭州中心支行。

4. 外汇交易平稳增长,黄金交投活跃。2016年,国际外汇市场波动加剧,人民币双向波动成为常态,全年浙江省市场成员外汇即期交易3663.1亿美元;外汇衍生产品交易5392亿美元,同比减少11.2%。黄金交易持续活跃,2016年浙江省共有4家上海黄金交易所成员企业,宁波银行为上海黄金交易所黄金询价做市商,全省金融机构在上海黄金交易所自营和代理黄金交易分别同比增长478%和增长122%。

(五)信用体系建设成效明显,金融基础设施不断完善

1. 征信体系建设成效显著。截至2016年年末,全省共有3704万自然人和142万户企业及其他经济组织纳入了全国统一的征信系统。开通征信查

询用户约4万个,金融机构月均查询量近400万笔。多元化的征信市场格局逐渐形成,全省有6家企业征信机构,创新推出个性化的征信产品和服务,1家个人征信机构正有序开展个人征信业务准备。

2. 农村和小微企业信用体系建设工程全面深化。截至2016年年末,全省累计为966万农户建立了信用档案,获得信贷支持的农户覆盖面达43%;以试验区为抓手全面推进小微企业信用体系建设,通过应收账款融资服务平台为企业提供融资超2500亿元。积极参与地方信用体系建设,人民银行杭州中心支行与11个相关部门开展合作,推进信用信息共享和联合惩戒。

3. 支付清算基础设施不断完善。2016年,全省各类支付清算系统共处理业务7.6亿笔、金额349.1万亿元,同比分别增长26.7%和7.9%。城乡支付服务环境不断优化,G20杭州峰会支付服务保障有力,农村支付环境建设持续优化,农村地区电子支付实现普及应用,嘉兴、衢州市试点"智慧支付"工程,银行卡、电子支付在民生领域的应用进一步推进。

二、经济运行情况

2016年,浙江经济运行稳中向好,产业结构继续优化,第三产业比重提高,新旧动能转换取得积极进展。全年实现地区生产总值46485亿元,比上年增长7.5%;人均地区生产总值83538元,比上年增长6.7%(见图1-6)。

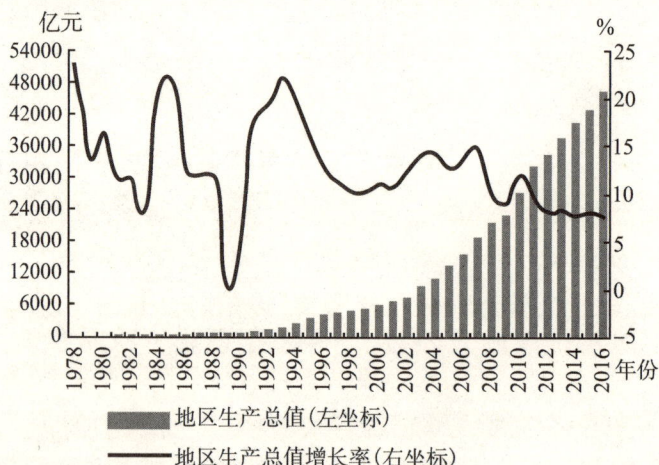

图1-6　1978—2016年浙江省地区生产总值及其增长率

数据来源:浙江省统计局。

(一)三大需求总体平稳

2016年,浙江投资增长平稳,消费升级持续推进,出口小幅下降。

1. 投资平稳增长,结构有所优化。2016年,浙江省聚焦重大产业项目、重大基础设施、高新技术产业、环境保护治理等重点领域,积极鼓励推动民间资本进入基础设施和公共服务领域,投资总体保持较快增长,全年固定资产投资3万亿元,比上年增长10.9%(见图1-7)。

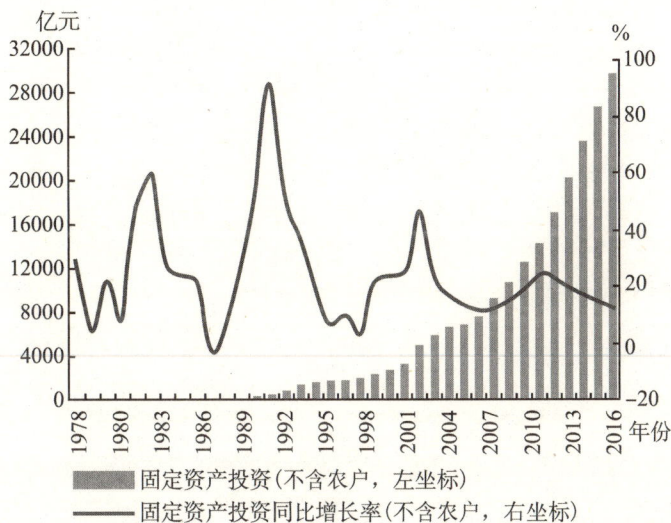

图1-7   1978—2016年浙江省固定资产投资(不含农户)及其增长率

数据来源:浙江省统计局。

信息技术和物联网产业、新能源汽车等战略性新兴产业投资增长较快,分别增长32.0%和29.9%;高污染、高耗能行业投资明显下降,化纤、造纸、有色金属等行业投资分别下降21.6%、11.2%和8.0%。民间资本进入水利环境和公共设施管理业等基础设施与公共服务领域投资的比重提高,全年基础设施民间投资占全部民间投资比重提高0.3百分点。

2. 消费稳步增长,消费升级持续推进。2016年,浙江省社会消费品零售总额突破2万亿大关,比上年增长11.0%。乡村旅游和农村电子商务蓬勃发展,带动乡村消费品零售额增长13.0%,占比逐年提升。消费升级和改善类商品零售增长较快,文化办公用品、纺织类和日用品类零售额分别增长

32.6%、16.7%和13.7%。（见图1-8）

亿元

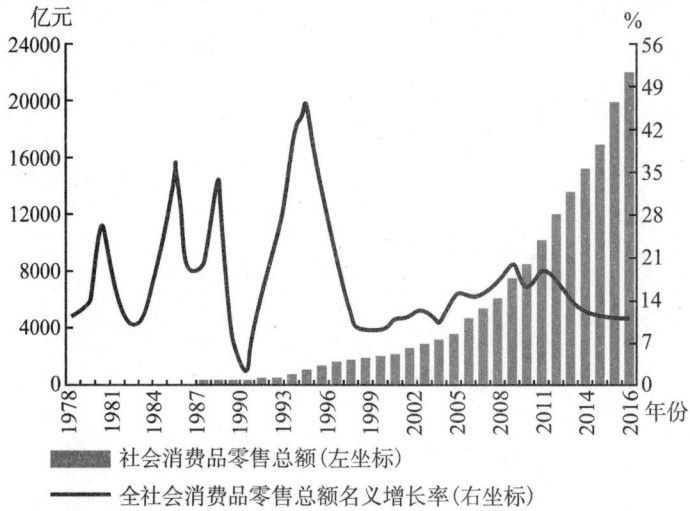

图1-8　1978—2016年浙江省社会消费品零售总额及其增长率

数据来源：浙江省统计局。

3. 出口小幅下降，对外直接投资超过外商直接投资。2016年，浙江省出口2675.5亿美元，下降3.2%，进口686.4亿美元，下降2.6%。进出口顺差1989.1亿美元，下降0.3%。2016年，浙江省对外直接投资125亿美元，同比增长76.7%，对外直接投资超过外商直接投资30亿美元（见图1-9、图1-10）。

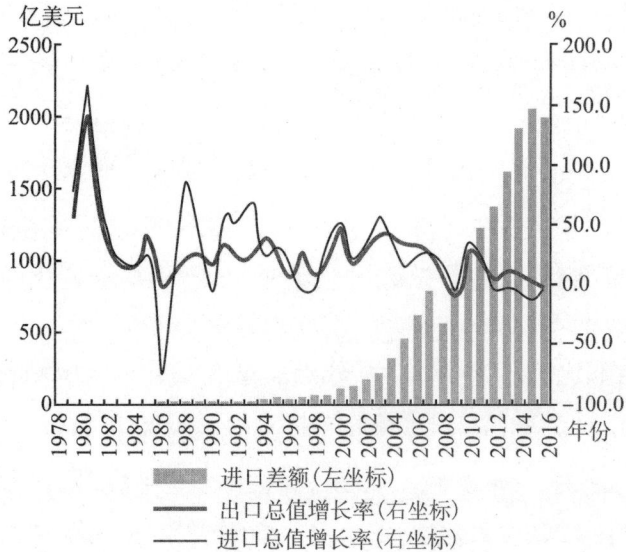

图1-9　1978—2016年浙江省外贸进出口情况

数据来源：浙江省统计局。

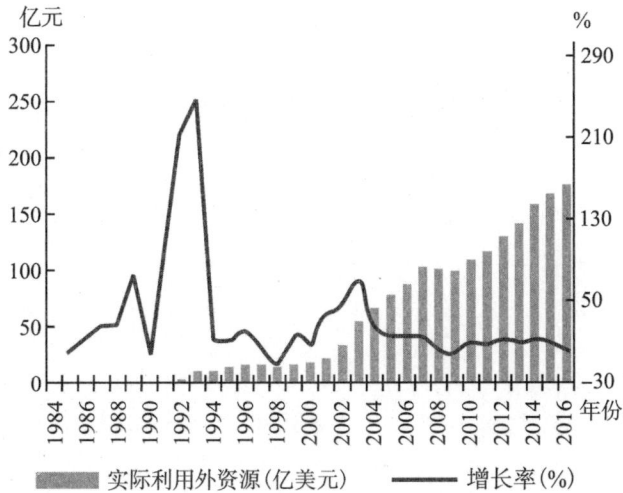

图1-10　1984—2016年浙江省实际利用外资额及其增长率

数据来源：浙江省统计局。

（二）产业结构持续优化

2016年，浙江省三次产业结构由上年的4.2：46：49.8调整为4.2：44.2：51.6，第三产业比重首次超过50%，产业结构继续优化。

1. 农林牧渔业平稳发展，效益农业发展势头良好。2016年，浙江省围绕生态农业强省、特色精品农业大省的建设目标，构建高产、优质、高效、生态、安全的现代农业发展体系，农林牧渔业增加值增速提升，比上年增长2.8%，粮食播种面积1256公顷，产量总体稳定。中药材、花卉苗木、蔬菜等效益农业保持较好发展态势，播种面积分别同比增长13.4%、9.9%和3.0%。

2. 工业经济平稳向好，新产业、新动能加快形成。2016年，浙江省实现工业增加值14009亿元，比上年增长6.2%。装备制造业、高新技术产业、战略性新兴产业增加值比重分别比上年提高2、2、1.5百分点。八大高耗能产业增加值比重比上年下降0.9百分点。全年有400余家新建规模以上工业企业相继投产，对工业增长的贡献率达10.2%（见图1-11）。

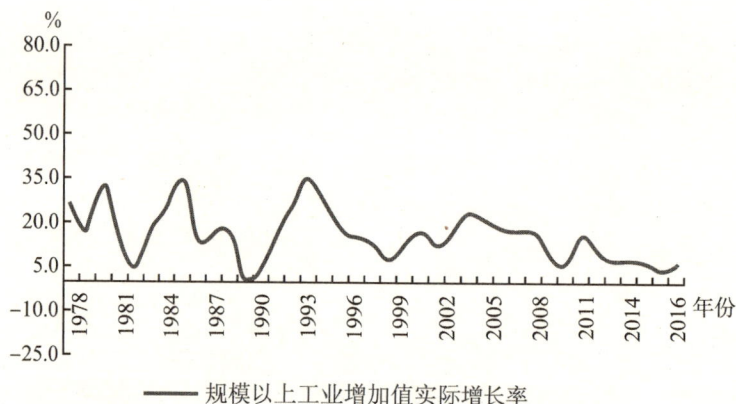

图1-11　1978—2016年浙江省工业增加值增长率

数据来源:浙江省统计局。

3. 服务业保持快速增长。2016年,浙江省服务业增加值24001亿元,比上年增长9.4%,占区域GDP比重的51.6%,对区域GDP增长贡献率达到62.9%。重点服务行业发展趋势良好,信息传输、软件和信息技术服务业营业收入比上年增长34.4%,对规模以上服务业营业收入的增长贡献率达到59.6%。

4. 供给侧结构性改革初见成效。2016年,浙江省淘汰落后和严重过剩产能企业2000余家,处置僵尸企业555家,整治"脏乱差、低小散"企业3万多家;年末新建商品房库存去化周期为11.7个月,比年初减少10.5个月;规模以上工业企业资产负债率56%,同比下降1.8百分点;全年共降低企业各类负担和成本1200亿元;低收入农户人均可支配收入增长19%左右,规模以上工业单位工业增加值能耗下降3.7%,环境治理和治水力度全面强化。

(三)价格水平保持稳定

2016年,浙江省居民消费价格总体稳定,工业生产者价格有所回升,劳动者报酬持续提高。

1. 居民消费价格温和上涨。2016年,浙江省居民消费价格上涨1.9%,涨幅同比回升0.5百分点。八大类消费价格同比七涨一跌,食品、烟酒、教育文化和娱乐涨幅较大,交通和通信类价格持续下降。

2. 生产者价格降幅收窄。2016年,浙江省工业品出厂价格和原材料购进价格同比分别下降1.7%和2.2%,降幅比上年分别收窄1.9百分点和3.3百分点(见图1-12)。

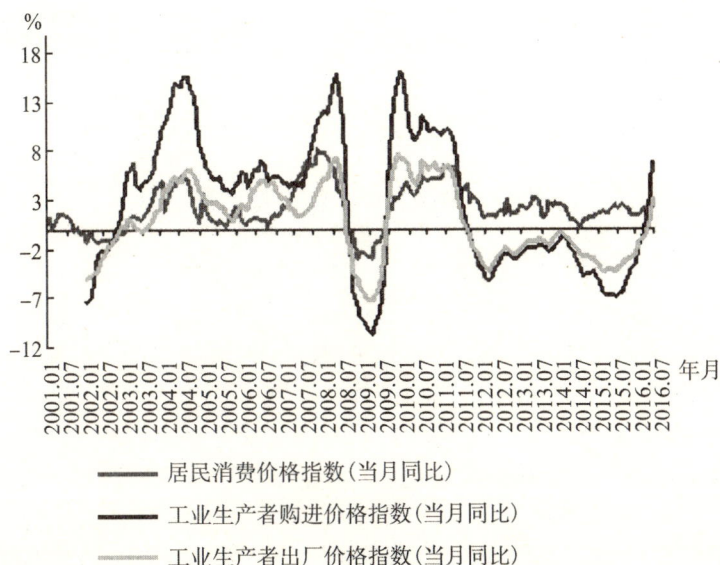

图1-12　2001—2016年浙江省居民消费价格和生产者价格变动趋势

数据来源:浙江省统计局。

3. 劳动力报酬稳步提高。2016年,全省居民人均可支配收入为38529元,同比增长8.4%,扣除价格因素增长6.4%。

(四)财政收入持续增长

2016年,浙江省公共预算收入5301.81亿元,同比增长9.8%。税收收入占公共预算收入比重为85.6%,继续保持较高水平。其中:服务业快速发展和商品房销售火热带动改征增值税同比增长14.4%;企业所得税和个人所得税分别同比增长6.4%和19.3%。据测算,2016年浙江省营改增累计减税362.7亿元。

2016年,浙江省公共预算支出6976.33亿元,同比增长4.8%。公共服务供给能力有效提升,其中:教育、城乡社区和农林水重点保障,支出占比分别为18.6%、11.3%和10.4%;公共安全、社会保障和就业、住房保障等项目推进明显,分别增长22.4%、16.5%和8.5%(见图1-13)。

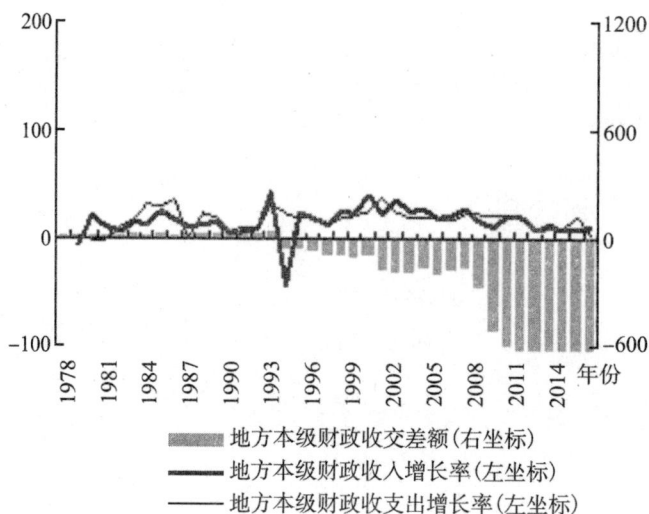

图 1-13　1978—2016 年浙江省财政收支状况

数据来源：浙江省统计局。

（五）房地产市场总体平稳

2016 年,浙江省房地产市场成交活跃,成交价格稳中有升,随着调控力度的加大,部分热点城市房地产市场回归理性。

1. 房地产开发投资有所回升,保障房建设稳步推进。全年房地产开发完成投资 7469.00 亿元,同比增长 5%。其中：住宅完成投资、房地产开发购置土地、新开工面积和房屋竣工面积分别增长 8.0%、28.7%、11.5%和 34.5%。新开工保障性安居工程住房 23.55 万套,同比上升 9.7%。完成保障房开发投资 1017.01 亿元,同比上升 13.3%。

2. 新建商品住房成交量明显上升。2016 年,浙江省新建商品住房销售面积 8636.79 万平方米,同比上升 44.3%,销售金额 9605 亿元,同比增长 52.5%。省内 11 个房价重点监测城市当中,有 10 个城市新建商品住宅销售面积的同比增速为正,且增幅较大。杭州、宁波、温州全市新建商品住房分别成交 170307、91145、53051 套,同比分别增长 39.20%、43.28%和 53.10%（见图 1-14）。

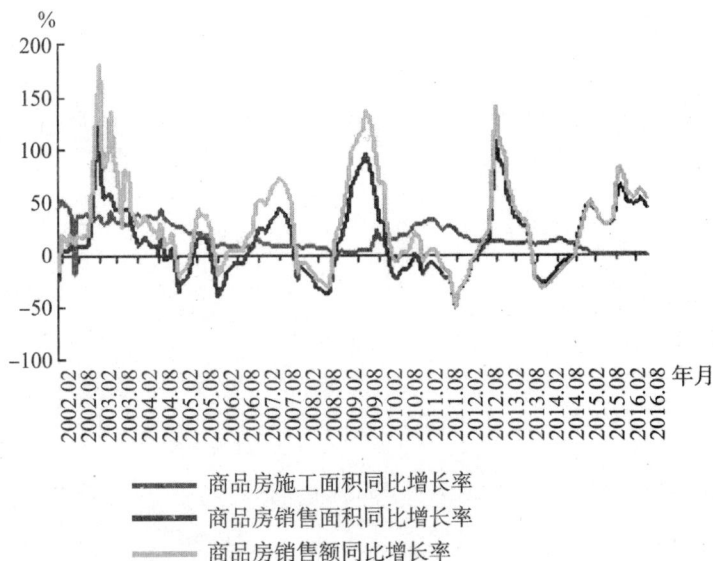

图1-14　2002—2016年浙江省商品房施工和销售变动趋势

数据来源：浙江省统计局。

3. 商品住房价格稳中有升。浙江省11个城市中有9个城市新建商品住房平均价格同比上升,2016年年末,杭州、宁波、温州全市新建商品住房价格同比分别上升28.4%、12.0%和4.6%,但随着新的房地产市场调控政策出台,房价上涨势头有所遏制。2016年年末,全省房地产贷款余额为1.8万亿元,同比增长28.7%,增速较去年同期上升11.6百分点。其中:房产开发贷款和个人住房贷款余额分别增长4.1%和38.5%(见图1-15)。

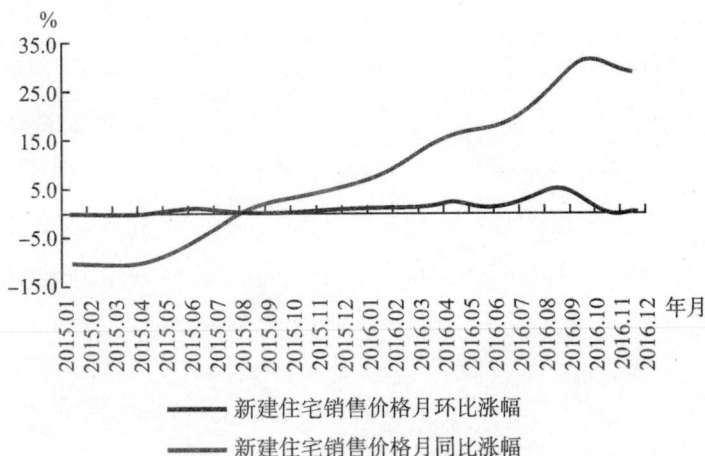

图1-15　2015—2016年杭州市新建住宅销售价格变动趋势

数据来源：浙江省统计局。

专栏2：贯彻实施宏观审慎管理，引导金融更好地服务实体经济

按照中国人民银行总行统一部署，从2016年第一季度开始，中国人民银行杭州中心支行按季对辖内地方法人金融机构组织开展宏观审慎评估，出台了《浙江省宏观审慎评估操作指引》，引导金融机构提升稳健经营意识，优化资金投向结构，提升服务实体经济的能力和效率，取得了积极成效。

从总体情况看，金融机构认真领会MPA精神，积极调整资产配置，努力改善评估结果。2016年第四季度，全省167家参评的地方法人金融机构中，有150家、近90%的地方法人机构评估结果在B及以上。评估结果为A的金融机构较第一季度增加14家；评估结果为C的金融机构较第一季度减少10家。

MPA的导向效果逐步显现：金融机构经营稳健性提高，金融支持实体经济的力度增强。2016年，全省地方法人金融机构广义信贷增速从第一季度的24.5%下降至第四季度的20.0%。其中：债券投资（主要投向国债和金融机构债券）增速从43.0%下降至28.4%，股权投资（主要投向银行理财产品、资金信托、资管计划）增速从118.0%下降至47.5%。与此同时，2016年，全省地方法人金融机构人民币贷款增速从第一季度的12.3%上升至第四季度的13.1%。

（本报告由中国人民银行杭州中心支行提供）

第二章 2016年度浙江省地方金融业改革与发展报告

一、2016年度浙江省地方金融改革主要措施及成效

2016年,面对矛盾叠加、风险隐患交织的诸多严峻挑战,全省金融系统认真贯彻落实省委、省政府推进供给侧结构性改革、打好转型升级系列组合拳等决策部署,全力做好金融保障、金融发展、改革创新及风险防控等工作,较好地支持全省经济稳走向好、社会和谐稳定,实现了"十三五"良好开局。

(一)金融运行总体平稳,呈现增量合理、结构改善、成本降低的良好态势。统筹推进金融强保障和企业去杠杆工作,2016年全年新增各项贷款5338亿元,同比多增381亿元;发行企业股票2164亿元、发行各类企业债券4092亿元,直接融资占社会融资规模增量的比重达到34.3%,比全国平均高出10.5个百分点;地方政府债发行4065亿元;银行表外业务、保险资金、私募股权基金等多元化融资渠道进一步拓宽。资金投向趋于优化,加强对"拆治归"等关键领域、重大项目资金支持,中长期贷款余额占各项贷款的比重提高到46%;薄弱环节的金融服务进一步改善,涉农贷款和小微企业贷款余额均保持全国第一位,占各项贷款的比重分别达到36.8%和35.7%。企业杠杆率和融资成本稳步降低,全省贷款余额与区域GDP之比、银行存贷比、规模以上工业企业资产负债率分别比上一年下降2、3、2百分点;全年贷款加权平均利率降至5.9%,创近10年新低,规模以上工业企业财务费用下降了12.1%。

(二)金融改革不断深化,我省多层次、网格化、广覆盖的区域金改工作

保持全国领先。目前,我省获国务院和"一行三会"批准的金融改革试点项目有 8 个,还有一批省委深化改革重点项目,改革的层级、数量、广度和深度在全国都是领先的,积累了金融改革的"浙江经验"。2016 年,宁波获国务院批准成为国家首个保险创新综合试验区,制定了实施方案,建立了"会省市"联动机制,各项工作全面启动。台州小微金改全面推进,信用保证基金和信用信息平台扩容升级,商标专用权质押登记数占全国的 32%。温州率先设立地方第二家资产管理公司;国务院部署的十二项金改任务,除了个人境外直投因国家外汇管理政策全盘考虑未开展以外,其他任务均已基本完成。丽水农村金改以及有关县(市、区)农村"两权"抵押贷款试点联动推进,在农村信用体系建设、抵押贷款和便民支付等方面形成了可复制推广的经验。义乌国际贸易金改、湖州—衢州绿色金融、嘉兴科技金融等改革创新取得积极进展。政保合作机制逐步健全,火灾公众责任保险、安全生产责任保险的地方立法率先突破,省级重点政保合作项目达 21 个;政策性融资担保体系加快建设,民间融资服务中心、民间资本管理公司试点稳步推进。

(三)地方金融创新发展,金融产业基础逐步夯实。发布实施钱塘江金融港湾规划,制定出台相关配套政策,着力打造具有国际影响力、国内优势地位的财富管理和新金融创新中心。各地在努力创建若干金融特色小镇,其中玉皇山南基金小镇在浙江特色小镇发展中处于领先地位。我省成功举办世界互联网大会金融论坛、第二届全球私募基金西湖峰会等重大活动。推进长三角金融合作发展,与华融资产、人寿保险等金融机构总部开展战略合作,集聚金融资源要素。发展壮大法人金融机构队伍,浙银金融租赁公司、太平科技保险公司、永诚保险资产管理公司等机构获批筹建,浙商银行、杭州银行分别在 H 股和 A 股上市,改制成立农商行 55 家。小贷公司等"草根金融"规范发展。2016 年,我省金融产业主要指标位居全国前茅,存、贷款余额分别达 9.95 万亿元和 8.18 万亿元,居全国第三位和第五位;证券、期货代理交易额占全国的比重均超过 10%;私募基金管理资产规模增长 157%,达6969 亿元,居全国第四位;保费收入增长 24.4%,达 1785 亿元,居全国第五位,提供风险保障余额 177 万亿元。

(四)对接多层次资本市场走在全国前列,上市公司引领经济转型升级作用显现。以八大产业龙头骨干企业为重点,加大培育力度,提升企业对接多层次资本市场能力,全年新增股份有限公司1062家;新增境内外上市公司32家,累计达411家,其中境内上市公司329家,数量居全国第二;另有拟上市企业259家,新三板挂牌企业903家,上市后备力量充足。引进国新国同基金、国家新兴产业创业引导基金等一批千亿级"国字号"机构,成立一批产业投资基金。区域性交易场所创新发展,在省股权交易中心挂牌企业达3859家,新设了知识产权、大数据等交易中心。上市公司并购重组特别是跨境并购亮点突出,省政府两次组团赴欧美等发达国家考察并购项目,搭建交流平台和对接机制,全年境内上市公司并购投资375次、交易金额1616亿元。同时,上虞上市公司引领产业发展示范区建设取得实效。

(五)金融风险防范处置工作成效明显,金融生态环境保持稳定。加强企业分类帮扶和"两链"风险化解,严厉打击恶意逃废债行为,全年共处置不良贷款2283亿元,再创历史新高、全国最高;截至2016年年末,全省不良贷款余额1777亿元,不良率2.17%,分别比年初下降31.6亿元和0.19百分点,实现2012年以来首次"双降"。互联网金融、非法集资等风险专项整治扎实推进,排摸企业3万多家,新立非法集资案件411起、涉及金额330亿元,配合做好E租宝、昆明泛亚等重大案件处置。切实加强金融消费者权益保护,及时化解侨兴私募债等风险隐患。特别是G20杭州峰会期间,全省金融系统齐心协力,全力以赴,确保了金融维稳万无一失,为峰会圆满召开做出了重要贡献。

二、2017年度浙江省地方金融改革与发展的重点工作

2017年是实施"十三五"规划的重要一年,也是推进供给侧结构性改革的深化之年,机遇大于挑战,但经济下行等多种因素形成的金融风险不容低估。下一步浙江省地方金融改革与发展工作将牢固树立新发展理念,认真贯彻落实省委、省政府坚定不移持续深入打好转型升级组合拳的决策部署,统筹抓好金融保障、改革、发展和稳定工作,加强金融风险的防范化解处置,提升金融服务实体经济能力,为全省经济平稳健康发展和社会和谐稳定做

出更大贡献。

（一）大力支持"三去一降一补"。"三去"：一是积极稳妥推进企业去杠杆。盘活企业存量资产，加大股权融资和兼并重组力度，推进资产证券化，支持市场化、法治化债转股，强化企业财务杠杆约束，防止企业过度融资、过度对外担保。二是切实支持去产能。"一企一策"稳妥处置"僵尸企业"，逐步压缩、退出对产能落后企业、脏乱差小作坊的贷款，对未取得合法手续的新增产能建设项目不得授信。三是支持房地产分类去库存。落实差异化房地产信贷政策，既要支持居民首套购房和改善型购房，推动降低有关市、县住宅及商业房地产的过量库存，又要坚决遏制投资客"炒房"，抑制热点城市房地产泡沫。"一降"是努力降低融资成本。进一步运用好各类低成本资金，继续降低企业转贷续贷成本，积极开展"不当创新、不当交易、不当激励、不当收费"行为的专项治理，严禁以贷收费、借贷搭售、存款回报、变相收费等加重企业隐形成本的行为。"一补"是加快补齐金融服务"短板"。有序推进投贷联动试点，加快发展科技银行、科技保险、创业投资等科技金融服务，深入推进政策性融资担保体系建设，持续提升农业供给侧结构性改革、小微企业、弱势群体等薄弱领域的金融服务水平。

（二）扎实推进重点领域金融风险防控。一是继续加大不良资产处置力度。总结推广温州等地化解处置"两链"风险的经验做法，制定实施"去不良"行动计划，落实企业分类帮扶措施，进一步加大"化圈解链、化旧控新"力度，防范不良贷款反弹回升。二是坚决治理各种金融乱象。深入推进互联网金融、交易场所等风险排查整治，规范私募基金行为，严厉打击非法集资、非法金融活动，加强金融消费者和投资者的权益保护，防止发生大规模群体性事件。三是有力维护区域信用环境。依法严厉打击逃废债行为，推进信用信息平台建设和互联共享，加大失信惩戒力度，形成有力震慑。摸清风险底数，加强对企业债券、政府性融资平台、法人金融机构以及跨市场交叉性金融业务等信用风险防范。四是建立健全金融风险防控机制。健全完善省、市、县三级区域金融风险防控、金融部门和司法部门联席会商、金融突发事件应急管理等工作机制建设，落实金融业综合统计和金融产业统计监测制度，实现风险"防在前、控得住、化得稳、解得了"，守住不发生区域性、系统性金融风险的底线。

（三）加快发展地方法人金融机构。加快实施钱塘江金融港湾发展规划,建立任务书、项目库和时间表,在主规划区落地一批重点项目。争取新设专业性保险公司、金融租赁公司、财务公司等一批新型法人金融机构,推动一批有条件的法人金融机构上市,鼓励中小法人金融机构通过增资扩股、引进战投等方式增强资本实力。引进一批金融机构区域性、功能性总部以及一批有影响力的金融研究机构、金融中介服务机构。继续培育发展壮大财富管理、私募基金、互联网金融等新金融业态,逐步构建具有较强竞争优势的金融产业链和生态圈。

（四）抓好金融改革持续深化和经验推广复制。开展温州金改5周年成效评估,争取启动新一轮改革。深入推进宁波国家保险创新综合试验区建设,规划发展保险创新产业园,集聚发展一批新平台和新项目。持续深化台州小微金改,在全国率先开展动产融资、小微企业金融服务标准化等工作试点。积极推进湖州—衢州绿色金融改革试验区建设,争取使其成为国家首批试点。联动推进舟山自贸区金融创新与义乌国际贸易金融改革、丽水农村金改与农村"两权"抵押贷款试点、嘉兴科技金融创新与杭甬温湖等科技金融试点城市建设。建立省内高等院校与金融改革试点城市互动工作机制,及时总结好经验、好做法,加大推广复制力度,形成"乘数效应"。深化研究地方法人金融机构加快发展路径,探索创新体制机制、支持政策、治理结构和激励措施。

（五）推动上市公司引领经济转型升级。以八大产业为重点,促进龙头骨干企业及高新技术企业规范提升,推动企业股改和上市、挂牌,对接境内外资本市场。支持上市公司加大并购重组力度,制定3年行动计划,有效发挥并购联盟、产业基金等平台作用,形成常态化的并购对接机制。抓住当前有利时机,瞄准先进技术、知名品牌和"专精特"企业开展海外并购,形成一批行业龙头企业和"隐形冠军",推进浙商国际价值链新布局。在上虞试点经验的基础上,谋划范围更大的上市公司引领产业发展示范区建设,在做大做强上市公司群体的同时,引领区域经济和产业集群发展。

（六）不断提高保险覆盖率和渗透率。围绕"助实体、惠民生、防风险",

发挥保险保障性、长期性和社会性的优势，推动保险业深入参与社会管理、公共治理和经济社会稳定发展。深化政保合作机制建设，以"补短板"领域为重点，再形成一批省级政保合作示范项目。创新发展保险服务，不断提高责任保险、灾害保险、健康保险、农业保险、科技保险、出口信用保险、小额贷款保证保险等产品覆盖面。扩大保险资金运用，吸引更多保险资金通过债权、股权和项目资产支持计划投入我省重大工程、重点项目建设。

（七）切实加强地方金融管理。全面落实国家以及"一行三会"金融监管政策，加强监管协调，强化规制监管、机构监管和行为监管，堵塞监管漏洞，严肃惩处违规行为。完善区域性交易场所管理制度，理顺管理机制，规范交易场所经营行为。落实网络借贷信息中介机构监管要求，进一步加强小贷公司、民间融资管理机构等地方金融组织管理，探索建立全省统一的地方金融业务监管平台。研究《浙江省金融管理条例》立法工作，切实提升地方金融依法监管水平。

（本报告由浙江省人民政府金融办公室提供）

金融行业类别报告

第三章　2016年度浙江省银行业发展报告

一、2016年度浙江省银行业运行总体状况

（一）业务整体稳健增长，结构分化调整

2016年，浙江银行业运行总体保持在合理区间。截至2016年12月末浙江银行业资产总额13.31万亿元，同比增长11.71%；负债总额12.87万亿元，同比增长11.68%，较2015年增速分别下降了1.05百分点和1.28百分点。

（二）存款增速稳定，活期化趋势持续

截至2016年12月末，浙江银行业各项存款余额9.95万亿元，比年初增加9229亿元，同比多增524亿元；存款余额同比增长10.22%，增速略高于上年0.05百分点。从趋势上看，存款增速自2015年以来呈稳定回升态势。从结构上看，同业负债增长势头放缓，导致非银行业金融机构存款向一般性存款转移。存款活期化特征持续。浙江银行业住户存款中，活期存款余额1.66万亿元，比年初增加2645亿元，同比增长18.97%；定期及其他存款余额2.22万亿元，比年初增加1323亿元，同比增长6.35%。企业存款中，活期存款余额1.33万亿元，比年初增加2391亿元，同比增长20.67%；定期及其他存款余额2.13万亿元，较年初增加848亿元，同比增长3.92%（见图3-1）。

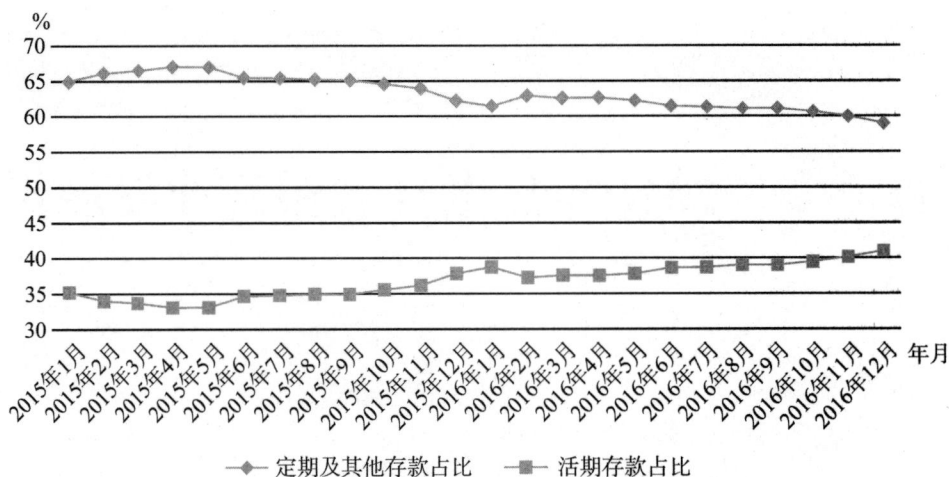

图 3-1　2015—2016 年浙江银行业活期存款占比、定期存款占比变化情况

　　存款分机构看，主要类型银行机构中，国有银行、股份制银行、**城市商业银行**、农村合作金融机构和村镇银行存款同比分别增长 11.81%、−1.29%、15.78%、13.95% 和 11.46%。省内分区域看，2016 年存款增长较快的地区分别是湖州、嘉兴、台州，同比分别增长 14.98%、14.96% 和 12.09%；**存款增长相对较慢的地区是绍兴、宁波、舟山，同比分别增长 7%、5.03% 和 6.97%**（见表 3-1）。

表 3-1　2016 年主要金融机构存款增长情况

项　　目	余额（亿元）	比年初（亿元）	增速（%）
国有商业银行	39431.24	4164.53	11.81
股份制商业银行	22215.94	−290.65	−1.29
城市商业银行	13849.24	1887.25	15.78
邮储银行	3301.25	571.92	20.95
村镇银行	610.76	62.79	11.46
民营银行	471.46	206.12	77.68
农村合作金融机构	16475.62	2017.58	13.95

（三）贷款稳中有升，中长期贷款占比持续上升

　　截至 2016 年 12 月末，浙江银行业各项贷款余额 8.18 万亿元，比年初增加 5338 亿元，同比多增 381 亿元；同比增速 7%，延续 2016 年下半年以来总体上升态势，比上年同期（7.1%）略低 0.1 百分点。从期限看，中长期贷款占比持

续上升。12月末,浙江银行业中长期贷款3.76万亿元,比年初增加6071亿元。中长期贷款占比46%,保持稳定上升态势。其中,住户中长期贷款余额1.65万亿元,较年初增加4418亿元,占2016年以来全部新增中长期贷款的82.8%,是2016年中长期贷款增长的主要拉动因素(见图3-2)。

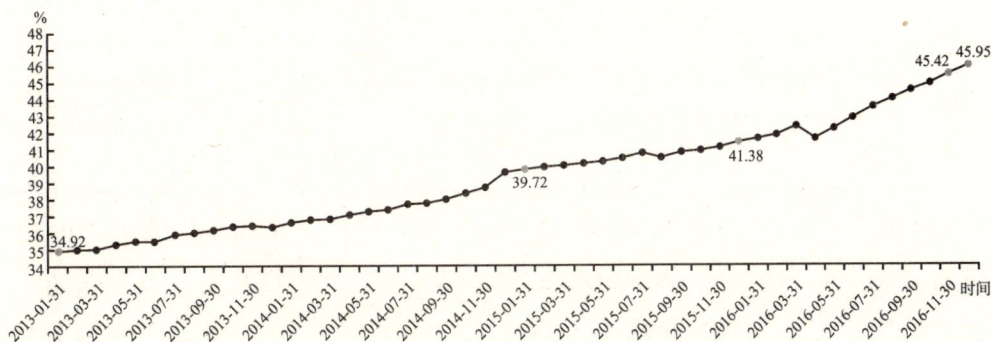

图3-2　2013—2016年浙江银行业中长期贷款占比变化趋势

从结构上看,全省住户贷款余额2.78万亿元,比年初增加4303亿元,同比多增1548亿元,贷款余额同比增长18.3%,主要受个人按揭贷款较快增长拉动。全省企业及机关团体贷款余额5.35万亿元,比年初增加891亿元,同比少增1250亿元,贷款余额同比增长1.69%,大幅低于住户贷款增速,主要受企业信贷需求不足、地方政府债务置换等影响。

从区域看,杭嘉湖地区贷款增速相对较快。2016年12月末,杭州(12.2%)、湖州(8.8%)、嘉兴(7.5%)三地贷款同比增速高于全省平均水平(7%),贷款增长相对较快。金华贷款同比增速仅0.9%,低于1%,与最高的杭州相差11.3百分点。

从银行类别看,在主要类型银行机构中,规模较小的银行机构增速较快。2016年贷款增长较快的是民营银行、邮储银行、城市商业银行和股份制银行,同比分别增长299.4%、26.5%、12%和10.5%;增长较慢的是国有银行和农村合作金融机构,同比分别增长0.06%和7.80%(见表3-2)。

表3-2 2016年主要金融机构贷款增长情况

项 目	余额(亿元)	比年初(亿元)	增速(%)
国有商业银行	30853.77	16.96	0.06
股份制商业银行	19600.65	1863.38	10.51
城市商业银行	9698.99	1038.71	11.99
邮储银行	1941.83	406.43	26.47
村镇银行	686.72	62.51	10.01
民营银行	328.29	246.09	299.38
农村合作金融机构	11001.68	791.12	7.75

从企业类型看,2016年12月末,大、中型企业贷款余额分别为10956亿元和19141亿元,占比分别为13.4%、23.4%;小、微型企业贷款余额分别为20045亿元和2171亿元,占比分别为24.5%、2.7%。用于小微企业贷款余额29208亿元,同比增长5.9%。

(四)不良贷款5年来首次年度"双降"

截至2016年年末,全省不良贷款余额1777亿元,同比减少191亿元,不良贷款率2.17%,同比下降0.19百分点,5年来全省不良贷款首次实现"双降",扭转了持续攀升态势,迎来了风险防控拐点。

从地区看,大部分地、市不良率降至3%以下。12月末,各地市不良率均出现环比回落。其中,金华(3.01%)不良率比年初上升0.32百分点,为全省不良率最高地区。温州(2.69%)不良率比年初下降1.12百分点,较年初下降最多。除金华外,其余地市不良率均降至3%以下。

从企业类型看,中小型企业贷款中不良贷款额仍明显高于大型和微型企业贷款。"两头小、中间大"的企业风险格局未变,但有收窄趋势,中小型企业不良率较年初下降,而大型和微型企业不良率较年初上升。

(五)银行业服务实体成效显著,金融资源保障有力

一是保障重点战略落地。银行业机构综合运用银团贷款、PPP项目融资、专项建设基金等模式,全力支持重点项目融资。目前全省1700多个重点项目融资超2500亿元。二是支持传统产业升级。加强传统产业技术改造和

转型升级技改项目的支持,推进并购金融,助推优质企业兼并重组、做强做大。三是帮扶困难企业脱困。持续深化困难企业"五位一体"帮扶机制,全省银行业在推进困难企业分类帮扶方面做了大量探索工作,也积累许多积极有益的实践经验。据调查,目前已对700多家企业组建债委会,共对6533家困难企业开展帮扶,涉及贷款2407亿元,其中1535家企业初见成效。

(六)银行业改革创新不断深化,多个领域全国领先

一是小微金融全国领先。运用大数据技术,创新营销、风控、管理新模式,打造小微金融升级版。深化"银税互动",被国务院作为第三次大督查发现的典型经验予以表扬。深化还款方式创新。在全国率先实施"政策性金融+商业性金融"小微转贷款试点。二是"三农"金融走在前列。深化村村通工程,农村金融服务覆盖率超过95%。探索试点"农村产业链金融""农民资产授托代管融资""村级互助担保组织合作"等新模式,深化"两权"抵质押贷款试点。配合银监会联合林业部专门在丽水召开林权抵押贷款现场会,支持义乌、德清获得全国农村集体经营性建设用地使用权抵押贷款工作试点。三是绿色金融形成"浙江模式"。践行"两山"理念,积极探索绿色金融。在全国探索制定首个地方性绿色金融发展规划,建立首家地方性银行绿色金融事业部,构建首套地方性绿色金融统计指标体系和绿色银行评价体系等。绿色信贷增速保持在10%以上,约占全国绿色信贷的6.5%,居全国前列。四是打造"四专"科技金融。建立专业化的科技金融服务体系、模式、产品和技术。截至2016年10月末,支持全省科技型中小企业和高新技术企业贷款余额达5498亿元。五是地方法人机构不断增多。在2015年增设5家机构基础上,批准浙江稠州金融租赁公司开业,浙银金融租赁公司获批筹建,温州光大金瓯资产管理公司获准展业。目前全省银行业法人机构总数已达194家。六是机构改革速度加快。农商行改制进展顺利,支持浙商银行、杭州银行成功上市,瑞丰农商行启动上市进程,稠州银行引入战投,绍兴银行等城商行市场化改革深入推进。七是区域金融改革稳步推进。大力支持城西科创大走廊建设,推动金融总部向钱塘江金融港湾集聚(已有机构总部和分行50余家),积极支持舟山自贸区、温州金改、台州小微金改、丽水农

村金改等区域改革试点。

二、浙江银行业机构分类别发展状况

（一）政策性银行

2016年年末，全省政策性银行本外币各项贷款余额6247.4亿元，比年初增加639.6亿元，余额同比增长11.4%；贷款余额占全部银行业（不含非银行业金融机构，下同）贷款的比重为7.8%，同比上升0.3百分点；新增贷款占全部银行业新增贷款的比重为12.6%，同比下降0.6百分点。各项存款余额1359.8亿元，比年初增加409.7亿元，同比增长43.1%。

国家开发银行浙江省分行充分发挥投、贷、债、租、证综合金融服务优势，积极对接"五水共治""三改一拆"、浙商回归、特色小镇等转型升级组合拳政策，稳步推进浙江经济转型升级融资服务工作。全年实现贷款新增授信2536亿元，创历史同期最好水平；累计向全省提供社会融资总量1715亿元，其中发放贷款1090亿元，创历史新高；资产总额5099亿元，辖内（不含宁波）项目融资余额新增452亿元；投放专项建设基金532亿元，合计撬动"五水共治""三改一拆"和特色小镇领域总投资2606亿元。

进出口银行浙江省分行充分发挥政策性银行的职能和作用，聚焦三大战略方向，全力支持浙江开放型经济建设。截至2016年年末，该行本外币贷款余额924.74亿元，较年初新增120.82亿元，增长15%。其中，"走出去"贷款余额99.35亿元，占比10.75%；新增34.91亿元，增长54%。"一带一路"贷款余额146.92亿元，占比15.90%；新增35.53亿元，增长32%。

农业发展银行浙江省分行通过贷款、基金、政府债务置换、转贷款等业务，多渠道引导和带动资金加大对浙江"三农"的金融支持力度，信贷支农再创新高。2016年年末各项贷款余额1216.69亿元，比年初增加212.54亿元，增长21%，投放重点建设基金70亿元，定向置换政府债务178亿元。其中，累放粮油购销储贷款77.64亿元，支持收购、储备、调销粮食78.23亿公斤、油脂3.38亿公斤；累计支持国家重大水利工程、棚户区改造、农村公路、新农村建设等农业农村基础设施项目182个,发放贷款474.98亿元。

(二)国有商业银行

2016年年末,全省国有商业银行本外币各项贷款余额33395.2亿元,比年初增加84.2亿元,余额同比增长0.3%;贷款余额占全部银行业贷款的比重为41.6%,同比下降2.7百分点;新增贷款占全部银行业新增贷款的比重为1.7%,同比下降16.4百分点。各项存款余额42375.3亿元,比年初增加4180.67亿元,同比增长10.9%。

工商银行浙江省分行充分发挥工商银行集团化、综合化和国际化优势,综合运用投行、租赁、直投、债券承销等融资产品和工具,多措并举降杠杆。大力发展债券承销业务,非金融债务工具承销金额222亿元。引入工银瑞投、工银国际等工商银行集团资金,积极参与各类基金组建,目标投资规模达1369亿元。启动推进债转股项目,与浙江省建投集团合作,通过并表基金方式,完成省内首单债转股业务,为企业增加了权益性资金,帮助降低资产负债率1.8百分点。

农业银行浙江省分行持续强化“三农”和实体经济金融服务。与省政府、省农办等多个部门签订战略合作协议,推动浙江打造开放经济新优势,得到省委、省政府主要领导和社会各界的高度认可。继续下派骨干到乡镇任职,开发上线农村金融互联网平台,创新“小城镇环境综合整治贷款”,获得农民的广泛好评。持续推进惠农通服务提质增量,全年实现惠农通金融性交易730.57万笔、45.36亿元,同比分别增长36.9%和77.1%。积极推进“三农”工作室和流动服务模式等新型农村服务渠道的探索,共建成“三农”工作室661家,配置“三农”移动服务包459套。

中国银行浙江省分行围绕“担当社会责任,做最好的银行”战略目标,加快推进改革创新和转型发展,大力支持浙江经济社会发展。该行发挥中行国际化业务专业优势,作为浙江银行业唯一代表进入G20峰会主会场提供金融服务,实现全程“零差错、零投诉、无负面舆情”,赢得了峰会筹备办、新闻中心、媒体、各国使团普遍好评。该行积极把握舟山作为海上丝绸之路重要一环的战略机遇,加强政策倾斜和资源配置,与舟山市政府签署全面战略合作协议。发挥风险集中化解机制专业优势,资产质量保持五大行最优。

建设银行浙江省分行致力于以传统和新兴业务齐头并进为导向,在巩固传统业务优势的同时,抢抓机遇,推进新兴业务发展。该行一方面充分发挥集团综合化的经营优势,着力打造大资产大负债经营模式;另一方面,以重点产品带动中间业务增长,支付宝、贵金属、代理保险等10项重点产品合计收入增速64%,占中收总量68%,贡献度提升20个百分点。另外,该行还依托"移动金融"和"善融商务"两项拳头产品,加快推进"互联网＋金融"的实践应用,线上线下整体效能得到协同提升。

交通银行浙江省分行一方面不断探讨思考经营模式的转型之路,深入推进业务模式转型;另一方面,以人群客户为支点加快推进零售业务转型,做强私人银行中心直营能力,做大私银专属产品、家庭财富规划、家族信托、私募股权、境外理财等服务。同时,落地了系统内也是同业中第一单跨境家族信托管理计划。

(三)股份制商业银行

2016年年末,全省股份制商业银行本外币各项贷款余额17059.2亿元,比年初增加1796.2亿元,同比增长11.8%;贷款余额占全部银行业贷款的比重为21.2%,同比上升1百分点;新增贷款占全部银行业新增贷款的比重为35.5%,同比上升16.7百分点。各项存款余额19271.9亿元,比年初减少306.8亿元,同比下降1.6%。

中信银行杭州分行紧紧围绕我省经济转型升级的巨大金融需求,全力争取总行对浙江省的倾斜政策,2016年年末本外币贷款余额首次突破2200亿元,比年初新增214亿元,创近3年来新高。同时,该行积极通过债券渠道引入低成本资金。通过直接融资业务,为全省71家优质企业引入资金,加权平均发债成本为3.81%,当年降低企业财务成本5亿元以上。

光大银行杭州分行资产规模快速增长,市场份额逐步提升;盈利渠道进一步拓宽,同业、投行、资管、贸金、电子银行、信用卡等业务各具亮点,战略转型效果逐渐显现;不良贷款得到有效遏制,风险管控能力提升;内部管理基础进一步夯实。全年资产总额增幅28.4%。存款总量持续突破,增幅在同业中排名靠前;贷款业务增速、增量为近几年最好。

华夏银行杭州分行坚持"大群体、小金额"的发展思路,大力拓展零售业务。一是通过做实业务基础、扩大客户群体,全年新增个人基础客户5456户,开发有效代发工资客户4026人,创历史新高。二是通过积极搭建平台、流程优化,狠抓效率,实现按揭与消费贷款的均衡发展。全年个贷余额增长45.07%,提前完成3年规划的首年计划。三是积极与第三方支付机构等平台合作,创新收单业务营销方式,在丝绸城社区支行试点开展营销外包,带动活期储蓄存款增长超过4000万元。

广发银行杭州分行大力发展网络金融,夯实客户基础、强化创新业务推动。通过深化落实精细化管理和KPI过程管理,全辖手机银行和网银存量客户数分别达到113万户和185万户,较2015年年末分别增长48%和22%。优化网金渠道建设,积极拓展基金公司、电商平台等特约商户。电子商户总交易量1538亿元,较去年同期增长41%,全年电子银行金融交易替代率创99.5%,为历史新高。

平安银行杭州分行践行"轻资产、轻资本"发展道路,全年审批资本市场业务140余亿元,成功落地股票定向增发2.66亿元;完成资产证券化31.14亿,完成债融规模18.5亿元。同时,该行在规避互联网金融三大风险的基础上,努力构建互联网金融时代的先行优势,推出了橙e网、橙子银行、口袋银行、公司业务微信等一系列接地气的互联网金融产品,项目储备日渐丰富。平安银行全年完成公司网金产品项目数1256个,其中,新增客户数1518户,2016年年末存量网金客户存款规模约323亿元,年日均存款约360亿元。

招商银行杭州分行践行"普惠金融"服务理念,不断提升支农支小覆盖面。该行一方面聚焦重点客群经营,改变小企业客户散单经营模式,推行名单制精准批量营销,加大对创业企业、众创空间、创业基地的支持,提供股权、债权相结合的融资支持。另一方面,积极拓展小微获客渠道。持续打造闪电贷、微信推广、平台合作、手机银行、行员云转介等全新的互联网轻型获客渠道;深度挖掘客户支付、征信等数据信息,充分利用大数据定位营销客群;加大资源投入,持续推动零散客户转介、点对点转介、"生意会"平台批量转介等活动力度;积极推行收付易、专业市场、供应链设计场景化营销策略,致力于让更多客户亲身体验到招商银行的优质金融服务。

浦发银行杭州分行在自有规模较为紧张的情况下，持续加大对科技型企业的支持。持续推出"千户工程""易贷多""科技含权贷"及股权基金投贷联动等差异化产品，并联动余杭科技城、青山湖科技城两大平台建立风险池，设置批量化科技型企业授信方案，探索推进科技型企业全程培育、共同成长机制。截至2016年年末，该行科技型企业客户数471户，较年初增长11.53%，贷款余额57.53亿元，比年初增加3.24亿元。

兴业银行杭州分行坚持"大投行、大财富、大资管"导向，持续提升多市场运作和综合金融服务能力。全年新增资产投放591.42亿元，同比多投放227.44亿元；零售业务实现经济增加值近7亿元、考核利润近11亿元，较2015年增幅分别达40%和39%。投资银行、同业投资、资产管理、托管业务等主流业务质提量升，带动中间业务收入快速增长。全年中间业务净收入增长2.82亿元，收入占比30%，提高9百分点。此外，该行绿色金融品牌效应逐步凸显，截至2016年年末，绿色金融业务融资余额已达421亿元，占总行绿色金融业务10%。

民生银行杭州分行积极推进困难企业分类帮扶工作。在深入调查、了解企业生产实际情况的基础上，与当地政府、法院、土管局等政府部门通力合作，全力帮扶暂时遇到困难的企业，量身制定企业解困方案，并主动在续授信转贷时降低贷款利率，减轻企业财务成本。

恒丰银行杭州分行积极开展信贷工厂运营工作，探索和推进批量化、平台化业务模式。2016年该行先后申报了汽车供应链融资批量开发项目、电商平台客户批量开发项目、物流企业集群授信、创客平台等多个批量项目。其中，天天快递物流集群授信项目作为恒丰系统内第一笔批量项目，已成功落地。另外，该行与Tronker平台合作推进批量业务已取得阶段性进展，当创客平台所提供的管理系统运行时，符合信贷工厂批量项目项下客户将成为批量小微客户来源。

浙商银行围绕降低企业融资成本、提高流动性两大核心需求，创新"互联网＋"应用和"池化"融资业务模式，持续升级票据池、出口池、资产池等业务平台，打造流动性服务银行。同时，该行尝试零售业创新发展，推出增金宝、理财产品转让等互联网基因的产品和服务,业内首发构建"个人资产池""个人财市场"两大平台,引入个人贷款、信用卡额度和金融资产联动的池化授信模式,解决客户投资收益和流动性的双重需求。此外,该行还强势出击,全面布局互联网金融。目前已基本完成网络金融全渠道建设,并相继推出"涌金票据池""涌金资产池"等一批具有典型互联网金融特色的产品,连续2年荣获中国金融认证中心颁发的"中国网络金融创新奖"。

渤海银行杭州分行紧紧围绕"扩规模、增效益"经营发展思路,坚持批发、零售、金融市场三业协同并进,积极抢抓市场机遇,大力挖掘优质客户,强化业务创新,全力推进业务规模效益双提升。2016年,该行成功开拓系统内首单黄金租借同业融资、跨境电商业务、科技担保项下小微贷款,成功发行7年期中期票据,资产托管业务规模余额700亿元。个贷投放、个贷余额新增、直销银行销量创历史新高,零售业务对业务发展支撑作用愈加凸显。

(四)城市商业银行

2016年年末,全省城市商业银行本外币各项贷款余额9698.99亿元,比年初增加1038.70亿元,同比增长12%;贷款余额占全部银行业贷款的比重为12.1%,同比上升0.6百分点;新增贷款占全部银行业新增贷款的比重为20.5%,同比下降4百分点。各项存款余额13849.24亿元,比年初增加1887.30亿元,同比增长15.8%。

转型升级方面,2016年,浙江城市商业银行根据目标导向、问题导向、效果导向,不断增强转型升级的主体意识,深入推进战略规划实施,不断建立健全以公司治理为核心的现代商业银行管理和运行机制,转型升级的动力与活力得到释放。几家有政府背景的城市商业银行在人事管理、绩效考核、组织架构和业务流程等方面采取了不少新动作,行政管理色彩逐步淡化,业务发展开始呈现向好势头,其中杭州银行已在上海证券交易所挂牌上市,转型发展进入新阶段;几家民营城市商业银行也结合自身转型升级需要,发挥资本结构优势,向内挖潜,进一步梳理完善内部管理体系,调动全行积极性。杭州银行牵头辖内11家法人银行和8家非银行法人金融机构携手建立"价值连城"战略合作联盟,发挥各类型成员单位的资源优势,深化互利合作,实现联合发展。

普惠金融方面,浙江城市商业银行根据自身市场定位,发挥自身比较优势,将金融服务"补短板"作为对接供给侧结构性改革的重要着力点,顺应趋势、巩固优势,打造小微金融服务升级版。优化机构布局,深化普惠渠道建设,全辖城商行规划新设支行网点123家,其中82.92%以上位于县域及乡镇以下,81.3%为小微企业专营支行和社区支行。充分发挥小法人反应迅速、决策链短的体制优势,以客户为中心,以市场为导向,顺应"互联网+"趋势,从科技创新、风险防范、价值创造等方面入手,产品种类日益丰富,风控能力和服务品质不断增强。部分城市商业银行推出基于互联网、大数据管理和智能终端PAD的移动营销展业和贷后管理平台,通过机器换人,科技服务金融,为解决普惠金融"最后一公里"做出有益探索。2016年,辖内城市商业银行法人机构累计向4.07万户小微企业和52.89万户个人经营性主体发放贷款,年末小微企业及个人经营性贷款占比达到64.5%、较全国城市商业银行平均水平高出18.43百分点,小微贷款户均余额93.8万元、较全国城市商业银行平均水平低146.4万元,继续保持"占比高""户均低"的特点。

(五)农村中小金融机构

1. 农村合作金融机构。2016年年末,全省农村合作金融机构本外币各项贷款余额10756.16亿元,比年初增加726.39亿元,增长7.24%,占全部银行业的13.2%;其中支农支小贷款投放继续加大,承担了全省二分之一的农户贷款、五分之一的涉农和小微企业贷款。各项存款余额16360.19亿元,比年初增加1936.51亿元,增长13.43%,占全部银行业的16.4%。

全省农村合作金融机构以抓住供给侧结构性改革和经济结构调整优化为契机,深入开展体制机制创新,围绕"三去一降一补"五大任务,当好支持供给侧改革先锋,坚持不懈地降低信贷杠杆,盘活信贷存量,调整信贷结构,重点支持实体经济尤其是小微企业,分类帮扶困难企业,做好"三农"服务,积极探索科技金融、绿色金融等新业态,推进普惠金融向纵深发展。一是大力支持实体经济。针对小微企业缺乏抵押物的特点,自主研发了"小微专车"贷款模式,对诚信小微企业采取信用贷款方式,信用贷款逆势实现爆发式增长。到2016年年末,发放信用贷款1634.77亿元,增幅高达68%,特别是30万元以下的小额信用贷款达1196亿元,增幅69.89%,极大地减轻了诚信企业的担保难问题。二是大力推进支农支小。针对农村客户普遍缺乏抵押物现状,加大力度配合农村产权改革,积极稳妥推进农房抵押贷款、农村土地承包经营权抵押贷款和林权抵押贷款,到2016年11月末,贷款余额分别达到72.20亿元、8.18亿元和46.75亿元。到2016年年末,累计发放丰收小额贷款卡276.22万张,贷款余额1555.36亿元,发放丰收创业卡18.96万张,贷款余额528.69亿元。3万个物理网点、服务点基本覆盖全省城乡,特别是大力建设集金融、电商、民生、政务、公益等服务于一体的丰收驿站3500余家,构筑了"基础金融不出村、综合金融不出镇"的格局。三是大力倡导绿色金融。目前全省农信系统信贷支持"五水共治"项目566个,授信余额56.37亿元,贷款余额50.16亿元,信贷支持五水共治项目(企业)11.43亿元,防洪水项目7.19亿元,排涝项目4.79亿元,节水项目10.80亿元,其他环保项目26.65亿元。四是大力推动扶贫帮困。省农信联社与省农办等部门多方联动、精心工作,持续发放以低收入农户为主要扶持对象的扶贫小额贷款,为扶贫帮困工作添动力。到2016年11月末,扶贫贷款余额40.13亿元,支持68083户。

2. 村镇银行。浙江村镇银行坚持"立足浙江,服务村镇"的市场定位,推动普惠金融取得较好成效。截至2016年年末,全省村镇银行本外币各项贷款余额686.72亿元,比年初增加62.5亿元,余额同比增长10%;贷款余额占全部银行业贷款的比重为0.9%,同比持平;新增贷款占全部银行业新增贷款的比重为1.2%,同比下降0.3百分点。各项存款余额610.76亿元,比年初增加62.8亿元,同比增长11.5%。

(六)信托、租赁及财务公司

杭州工商信托坚持"有所为,有所不为"的业务策略与"基金化、投资化、中长期化、产品化"的业务战略方向,实施资产管理业务的拓展与创新、推进业务模式的深化与转型、加强公司内控体系建设和团队建设,为构建核心竞争力、打造可持续发展模式奠定基础。截至2016年年末,公司综合管理资产规模为356.88亿元,同比增幅5.56%,其中:集合资金信托计划41个,合计规模304.84亿元,同比增长4.51%;单一资金信托14笔,规模32.45亿元,同比增长5.64%。

浙商金汇信托坚定贯彻落实服务实体经济行动方案,立足浙江,面向全国,在严守合规和风险底线的前提下,发挥信托优势,以业务创新推进服务实体经济质效,加强与同业机构合作,有力支持实体经济重点领域的产业发展、结构调整和转型升级。

中建投信托积极开展绿色金融业务尝试。截至2016年年末,投资于绿色能源产业的主动管理信托计划共计11个,存续规模共计62.3亿元。具体资金投向包括光伏发电行业、碳排放投资基金和生物质发电行业等。此类业务合作模式包括项目贷款和产业基金等。

万向信托有限公司围绕"专业特色年"的主题,巩固传统业务领域的特色与强项,着力在若干细分领域打造核心优势,形成自己的产品特色和服务特色,积累核心客户和高净值客户,全面提升综合运营效率和业务能力。全年共成立信托产品1973个。

华融金融租赁股份有限公司坚持"稳中求进、创新转型"发展主基调,统一思想、狠抓落实,经营管理取得良好成效。2016年末资产总额,比上年末增长41.54%;全年租赁投放总额452.53亿元,同比增长25.48%。

2016年年末,全省财务公司本外币各项贷款余额547.06亿元,比年初增加109.50亿元,余额同比增长25%;贷款余额占全部非银行业贷款的比重为35.3%,同比上升0.3百分点;新增贷款占全部非银行业新增贷款的比重为36.4%,同比上升8.3百分点。各项存款余额782.94亿元,比年初增加235.3亿元,同比增长43%。

万向财务公司积极推广电子银行承兑汇票业务,根据不同企业的特点"量身定制"票据产品和服务,为企业发展提供全方位、多层次、个性化的金融服务,为集团及成员单位提供了良好的票据融资平台,集团整体的资金使用效率得到提高,集团成员单位票据流转管理有所强化,票据业务风险和成本进一步降低。

浙能财务公司立足集团,充分发挥财务公司在集团内部的金融平台优势,做好集团与金融市场的沟通桥梁。跨境人民币资金池范围进一步扩大。在2015年取得跨境人民币资金池资格的基础上,2016年新增了一家境外成员单位,为集团下一步开展海外业务打下了良好的基础。

浙江省交通投资集团财务有限责任公司依托完善的资金预算管理体系,在2016年紧跟市场,积极利用短期富余资金头寸,通过精确的期限结构匹配,积极稳妥开展各类同业交易,有效提升了集团整体资金收益率。

中国电力财务有限公司浙江分公司积极探索开展融资租赁直租业务,首笔直租业务于12月28日落地,金额823.07万元。为更好地支持浙江电网发展,2016年度该公司累计向国网浙江省电力公司及其全资子公司发放贷款27.99亿元,对浙江省内电网发展提供了有力的信贷支持。

(七)其他机构

1. 邮政储蓄银行

2016年,邮储银行浙江省分行坚持稳健运营总基调,以创新驱动发展为统领,以提质增效为目标迎难而上。截至2016年12月末,各项存款余额3301亿元,同比增长21%,各项贷款余额1942亿元,同比增长26%。零售信贷共推出9项创新产品,其中美丽乡村农房建设小额贷款、司法拍卖房屋按揭贷款为全国首创。小企业贷款以民生金融为抓手,积极调整产品要素,小水电贷款、医院贷结余保持全国领先。在全国率先推出单位公务卡业务,密切了与财政、预算单位的关系。金融市场业务落地了全国第一笔资本市场并购基金业务,落地了投联贷业务,以及理财资产、理财销售和贸易金融联动的创新业务。贸易金融落地全国首笔可循环支用贸易融资、跨境e贷、外汇掉期及网银结汇业务,成为全国唯一一家八大类贸易金融产品均有落地的分行。

2. 金融资产管理公司

华融资产管理公司浙江分公司积极支持省内银行业化解金融风险,集中精力开展银行不良资产包的收购、处置工作,2016年在原来的基础上增设一个业务部门(业务八部)专门从事不良资产包收购处置工作。全年共收到省内银行业推出的不良资产包119个、2434户、债权总额681.62亿元。

中国长城资产浙江分公司坚定不移地按照"稳中求进抓主业"的工作思

路,大力开展不良资产经营主业,已成为分公司可持续发展的稳固基石。截至 2016 年 12 月末,该公司共有存量不良资产包项目 18 个,购入价余额 30.77 亿元,债权本金余额 156.21 亿元。

中国东方资产浙江分公司主动向上级部门汇报,及时调整经营策略,提出了"压缩存量,做大总量,确保质量"的十二字方针,稳步推进对存量不良资产包的打包处置。对重点客户、核心客户的营销、挖掘、培育的工作出现向好苗头。

信达资产管理公司浙江分公司围绕"调结构,强创新,控风险,增业绩"的发展主基调,坚守不良资产核心主业,积极开拓重组类业务、资产管理及金融服务,加大产品创新力度。截至 2016 年年底,共收购 10 余家银行的资产包 44 个。同时,该公司主动加大资产主动处置力度,在通过以新带旧组合打包处置的方式提升处置进度的同时,坚持以创新促处置,不断探索、复制、推广不良资产处置中的新模式、新方法,目前已形成整合淘宝、房地产中介等第三方服务资源、创新分期付款的结构化交易处置方式、探索设立不良资产收购基金和尝试引入外资参与处置等方式。

3. 外资银行

2016 年,辖内外资银行继续实施差异化经营策略,坚持服务跨国企业"走进来"与本土企业"走出去"双轮驱动,充分利用跨境资源优势,创新金融产品和服务,帮助企业降低融资成本,应对汇率波动,助力实体经济转型升级。2016 年年末,全省外资银行本外币各项贷款余额 307.45 亿元,比年初减少 7.31 亿元,同比下降 2.32%;各项存款 325.24 亿元,比年初减少 1.76 亿元,同比下降 0.54%。此外,三菱东京日联银行申请在杭州设立分行并获批筹建,将对辖内现有外资金融服务起到补充和提升作用。

4. 民营银行

温州民商银行坚持"服务小微、服务实体"的创行宗旨,扎根本土市场,积极提升金融对温州地区经济结构转型与产业升级的支持力度。截至 2016 年年末,温州民商银行各项贷款余额 23.08 亿元,较年初增长 185.64%,各项存款余额 25.89 亿元,较年初增长 150.63%,无不良贷款。小微企业贷款余额 18.89 亿元,比年初增加 13.1 亿元,增长 226.31%,较同期各项贷款多增 40.51

百分点;贷款户数170户,比年初增加171户,申贷获得率94.94%,较年初上升2.52百分点,完成3个"不低于"目标。

　　浙江网商银行在淘宝贷款、天猫贷款和阿里信用贷款产品的基础上,进一步发挥技术和数据优势,开展平台贷、大数贷、流量贷、口碑贷等新型数据化贷款产品,扩大服务小微企业的广度和深度。截至2016年年底,累计向小微企业发放贷款928亿元,服务小微企业客户数248万户,其中12%的贷款投向为涉农贷款。在浙江省政府近期组织的2016年"浙江省十大服务小微企业优秀项目"评选工作中,网商银行"淘宝贷款"获选服务小微企业优秀项目,网商银行是全省唯一获奖的金融机构。

(本报告由中国银监会浙江监管局提供)

第四章　2016年度浙江省证券业发展报告

一、2016年度浙江省资本市场发展概况

(一)企业上市挂牌节奏较快,后备资源充足

2016年,全省新增境内上市公司30家,占全国新增总数的13.33%,位居全国第三;新增新三板挂牌企业492家,占全国新增总数的9.77%,位居全国第四。截至2016年年底,全省境内上市公司总数329家,位居全国第二,其中中小板上市公司131家、创业板上市公司60家,分别位居全国第二、第四;全省新三板挂牌企业903家,位居全国第四;浙江股权交易中心挂牌企业3859家。另外,全省尚有境内拟上市企业259家,其中辅导期企业124家,已报会待审核企业116家,已过会待发行企业19家。浙江企业上市、挂牌速度较快,在各个市场板块之间形成明显的梯队效应,为后续发展打下较好基础(见表4-1)。

表4-1　2016年浙江境内上市挂牌企业基本情况

指标名称	单位	2016年新增数	2016年年末数
境内上市公司	家	30	329
其中:主板	家	16	138
中小板	家	4	131
创业板	家	10	60
新三板挂牌企业	家	492	903
浙江股权交易中心挂牌企业	家	697	3859

（二）股权、债权融资并驾齐驱，并购重组持续活跃

2016年，全省境内上市公司共实现股权融资2061.64亿元，是去年同期的1.55倍。其中首发融资183.79亿元，增发融资1877.85亿元。全省企业发行公司债较为踊跃，全年共发行公司债（含ABS）181只，融资总额1648.38亿元，分别是去年同期的2.59倍、2.32倍，规模创历史新高。同时，全国首单可续期公司债、首单绿色公司债先后在浙江落地，加上去年舟山港发行的全国首单非上市公司小公募债，浙江成为公司债券新品种"试验田"。并购重组继续保持了较高的活跃度，有177家境内上市公司实施并购重组375次，涉及金额1615.90亿元（见表4-2）。

表4-2　2016年浙江资本市场直接融资情况

指标名称	2016年	同比增长（%）
境内上市公司股权融资（亿元）	2061.64	54.92
其中：首发融资（亿元）	183.79	25.52
增发融资（亿元）	1877.85	65.32
公司债（含ABS）（亿元）	1648.38	131.97

（三）上市公司业绩显著向好，供给侧改革成效初显

2016年，全省上市公司实现营业收入13884亿元，同比增长17.91%；实现净利润1183亿元，同比增长39.70%；扣除非经常性损益后的净利润917亿元，同比增长35.09%，营业收入、净利润金额均位居全国第五。2016年，全省上市公司净利润为正的有313家，占比95%，同比上升2个百分点；净利润同比增长的有239家，占比73%，同比上升10百分点，高于全国水平67%；业绩实现翻番以上的有42家，占比13%，同比上升4百分点。2016年，浙江上市公司加大供给侧结构性改革力度，积极调整产业布局，发展战略新兴产业，改革成效初显。截至2016年年底，全省非金融上市公司资产负债率48.48%，低于全国57.05%的整体水平，也低于广东、江苏和山东三省；房地产业上市公司年末存货1670.75亿元，同比下降11百分点，存货占总资产比率同比下降10百分点（见表4-3）。

表4-3   2016年浙江上市公司经营情况

指标名称	2016年	同比增长(%)
营业收入(亿元)	13884	17.91
净利润(亿元)	1183	39.70
扣除非经常性损益后的净利润(亿元)	917	35.09

(四)证券经营机构回归本源,服务实体能力提升

截至2016年年底,全省共有证券公司5家,证券公司分公司61家,证券营业部842家,证券投资咨询机构3家;全省证券投资者开户数1434.37万户;证券经营机构托管市值2.19万亿元,客户交易结算资金余额1178.32亿元。2016年,全省证券经营机构累计实现代理交易额38.09万亿元、手续费收入123.28亿元、利润总额58.44亿元。浙江证券经营机构着力去通道、去杠杆,创新产品设计,帮助实体企业降低融资成本,服务实体企业能力进一步增强,如财通证券推进"金融+产业"国企改革新模式,以直投子公司为载体提供全方位国有资产证券化服务;浙商证券完成行业内首单可续期公司债和绿色公司债承销等。

(五)期货公司稳步发展,期现结合亮点频现

截至2016年年底,全省共有期货公司12家,期货公司分公司9家,期货营业部181家;全省期货投资者开户数40.35万户,客户保证金余额481.81亿元。2016年,全省期货经营机构累计实现代理交易额42.14万亿元、手续费收入21.07亿元、利润总额13.4亿元;期货公司累计实现代理交易额40.21万亿元、营业收入32.38亿元、利润总额12.84亿元。在2016年期货公司分类评价中,永安期货获评AA,南华期货、中大期货、宝城期货获评A。浙江期货公司积极探索利用期现结合模式服务供给侧改革,如永安期货为瑞安、平阳等地塑料企业提供多种期现结合采购模式;浙商期货持续推动棉花、大豆等期货品种的"保险+期货"模式服务"三农";大地期货为浙江纺织品进出口集团量身定制套期保值业务管理制度等。

（六）私募行业持续壮大，集聚发展特色突出

2016年，浙江私募基金行业继续保持快速增长态势，私募基金产品数量和规模不断上升。截至2016年年底，全省共有1421家私募基金管理人完成登记，发行产品4106只，管理资产规模6969.37亿元，其中管理规模在100亿元以上的机构11家，管理人家数和管理规模均位居全国第四。依托良好的发展环境，全省私募基金行业逐渐由粗放式发展走向了集约式发展。省内私募基金集聚区建设更具规模，杭州玉皇山南基金小镇、余杭天使小镇、嘉兴南湖基金小镇等特色小镇的集聚效应日益显著。以杭州玉皇山南基金小镇为例，该小镇通过坚持市场化运作、产业链招商、生态圈建设的模式，快速推动私募金融集聚发展，已吸引入驻金融机构超过1000家，资产管理规模超过5800亿元（见表4-4、表4-5）。

表4-4 2016年浙江证券期货经营机构基本情况

名称	单位	2016年年末数
证券公司	家	5
证券公司分公司	家	61
证券营业部	家	842
证券投资咨询机构	家	3
基金公司	家	2
期货公司	家	12
期货公司分公司	家	9
期货营业部	家	181
已登记私募基金管理人	家	1421
已备案私募基金	只	4106
已备案私募基金管理规模	亿元	6969.37

表4-5 2016年浙江证券期货交易情况

指标名称	2016年	同比增长(%)
证券经营机构代理交易金额(亿元)	380851.62	−39.45
其中：A、B股交易额(亿元)	284771.97	−47.33
基金交易额(亿元)	8801.76	−52.36
证券经营机构代理交易手续费收入(亿元)	123.28	−55.73
证券经营机构利润总额(亿元)	58.44	−69.36

续表

指标名称	2016 年	同比增长（%）
证券经营机构托管市值（亿元）	21929.04	-8.07
证券经营机构客户交易结算资金余额（亿元）	1178.32	-30.80
证券投资者开户数（亿元）	1434.37	21.41
期货经营机构代理交易额（亿元）	421364.39	-67.89
期货经营机构代理交易手续费收入（亿元）	21.07	11.72
期货经营机构利润总额（亿元）	13.4	15.42
期货经营机构客户保证金余额（亿元）	481.81	19.33
期货投资者开户数（亿元）	40.35	11.56

二、浙江省资本市场发展需关注的几个问题

（一）上市公司质量有待进一步提升

一是整体运营能力有待进一步提高。浙江非金融上市公司2016年应收账款周转率为6.35，较2015年有所下降；存货周转率为2.57，低于江苏和山东上市公司的平均水平。二是小部分公司长期业绩欠佳，连续多年处于微利或盈亏间隔状态，持续经营能力薄弱，产业呈现空心化，沦为壳资源被频繁举牌。三是资金使用效率有待进一步提高，部分上市公司委托理财金额较大，部分资金流向存在"脱实向虚"的倾向。四是控股股东、实际控制人担保风险和债务风险依然存在。截至2016年年底，全省上市公司控股股东股权质押比例90%以上的有40家，由于股市波动个别公司存在频繁追加担保的情况。

（二）并购重组存在风险隐患

上市公司通过并购重组实现了做大做强和转型升级，但风险隐患也随之而来。一是并购形成的商誉快速增长，减值风险增大。浙江上市公司商誉从2014年年末的206.30亿元增加至2016年年末的861.96亿元，截至2016年年底，商誉占净资产比例50%以上的有14家，商誉是2016年净利润10倍以上的有10家。如果未来标的资产发生业绩未能按计划实现，出现与对赌

承诺严重偏离等情形,大额商誉减值损失会对上市公司经营业绩带来较大负面影响。二是部分并购标的公司业绩承诺不达预期,业绩补偿风险显现,可能产生纠纷,损害投资者利益。三是高杠杆收购频发,存在杠杆资金断裂、持股稳定性差等风险隐患。四是部分传统产业上市公司在没有明确自身战略目标和发展方向的前提下,贸然跨界并购,对新并入标的管理薄弱或失控,影响转型升级进程。

(三)证券、期货、基金公司综合实力偏弱

一是资本实力较弱。财通证券、浙商证券的实收资本均仅排在行业中游水平。期货公司中除永安期货外,其他公司实收资本的行业排名均在30名之外。浙商基金股权变更尚未通过审批,进一步增资扩股受限。二是对传统业务的依赖程度仍然较高。浙江证券、期货公司业务多元化发展虽有较大进展,但"靠天吃饭"的局面尚未得到根本性改变。2016年,浙江证券公司、期货公司经纪业务收入占营业收入比重分别为35.68%和51.57%,均高于行业平均水平(32.10%和46.81%)。三是证券公司投行业务起步晚、积累少、人才缺,与浙江资本市场发展的需求不匹配。四是资产管理业务的主动管理能力有待进一步提升。证券、期货、基金公司的通道类资管业务占比均超过50%,其中基金公司达到85%。

(四)基金小镇同质化竞争严重,异地经营问题突出

一是金融服务水平有待提高。基金小镇模式运作时间虽不长,在行政便利服务和生活配套服务方面也取得了一定成效,但为入驻机构提供的投融资信息撮合、财富管理产业链建设等专业金融服务仍较为单薄。二是同质化竞争严重。各小镇之间主要的竞争仍然停留在税收减免优惠、财政补贴力度等方面,尚未形成定位专一、特色鲜明的金融生态圈。随着以税收中性、税收公平为原则的税制改革的推进,各地区税收的差异性将被逐渐填平,基金小镇后续招商与发展将面临一定的困境。三是异地经营问题突出。前期调研发现,基金小镇异地经营问题较为普遍,以杭州玉皇山南基金小镇为例,仅有30%左右的注册机构入驻办公,其余机构的实际办公地分布

在北京、上海、深圳等地。小镇对这些机构的情况基本不掌握,这些"候鸟"型机构一旦引发风险,将对小镇的声誉和区域金融稳定造成影响。

三、浙江省资本市场发展趋势展望

2017年是实施"十三五"规划的重要一年,是供给侧结构性改革的深化之年,是党的十九大召开的关键一年,随着资本市场市场化、法治化、国际化改革的推进,浙江资本市场环境将进一步优化,市场主体呈现分化发展,资本市场助力供给侧结构性改革、服务实体经济的能力有望进一步提升。同时,市场风险的复杂程度、量级将成倍增加,维稳压力加大。

（一）市场功能进一步发挥,助力供给侧改革

证券市场方面,随着新股发行和审核速度的加快、资本市场基础功能的进一步强化、新三板各项机制的不断完善,浙江企业对接资本市场的渠道将更加畅通,更多优质企业将通过上市、挂牌等进入公众视野;期货市场方面,随着股指期货的松绑、期货品种的进一步扩容,浙江期货市场交易有望复苏,帮助实体企业降成本、去库存的成效将更加显著;交易所债券市场方面,随着公司债券相关制度的不断完善、PPP项目资产证券化等创新品种的陆续推出,浙江公司债发行有望保持增长势头,有利于帮助更多企业拓宽融资渠道、降低融资成本;地方交易场所方面,随着交易场所清理整顿"回头看"活动的全面铺开、区域性股权交易市场监管规则的进一步明确,浙江股权交易中心及其他地方交易场所将迎来规范发展局面。

（二）市场环境进一步优化,市场主体分化发展

2017年,《证券法》《期货法》修订制定及审议工作有望取得实质性进展,私募基金条例、上市公司监管条例有望出台,新三板条例有望启动起草制定,市场操纵、"老鼠仓"等刑事司法解释的制定工作将有序开展,上市公司再融资、并购重组等制度将进一步完善。随着一系列法律法规、部门规章的制定、修改、完善,以及依法、全面、从严监管理念的持续践行,浙江资本市场

的发展环境将更加优化,优质市场主体的发展空间将更加广阔,而不合规、不诚信、违法违规的市场主体将受到限制、处罚甚至被淘汰。以上市公司为例,劣质上市公司的财务造假、虚假信息披露、忽悠式重组、炒壳卖壳、再融资等行为将受到更严格监管,触发退市条件的将严格实施退市;在排除"搅局者"之后,优质上市公司对接资本市场的渠道将更加通畅,可以通过定向增发、优先股、可转债、公司债、并购重组等多种方式获取资金、先进技术及专利,实现更好、更快发展。

(三)市场风险进一步积累,风险量级成倍增加

2017年中央经济工作会议指出:"要把防控金融风险放到更加重要的位置,下决心处置一批风险点,着力防控资产泡沫,提高和改进监管能力,确保不发生系统性金融风险",我们对此要有清醒认识。2017年,全球经济调整仍未到位,"逆全球化"倾向上升,国际复杂因素影响不可低估;国内、省内经济仍处于"三期叠加"的特殊阶段,浙江资本市场运行所处的内外环境将更趋复杂。随着资本市场的不断扩容,银行、保险等传统金融行业跨市场业务的不断发展,互联网金融等新型金融业态对证券期货行业渗透的不断加深,浙江资本市场潜在风险的复杂程度、量级将成倍增加,债务违约风险、股权质押风险、信用风险、退市风险、流动性风险等任一单体风险事件的发生,都可能引发系统性、区域性金融风险,必须引起足够重视,做好充分应对准备。

(本报告由中国证监会浙江监管局提供)

第五章　2016年度浙江省保险业发展报告

2016年,浙江保险业深入贯彻落实保监会和省委、省政府的决策部署,保险市场运行总体平稳。

一、2016年度浙江省保险市场发展概况

全省保险市场实现保费收入1784.9亿元,同比增长24.4%,较上年同期上升10.3百分点,低于全国3.2百分点,规模排名全国第5位。其中财产险公司实现保费收入696.6亿元,同比增长7.7%,较上年同期回落3.5百分点;人身险业务实现保费收入1088.3亿元,同比增长38.0%,较上年同期上升21.2百分点。行业资产总额4548.7亿元,较年初增长1477.7亿元。截至2016年年底,保险业为全省发展提供了177.02万亿元的风险保障,赔付支出633.2亿元,同比增长13.3%。

辖区(除宁波外,下同)保险市场实现保费收入1527.3亿元,全国排名第8位,较上年同期下降1位;保费收入同比增长26.5%,增幅低于全国1.0百分点,增速较上年同期上升11.7百分点。其中财产险公司保费收入594.3亿元,全国排名第3位,同比增长9.3%;人身险公司保费收入933.0亿元,全国排名第9位,同比增长40.7%。赔付支出517.9亿元,同比增长14.5%。保险公司资产合计3989.9亿元,较年初增加1379.6亿元(见图5-1)。

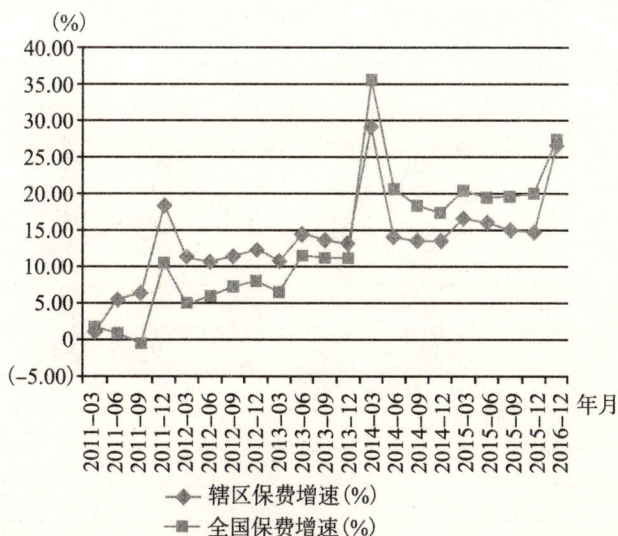

图5-1　2011—2016年辖区与全国原保险保费收入增速对比图[①]

截至2016年12月底,辖区共有各类保险机构3195家。其中,总公司3家,农村保险互助社1家,省级分公司80家(财产险36家,人身险44家),分公司6家,中心支公司412家,支公司1022家,营业部240家,营销服务部1431家。专业中介机构167家,兼业代理机构1596家,保险销售从业人员30.02万人。

二、辖区保险市场运行的主要特点

(一)财产险公司增长明显放缓,人身险公司增速创近年新高

2016年辖区财产险公司保费增速回落,同比增长9.3%,增速较上年同期回落2.6百分点,为2004年以来最低,并首次落入个位数区间。增速低于全国0.7百分点,在保费收入前十名的省(市)中排名第5位(见图5-2)。

---

①　自2010年12月起,行业启用新会计准则,导致2011年原保险保费收入增速不具有分析价值,此处仅作参考。

年份	2011	2012	2013	2014	2015	2016
产险公司保费收入(亿元)	318.4	367.8	426.0	486.1	543.8	594.3
其中:车险保费收入(亿元)	252.7	290.5	337.6	388.9	432.8	458.5
其中:非车险保费收入(亿元)	65.7	77.3	88.4	97.2	111.0	135.8
产险公司保费增速(%)	19.6	15.5	15.8	14.1	11.9	9.3
车险保费增速(%)	18.4	15.0	16.2	15.2	11.3	5.9
非车险保费增速(%)	24.4	17.7	14.4	10.0	14.2	22.3

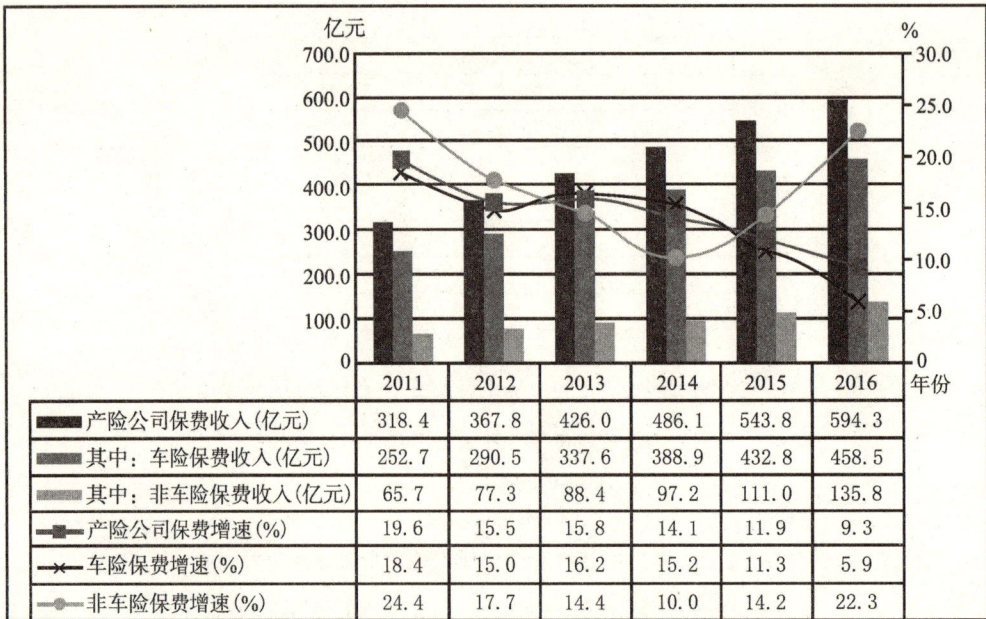

图5-2　2011—2016年辖区财产险公司保费收入趋势图

2016年辖区人身险公司保费增速创新高,同比增长40.7%,增速比去年同期上升23.3百分点,高于全国3.9百分点,在保费收入前十名的省(市)中排名第5位。其中,寿险保费收入713.9亿元,同比增长31.9%;意外险保费收入29.5亿元,同比增长12.2%;健康险保费收入189.6亿元,同比增长98.2%(见图5-3)。

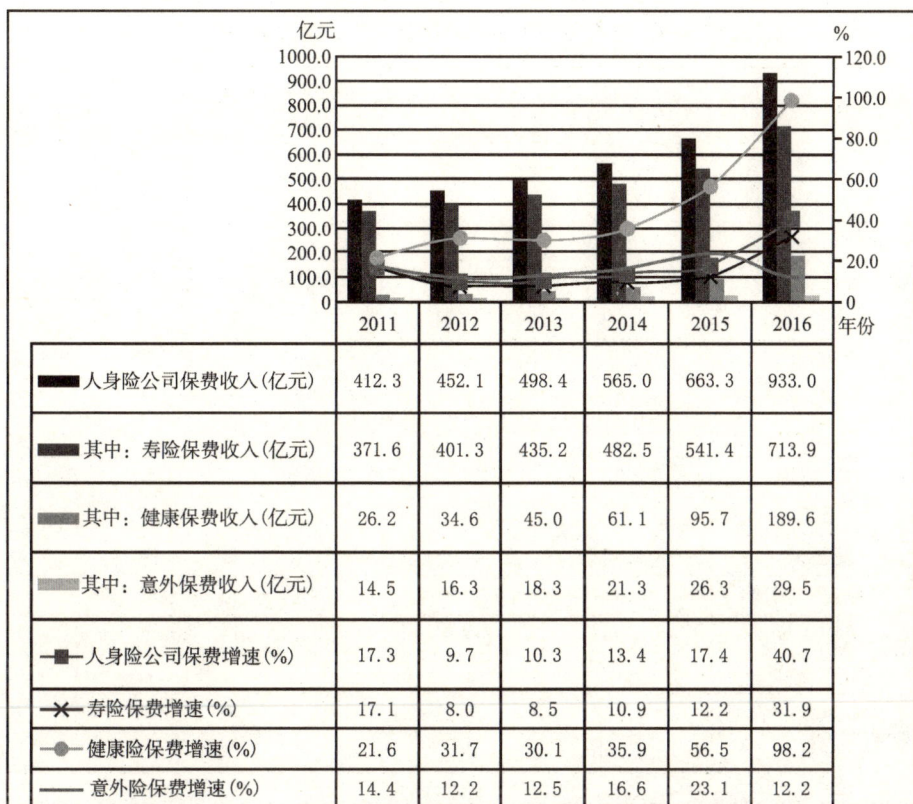

	2011	2012	2013	2014	2015	2016
■人身险公司保费收入(亿元)	412.3	452.1	498.4	565.0	663.3	933.0
■其中：寿险保费收入(亿元)	371.6	401.3	435.2	482.5	541.4	713.9
■其中：健康保费收入(亿元)	26.2	34.6	45.0	61.1	95.7	189.6
□其中：意外保费收入(亿元)	14.5	16.3	18.3	21.3	26.3	29.5
■人身险公司保费增速(%)	17.3	9.7	10.3	13.4	17.4	40.7
✕寿险保费增速(%)	17.1	8.0	8.5	10.9	12.2	31.9
●健康险保费增速(%)	21.6	31.7	30.1	35.9	56.5	98.2
意外险保费增速(%)	14.4	12.2	12.5	16.6	23.1	12.2

图 5-3　2011—2016 年辖区人身险公司保费收入趋势图

(二)财产险公司险种结构有所改善,人身险公司结构保持良好

2016 年辖区财产险公司车险增速大幅下降,车险保费收入 458.5 亿元,同比增长 5.9%,增幅比去年同期回落 5.4 百分点。车险与非车险保费比为 77.1∶22.9,车险占比较上年同期下降 2.5 百分点,仍高于全国 3.3 百分点。车险保费收入比上年同期增加 25.7 亿元,对财产险公司保费增长的贡献率为 50.9%。

2016 年辖区财产险公司非车险加速增长,实现保费收入 135.8 亿元,同比增长 22.3%,增速比去年同期上升 8.1 百分点,高于全国 13 百分点。尤其突出的是责任保险和保证保险,保费同比增长 58.2% 和 57.5%,增速上升 35.5 和 15.0 百分点。企财险和农业险同比分别下降 1.7% 和 4.1%(见表 5-1)。

表5-1 财产险公司主要险种保费收入情况表(1—12月)

险种	保费收入（亿元）	同比增长（%）	增速变化（%）	占比情况（%）	占比增减（%）
机动车辆保险	458.46	5.93	−5.36	77.14	−2.45
其中：交强险	90.71	6.32	−3.26	15.26	−0.43
企业财产保险	26.99	−1.68	−0.25	4.54	−0.51
责任保险	20.89	58.18	35.46	3.52	1.09
意外伤害险	16.41	43.71	10.60	2.76	0.66
信用保险	15.87	14.29	−2.03	2.67	0.12
保证保险	11.27	57.45	15.04	1.90	0.58
其他险	8.62	22.21	11.77	1.45	0.15
健康险	8.54	23.61	−26.62	1.44	0.17
农业保险	6.81	−4.07	−19.84	1.15	−0.16
货运险	6.30	40.39	37.45	1.06	0.23
家庭财产保险	5.31	26.83	16.48	0.89	0.12
工程保险	4.96	14.84	−8.44	0.83	0.04
船舶保险	2.79	−5.70	7.56	0.47	−0.07
特殊风险保险	1.08	30.35	33.80	0.18	0.03
合计	594.30	9.30	−2.56	100.00	0.00

2016年辖区人身险公司内含价值较高的个人代理渠道实现保费收入531.0亿元，同比增长35.4%，渠道占比为56.9%，高于全国10.7百分点，但较去年同期下降了2.2百分点。新单期缴率和续期保费占比高于全国。新单期缴率为40.0%，高于全国9.4百分点。续期保费占比43.1%，高于全国7.1百分点。普通寿险产品保费占比显著提高。普通寿险保费收入共计364.9亿元，同比增长63.0%，险种占比39.1%，较去年同期上升5.4百分点；分红险保费收入345.9亿元，同比增长10.0%，险种占比为37.1%，较去年同期下降10.3百分点；投连险保费收入下降18.6%，万能险保费收入增长7.7%，险种占比分别为0.01%和0.3%；健康险和意外险保费收入同比分别增长98.2%和12.2%，险种占比分别为20.3%和3.2%。

(三)财产险公司经营效益良好,人身险公司退保风险总体安全可控

2016年辖区财产险公司实现利润总额29.9亿元,同比增加3.8亿元,居全国第3位;实现承保利润28.6亿元,同比增加3.9亿元。其中,车险实现承保利润12.8亿元,同比增加0.8亿元;商业车险实现承保利润39.4亿元,同比增加6.4亿元。从指标来看,综合成本率、综合赔付率分别为94.7%和62.8%,同比下降0.2和0.4百分点;综合费用率和手续费用率分别为31.8%和10.6%,同比分别上升0.3和2.7百分点。其中车险综合成本率、综合费用率分别为97.0%和32.8%,分别上升0.1和0.5百分点,综合赔付率64.3%,同比下降0.4百分点。

2016年辖区人身险公司累计发生退保133.1亿元,同比下降8.3%;退保率3.9%,处于安全区间,低于全国1.7百分点,比去年同期回落1.3百分点。但仍有部分公司退保率高于警戒线。

(四)区域集中度保持稳定,产寿险集中度继续分化

保费规模前3位杭州、温州、金华3市保费收入919.1亿元,占辖区总保费收入的60.2%,比去年同期上升2.9百分点。10地市中增速最快的是杭州,保费收入同比增长39.53%,规模占比34.26%,份额较上年同期增加3.2百分点。增速最慢的是舟山市,同比增长13.34%(见表5-2)。

表5-2　2016年辖区各地市原保险保费收入情况表(1—12月)

地区	原保险保费收入(万元)	同比增长(%)	占比(%)
杭州市	5231895.86	39.53	34.26
温州市	2036076.40	22.31	13.33
金华市	1922669.00	21.25	12.59
台州市	1461285.48	17.35	9.57
嘉兴市	1359021.17	28.71	8.90
绍兴市	1250500.69	18.04	8.19
湖州市	826038.34	18.76	5.41
衢州市	484574.15	19.31	3.17
丽水市	433590.50	16.39	2.84
舟山市	267544.76	13.34	1.75
合计	15273196.37	26.53	100.00

财产险市场集中度稳中有降,前三大公司市场占有率为61.2%,较上年同期下降0.5百分点。前七大公司市场占有率为79.0%,较上年同期下降0.7

百分点。人身险市场集中度持续下降,七大公司市场占有率65.8%,较上年同期下降8.2百分点。

三、浙江省保险市场运行中需要关注的情况和问题

（一）传统财产险增长滞缓,小型财产险公司陷入经营困境

传统的车险、企财险等财产险主要险种增长乏力,原因包括:一是车险市场增长动能持续趋缓,中低速增长或成常态。一方面,新车市场呈现低增长态势,我省自2012年开始新车销售增长步入个位数区间,即便在购置税优惠政策的刺激下,2016年浙江省限上汽车零售额增速也只有7.8%。另一方面,商车费改等市场化改革进程加快,车险费率折扣系数加大,"低费率"将成为市场常态。二是企财险受制于实体经济增长放缓以及低费率竞争等因素,增长明显滞后,增速自2011年开始逐年下滑,已连续两年负增长。

部分小型财产险公司未适应市场变化,受制于行业增速下降和自身经营管理水平低下等因素,经营困难。2016年辖区保费规模3亿元以下的16家小型保险公司中,8家保费收入负增长,5家恢复性增长(去年保费负增长),2家增速显著下滑。而保费规模3亿以上的20家公司增长普遍良好,仅中华联合1家呈现负增长。

（二）理财类产品爆发性增长,部分人身险公司投资依赖度大

2016年辖区人身险公司加大了理财产品的投放力度,保户储金及投资款余额1724.2亿元,全国排名第5位,同比增长194.1%,增速全国排名第1位。其中保户投资款本年新增交费1267.8亿元,同比增长258.8%,总量和增速均在全国排名第1位,而2015年我省保户投资款本年新增交费全国排名仅为第8位。

（本报告由中国保监会浙江监管局提供）

第六章 2016年度浙江省上市公司发展报告

一、浙江省上市公司概况

(一)上市公司数量:全国排名第二

截至2016年12月31日,浙江省共有上市公司411家,其中境内上市公司329家,境外上市公司82家,2016年境内新增30家,其中IPO上市28家,另外2家由省外移入(见图6-1)。

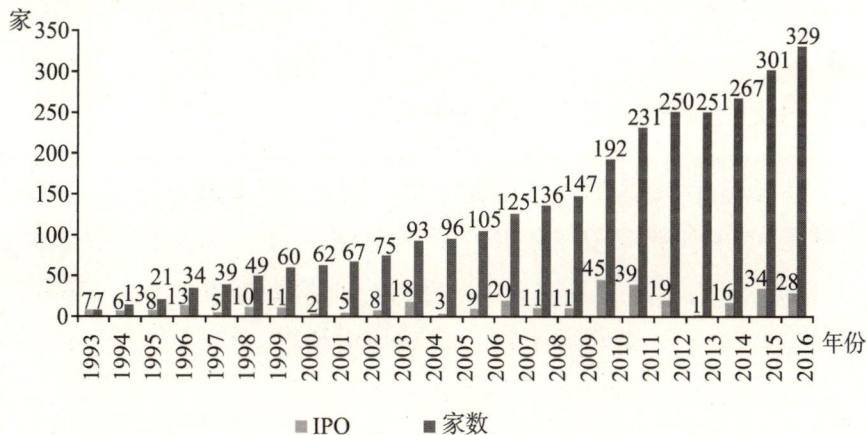

图6-1 浙江省1993—2016年IPO及上市公司数量变化

分省份来看,浙江省境内上市公司占全国上市公司总数①的10.79%,全

---

① A、B股同时上市的,仅统计A股。

国排名第二,仅次于广东省(包括深圳市)的474家。分城市来看,省内杭州市以102家的上市公司数量,列全国第四,低于北京市、上海市和深圳市,宁波市以56家的上市公司数量排名全国第十。

　　省内城市方面,上市公司数量排名前三的城市分别为杭州市、宁波市和绍兴市,分别占浙江省上市公司总数的31.00%、17.02%和13.68%,合计占比达到61.70%(见表6-1)。

表6-1　浙江省内各城市上市公司数量排名

排名	城市	上市公司数量	数量占比(%)
1	杭州市	102	31.00
2	宁波市	56	17.02
3	绍兴市	45	13.68
4	台州市	38	11.55
5	嘉兴市	28	8.51
6	金华市	21	6.38
7	湖州市	17	5.17
8	温州市	16	4.86
9	衢州市	3	0.91
10	丽水市	2	0.61
11	舟山市	1	0.30
	浙江省	329	100.00

（二）上市公司市值与去年基本持平

　　截至2016年12月31日,我省上市公司[①]股票市值总计为41216.49亿元,占区域GDP的比例高达88.54%,高于全国的68.30%,总市值全国排名第4位。个别公司创造市值新高地,如安防行业龙头海康威视,2016年年底市值高达1453.05亿元。而我省上市公司平均市值[②]仅125.28亿元,主要原因在于我省上市公司以中小企业为主。

　　分板块来看,2016年我省在上海主板上市的公司总市值增长2.71%、在深圳主板上市的公司总市值下滑25.18%、中小板增长1.11%、创业板下滑2.72%。分城市来看,省内杭州市以16093.46亿元的总市值排名全国第四,

---

① 本报告涉及我省或浙江省上市公司时均指浙江省境内上市公司。
② 平均市值＝总市值/上市公司家数

与去年持平,低于北京市、上海市和深圳市,企业平均市值排名较为落后。

从个股来看,截止到2016年12月31日,我省共有133家上市公司总市值超过100亿元,占全国数量的10.70%,数量低于去年的135家,家数排名全国第3位,低于广东省的202家、北京市的167家。133家上市公司分布在25个行业,其中传媒、电气设备、医药生物、化工、机械设备和汽车行业均有10家以上(包含10家),海康威视以1453.05亿元的总市值排名省内第一。市值超过100亿元的133家上市公司中有56家在杭州市,占比42.11%,排名第一(见表6-2)。

表6-2 2016年12月31日浙江省市值排名前10上市公司

排名	证券代码	证券名称	地级市	申万行业	总市值(亿元)
1	002415.SZ	海康威视	杭州市	计算机	1,453.05
2	600023.SH	浙能电力	杭州市	公用事业	738.52
3	601018.SH	宁波港	宁波市	交通运输	666.55
4	002142.SZ	宁波银行	宁波市	银行	648.93
5	002010.SZ	传化智联	杭州市	化工	612.47
6	600926.SH	杭州银行	杭州市	银行	548.36
7	002120.SZ	韵达股份	宁波市	交通运输	510.88
8	002602.SZ	世纪华通	绍兴市	传媒	481.60
9	600415.SH	小商品城	金华市	商业贸易	470.84
10	002468.SZ	申通快递	台州市	交通运输	462.61

(三)上市地点和板块:境内上市地点以深交所为主,上市板块以中小板为主,境外上市地点以香港为主

截至2016年年末,浙江省共有上市公司家数411家,其中境内上市公司329家,境外上市公司82家。境内上市公司上市地点主要集中在深交所,329家上市公司中,共有206家选择在深交所上市,占比达62.61%。截至2016年年底,省内在深交所上市的公司总市值为25964.07亿元,占省内上市公司总市值的62.99%。

上市板块方面,省内共有131家公司选择在深圳中小板上市,占比39.82%;138家公司选择在沪深主板上市,合计占比41.95%;60家公司选择在深圳创业板上市,占比18.24%。总市值方面,中小板以17614.85亿元的总市值排名前列,占比42.74%,略高于沪深主板的41.85%的占比(见表6-3)。

表6-3　省内上市公司上市地点及板块分布

上市地点及板块	上市公司数(家)	占比(%)	总市值(亿元)	占比(%)
上交所	123	37.39	15252.42	37.01
深交所	206	62.61	25964.07	62.99
其中:深圳主板	15	4.56	1996.38	4.84
中小板	131	39.82	17614.85	42.74
创业板	60	18.24	6352.85	15.41
合计	329	100.00	41,216.50	100.00

　　浙江省境外上市公司上市地点以亚洲为主,占比66.67%,其他依次为北美洲和欧洲。在亚洲地区中,选择在中国香港地区上市的公司家数最多,为44家,占比56.41%;其他依次为新加坡、中国台湾地区和韩国,分别占比6.41%、2.56%和1.28%。

(四)上市公司行业分布:机械设备、医药生物、化工等行业为主,其他行业相对分散

1. 浙江省行业分布情况

　　省内上市公司整体行业较为分散,329家上市公司分布在28个不同的行业[①],从上市公司数量来看,排名前五的行业依次为机械设备、化工、医药生物、电气设备和汽车,前五大行业以传统实体经济为主,前五大行业上市公司数量占比达48.02%(见图6-2)。

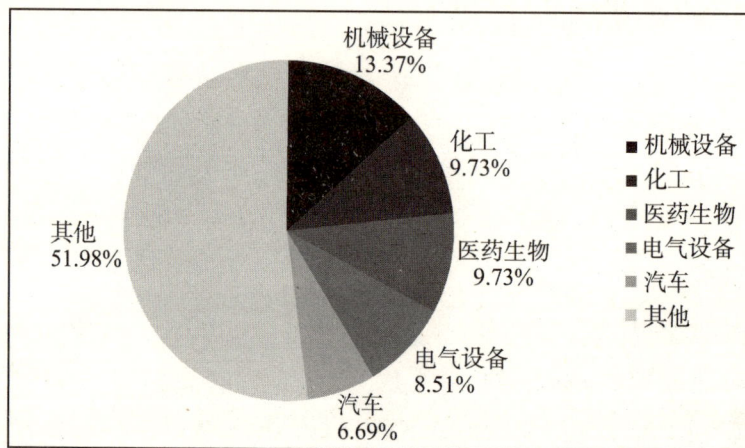

图6-2　省内上市公司行业分布(按上市公司数量)

---

　　① 本报告所指行业均为申万一级行业。

从总市值来看,排名前五的行业依次为化工、机械设备、计算机、医药生物和传媒,前五大行业上市公司总市值合计占比达44.05%。从行业市值分布来看,我省2016年整体分布相比较为均匀,行业发展较为均衡,同时一些新兴产业如计算机行业也表现出了极强的市场竞争性(见图6-3)。

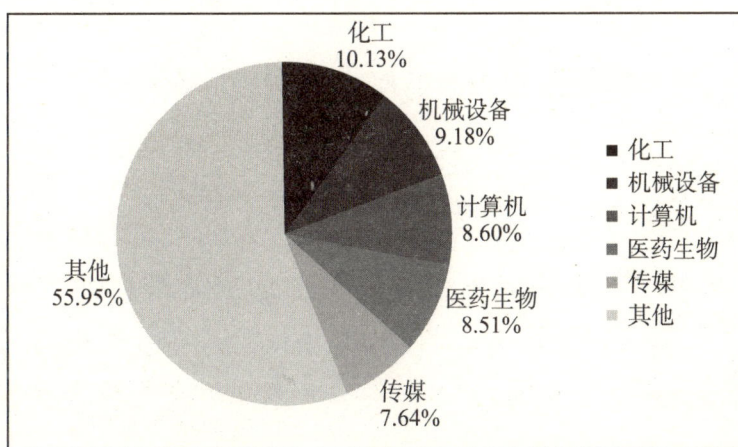

图6-3 省内上市公司行业分布(按总市值)

2. 八大产业行业分布对比

浙江省政府提出大力发展信息、环保、健康、旅游、时尚、金融、高端装备制造业和文化产业,推进各产业融合互动、业态创新,加快形成以八大万亿产业为支柱的产业体系。截至2016年年底,我省进入八大产业的上市公司近180家。

我省八大产业主要分布在医药生物、机械设备、电气设备、传媒等行业,前五大行业占比达54.44%。2016年八大产业实现营业收入7890.03亿元,以55.38%的数量占据了浙江省(剔除金融)58.53%的营业收入;以55.38%的数量实现了浙江省63.03%的净利润(见表6-4)。

表6-4 八大产业与浙江省及全国对比

对 比	八大产业	浙江省(剔除金融)	全国(剔除金融)
公司数量(家)	180	325	2972
营业收入(亿元)	7890.03	13480.31	264490.06
归属于母公司净利润(亿元)	670.28	1063.38	12067.31
营收同比(%)	21.48	17.92	10.43
净利润同比(%)	36.95	43.23	27.45

续表

对　比	八大产业	浙江省（剔除金融）	全国（剔除金融）
净资产收益率（%）	11.39	10.81	7.95
毛利率（%）	25.12	21.35	19.65
总资产（亿元）	26834.89	22472.80	468759.71

二、上市公司首发和再融资分析

（一）浙江省上市公司 IPO 融资概况

2016 年，浙江省境内有 28 家新股上市，共募集资金 183.79 亿元。截至 2016 年 12 月 31 日，我省境内共有 329 家上市公司，上市公司首发募资 1954.90 亿元。2010 年以来，我省首发募集资金呈下降趋势，2014 年开始回升（见图 6-4）。

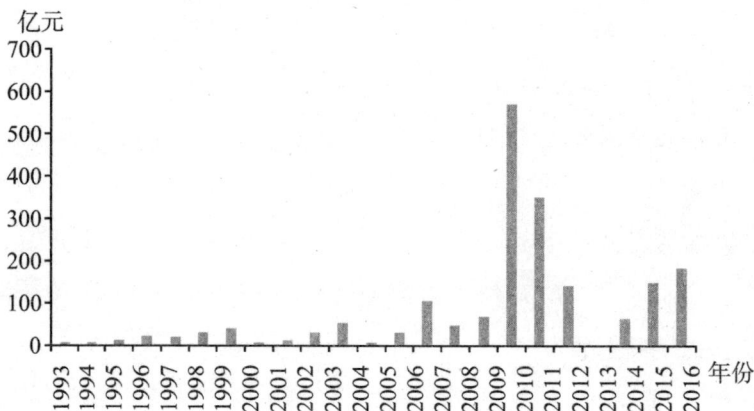

图 6-4　上市公司首发时间及募集资金分布

从省内城市来看，2016 年杭州市首发上市 13 家，首发募集资 132.62 亿元，均为省内第一；其次是宁波市和台州市均新增 5 家（见表 6-5）。

表6-5　2016年浙江省各个地级市首发上市情况

地级市	家数（家）	首发募集资金（亿元）
杭州市	13	132.62
台州市	5	19.26
宁波市	5	17.79
绍兴市	2	6.89
嘉兴市	2	4.58
湖州市	1	2.65
浙江省	28	183.79

（二）浙江省上市公司再融资概况

2016年，浙江省上市公司共计再融资①2112.85亿元（含非货币增发），较去年同比增长66.15%，全国排名第3位，较去年上升两位，其中增发融资1871.85亿元（其中，货币增发1090.16亿元，非货币增发781.69亿元），全国排名第3位，债券融资241亿元，全国排名相对靠后，总体来看，我省上市公司利用股权市场和债券市场的融资能力较强（见表6-6）。

表6-6　2016年再融资排名前10省市

省市	上市公司数量（家）	增发（亿元）	债券-公司债（亿元）	债券-可转债（亿元）	配股（亿元）	再融资总额（亿元）
北京市	282	2121.48	1592.25	45.00	49.35	3808.08
广东省	474	2385.20	715.80	99.17	5.38	3205.55
浙江省	329	1871.85	241.00	0	0	2112.85
江苏省	317	1452.74	293.50	21.15	0	1767.39
上海市	241	1206.32	450.93	0	0	1657.25
河北省	52	625.23	422.00	0	0	1047.23
湖北省	95	584.19	298.50	15.00	0	897.69
福建省	107	487.25	284.00	28.00	10.99	810.24
海南省	28	645.59	22.56	0	0	668.15
山东省	172	541.69	98.00	0	4.85	644.54
全国	3050	17141.24	5339.73	212.52	175.94	22869.43

① 再融资指增发、配股、债券-公司债和债券-可转债。

2016年,浙江省共有87家上市公司进行再融资,占比26.44%,与北京、上海、广东等省市对比来看,浙江省次于北京市、广东省和江苏省占比(见表6-7)。

表6-7　可比省市2016年再融资家数对比

省市	上市公司数量（家）	2016年再融资家数（家）	占比（%）
北京市	282	95	33.69
广东省	474	141	29.75
江苏省	317	86	27.13
浙江省	329	87	26.44
上海市	241	59	24.48

省内城市方面,杭州市再融资472.98亿元,融资总额排名第一,宁波市和台州市分别以387.44亿元和316.56亿元排名第二和第三(见表6-8)。

从再融资结构来看,2016年我省仍主要依赖于股票市场融资,股票市场共计再融资1871.85亿元,占再融资总额的88.59%,债券融资仅占11.41%,融资结构相对单一。债券融资规模较小主要原因在于我省上市公司主要以中小企业为主,单一企业融资规模较小,以公司债为例,2016年我省共计发行21次公司债,融资额241亿元。

表6-8　2016年省内城市再融资排名前10位

地级市	上市公司数量（家）	增发（亿元）	债券-公司债（亿元）	再融资总额（亿元）
杭州市	102	437.48	35.50	472.98
宁波市	56	363.44	24.00	387.44
台州市	38	283.46	33.10	316.56
绍兴市	45	198.56	45.00	243.56
湖州市	17	241.35	0	241.35
温州市	16	139.26	58.90	198.16
嘉兴市	28	132.90	18.50	151.40
金华市	21	35.18	26.00	61.18
衢州市	3	40.22	0	40.22
丽水市	2	0	0	0
浙江省	328	1871.85	241.00	2112.85

（三）上市公司再融资额分板块、分行业对比

分板块来看，2016年浙江省主板再融资共计917.33亿元（其中上海主板882.33亿元、深圳主板35.00亿元），占比43.42%，中小板再融资共计969.45亿元，占比45.88%，创业板再融资共计226.07亿元，占比10.70%，中小板和创业板上市公司再融资较去年均有较大幅度上升。（见表6-9）

表6-9　2016年浙江省再融资分板块对比

板 块	上市公司数（家）	再融资总额（亿元）	再融资额占比（%）
创业板	60	226.07	10.70
上海主板	123	882.33	41.76
深圳主板	15	35.00	1.66
中小板	131	969.45	45.88
合计	329	2112.85	100.00

分行业来看，2016年，浙江省28个行业中，共有23个行业进行再融资，占比82.14%，非银金融、公用事业、国防军工、休闲服务和银行等行业再融资额为0，去年再融资为0的交通运输行业2016年实现再融资397.99亿元，再融资额省内行业排名第一，其中申通快递再融资197.00亿元，韵达股份再融资170.86亿元。从行业融资家数来看，化工以15家排名第一，医药生物行业以13家排名第二（见表6-10）。

表6-10　再融资分行业对比

行 业	上市公司数（家）	再融资总额（亿元）	再融资额占比（%）
交通运输	5	397.99	18.84
化工	32	271.04	12.83
电气设备	28	210.45	9.96
传媒	16	210.44	9.96
医药生物	32	122.19	5.78
房地产	10	112.04	5.30
纺织服装	20	103.21	4.88
钢铁	4	92.87	4.40
机械设备	44	70.37	3.33
商业贸易	10	62.41	2.95
采掘	2	62.35	2.95

续表

行　业	上市公司数(家)	再融资总额(亿元)	再融资额占比(%)
计算机	14	61.97	2.93
汽车	22	56.64	2.68
建筑装饰	8	52.24	2.47
有色金属	7	45.32	2.14
轻工制造	13	43.48	2.06
综合	2	34.46	1.63
农林牧渔	3	30.00	1.42
电子	16	25.00	1.18
家用电器	9	15.57	0.74
食品饮料	4	13.28	0.63
建筑材料	9	12.42	0.59
通信	7	7.12	0.34
非银金融	2	0	0
公用事业	6	0	0
国防军工	1	0	0
休闲服务	1	0	0
银行	2	0	0
合计	329	2112.85	100.00

上市公司再融资额来看，2016年申通快递、韵达股份、完美世界、正泰电器和杭钢股份再融资额排名前五，其中申通快递以197.00亿元的再融资额排名第一（见表6-11）。

表6-11　2016年浙江省再融资额前五公司

公司	再融资次数(次)	地级市	申万行业	再融资额(亿元)
申通快递	2	台州市	交通运输	197.00
韵达股份	1	宁波市	交通运输	170.86
完美世界	2	湖州市	传媒	170.00
正泰电器	1	温州市	电气设备	93.71
杭钢股份	2	杭州市	钢铁	92.87

（四）增发分析：均为定向增发，发行规模持续增长

2016年，浙江省共有75家上市公司进行增发募资，增发次数为93次，均采用定向增发的方式；在募资类型上，68次为货币资金，24次为非货币资金,剩余1次同时有货币认购和非货币认购。75家上市公司共计增发募资1871.85亿元,同比增长64.80%,上市公司增发积极性较2015年有大幅提升(见表6-12)。

表6-12 2015—2016年浙江省上市公司增发募资概况

浙江省	2015年	2016年	同比(%)
增发家数(家)	60	75	25.00
增发资金(亿元)	1135.86	1871.85	64.80
其中:货币(亿元)	600.54	1090.16	81.53
非货币(亿元)	535.32	781.69	46.02

(五)债券分析:发行规模翻番

2016年,浙江省共计发债75次,募集资金689.50亿元,其中发行公司债7次,募集资金241.00亿元。与2015年相比,总的发债规模较去年增加37.13%,公司债发行数量和规模均有明显增加,其中发行数量增长200%,发行规模增长463.22%(见表6-13)。

表6-13 浙江省发债类型对比

债券类型	2015年		2016年	
	次数(次)	发行规模(亿元)	次数(次)	发行规模(亿元)
短期融资券	36	380.00	39	302.00
公司债	7	42.79	21	241.00
其他债券	7	58.00	12	19.50
商业银行债	3	9.00	1	100.00
中期票据	3	13.00	2	27.00
合计	56	502.79	75	689.50

(六)上市公司再融资点评

2016年,浙江省交通运输、化工、电气设备、传媒和医药生物行业再融资额排名前五,其中交通运输行业再融资额397.99亿元,占全省再融资总额的18.84%;化工行业再融资额271.04亿元,占比12.83%;电气设备行业再融资额210.45亿元,占比9.96%;传媒行业再融资额210.44亿元,占比9.96%;医药生物行业再融资额122.19亿元,占比5.78%。前五大行业合计再融资1212.11

亿元,占比57.37%,再融资行业集中度较高。

三、上市公司并购重组分析

(一)上市公司重组概况①

近年来,在我国经济发展进入新常态,在转型升级压力与机遇并存的新形势下,我省积极发挥资本市场大省优势,重点推进以上市公司为主体的并购重组。在政府引导和企业内生需求的双重驱动下,我省并购重组数量快速增长,并购起数由2010年的80起快速增加到2016年375起,涉及资产价值从2010年的122.00亿元增长到2016年的1626.70亿人民币。

我省上市公司近几年并购重组也频频呈现新特点、新趋势。全省上市公司掀起了市场化并购重组热潮,呈现出五大特点:(1)通过高端要素的回归和整合,将国内外优质的并购项目引回本土,推动区域经济聚集发展,如新昌县万丰通用航空小镇、上虞E游小镇,集聚功能十分明显。(2)上市公司通过并购中小企业,以大带小、以强带弱,推动我省部分双创优质企业跨越式发展。(3)通过并购提升产业集中度、实现商业模式创新以及快速进入新兴产业,促进传统产业转型。2012年万向集团成功收购在全球锂电池行业具有标杆地位的美国A123公司,是其向清洁能源转型进入新产业的里程碑。(4)通过并购境外如美国、德国、英国、意大利等欧美发达国家的高端技术、品牌机客户资源来实现资源共享。(5)通过并购促进国企"混改",提升区域经济证券化水平和抗风险能力。2015年,物产中大率先完成整体上市,成为浙江"国企混改"第一股。

1. 2016年浙江省并购重组概况

截至2016年年底,浙江省329家境内上市公司中共有177家上市公司发生并购重组375起,涉及资产价值1626.70亿人民币。共有134家上市公司涉及控股权变更207起,与去年基本相当,涉及资产价值1411.61亿人民币。

207起并购重组中,杭州市占38起,排名第一,其中迪安诊断2016年并

---

① 若无特殊说明本报告并购重组所涉及并购重组进度包括完成、进行中及失败。

购起数达到6起；宁波市与绍兴市均发生23起，并列第二。从并购金额来看，宁波市涉及并购资产价值474.93亿元，排名省内第一，宁波市上市公司新海股份发生重大资产置换，置入上海韵达100%股权后转型进入快递物流行业，涉及金额177.60亿元，成为2016年浙江省涉及金额最高的并购事件（见表6-14）。

表6-14 2016省内并购金额排行前十的上市公司

公司	次数（次）	地级市	所属行业	并购金额（亿元）
新海股份	1	宁波市	交通运输	177.60
完美世界	2	湖州市	传媒	133.53
均胜电子	2	宁波市	汽车	73.79
精功科技	1	绍兴市	机械设备	52.50
卧龙地产	1	绍兴市	房地产	44.09
宁波华翔	3	宁波市	汽车	34.26
南洋科技	1	台州市	电子	31.36
宁波港	1	宁波市	交通运输	30.13
三变科技	1	台州市	电气设备	28.00
宁波富邦	1	宁波市	有色金属	27.75

共有47家上市公司进行了49起重大资产重组①，涉及资产价值1057.78亿人民币。从2011年至2016年，我省重大并购重组次数和涉及金额趋势均向上（见图6-5）。

2. 重大并购重组次数全国第一

与其他省市相比，浙江省上市公司重大资产重组次数排名第一；从每百家上市公司重大资产重组次数来看，浙江省为14次，排名仍然保持全国第一，浙江省上市公司兼并重组较去年有较大程度提高。从并购金额来看，完美世界成功收购上海完美世界网络，涉及金额120亿元；均胜电子为横向扩展汽车业务成功收购美国KSS公司及TS德累斯顿，涉及并购金额72.52亿元。2016年我省重大并购重组共涉及金额1057.78亿元，全国排名第三，次

① 重大资产重组标准：购买、出售的资产总额占上市公司最近一个会计年度经审计的合并财务会计报表期末资产总额的比例达到50%以上或者净资产标准：购买、出售的资产净额占上市公司最近一个会计年度经审计的合并财务会计报表期末净资产额的比例达到50%以上，且购买、出售的资产总额占公众公司最近一个会计年度经审计的合并财务会计报表期末资产总额的比例达到30%以上，或者规定的其他情况。

于北京市和江苏省（见表6-15）。

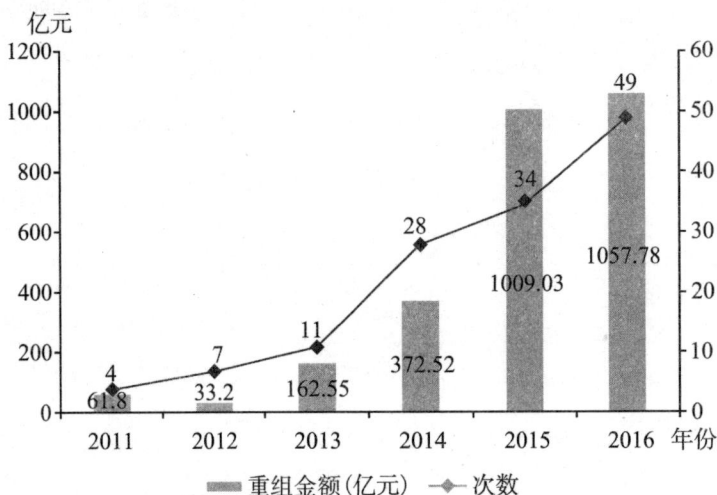

图6-5　2011—2016年度浙江省重大资产重组次数及涉及资产价值变动

表6-15　重大资产重组次数对比（省市）

省市	上市公司数量（家）	重大资产重组次数（次）	每百家重大重组次数（次）	重大资产重组金额（亿元）	平均每次资产重组金额（亿元）
浙江省	329	49	14.89	1057.78	21.59
广东省	474	41	8.65	860.96	21.00
江苏省	317	41	12.93	1062.93	25.93
北京市	282	30	10.64	1114.04	37.13
上海市	241	21	8.71	820.54	39.07
山东省	172	17	9.88	696.17	40.95
四川省	110	14	12.73	267.45	19.10
福建省	107	11	10.28	252.56	22.96
湖南省	84	9	10.71	300.34	33.37
河南省	74	9	12.16	366.12	40.68
全国	3050	336	360.33	10916.99	1068.44

3. 浙江省历年并购重组表现

2011年至2016年我省并购重组表现极为亮眼，并购次数和金额上每年实现新突破，重组次数从2011年的164次攀升到2016年的375次，增长幅度高达128.66%；涉及金额从2011年的238亿元上升到2016年的1626亿元，增长幅度高达583.19%。上市企业具有较强的资源整合能力以并购实现快速扩张,表明我省上市公司资产变化非常活跃。其中,重大资产重组也从2011年的4家4次涉及金额59亿元增长到2016年的47家49次涉及金额1058亿元(见表6-16)。

表6-16 2011—2016年我省并购重组情况

境内并购	2011年	2012年	2013年	2014年	2015年	2016年
上市公司数(家)	99	128	130	266	171	177
并购重组次数(次)	164	200	237	374	355	375
涉及资产价值(亿元)	238	290	501	795	1619	1626
重大资产重组家数(家)	4	7	10	25	34	47
重大资产重组次数(次)	4	7	11	28	34	49
涉及资产价值(亿元)	59	33	163	373	1009	1058

4. 浙江省境外并购增长迅速

近年来,浙江省境外并购规模有阶段性地扩大,通过并购境外高端技术、品牌,加快了技术升级,浙江龙盛收购德司达、浙富控股收购印度尼西亚DHN、卧龙电气收购奥地利ATB电机、均胜电子并购德国普瑞、IMA公司和QUIN公司,都迅速获取了技术、工艺及相关知识产权,品牌及客户资源,实现了双方优势互补和资源共享,协同作用快速显现。

境外并购从2011年的10家11次,涉及并购金额1.78亿元增加到2016年的40家54次,涉及并购金额201.23亿元。54起海外并购中,机械设备行业涉及9起,行业排名第一,汽车和医药生物行业均发生7起。当前制造业、生物医药、信息技术等领域是壁垒较高的行业,通过海外并购,引进高科技技术将有效提高企业利润,另外也有利于我省企业多元化发展,通过战略合作形成优势互补和协同效应,强手联合,加强产业链上下游之间的深度合作(见表6-17)。

表6-17 2011—2016年浙江省境外并购重组情况

境外并购	2011年	2012年	2013年	2014年	2015年	2016年
家数(家)	10	17	12	18	17	40
次数(次)	11	20	12	20	18	54
并购金额(亿元)	1.78	17.55	17.71	36.6	32.4	201.23

与国内省市相比,我省境外并购发生54次,排名第二,仅次于广东省(广

东省55次），但是并购金额只有近217.10亿元，排名相对靠后，表明我省境外并购总体规模较小（见表6-18）。

表6-18　2016年全国可比省市境外并购对比

省　市	境外并购次数（次）	金　额（亿元）
广东省	55	672.98
浙江省	54	217.10
北京市	46	606.59
江苏省	32	209.84
上海市	31	472.10
山东省	18	575.22
湖北省	9	242.37
天津市	7	432.35
福建省	7	75.17
安徽省	7	19.16

（二）上市公司重大资产重组后业绩表现

统计2012—2016年上市公司重大资产重组后，上市公司的业绩表现如下：

2012年，受经济波动影响，我省7家上市公司中，仅有2家在并购的当年业绩有所改善，分别是均胜电子和普洛药业；有4家营业收入在重组后第一年有所改善；净利润方面，有4家在当年有所改善，有5家在重组后第一年有所改善（见表6-19）。

表6-19　2012年重组企业业绩表现

2012年重组企业	财务数据	2011年	2012年	2013年	2014年	2015年	2016年
华星创业	营收同比（%）	112.20	22.40	14.28	47.78	21.03	2.24
	净利润同比（%）	−4.45	−26.12	124.29	39.55	21.90	−30.89
万马股份	营收同比（%）	21.32	7.99	26.09	20.42	17.11	−6.83
	净利润同比（%）	6.39	25.64	23.86	8.15	15.50	−20.84
中恒电气	营收同比（%）	21.16	11.02	9.03	39.13	40.09	5.86
	净利润同比（%）	34.70	57.52	3.86	41.33	14.14	10.32
浙江龙盛	营收同比（%）	23.25	−7.05	84.15	7.55	−2.03	−16.75
	净利润同比（%）	0.72	2.39	62.49	91.95	0.32	−20.16
均胜电子	营收同比（%）	29.96	58.11	13.91	15.95	14.21	129.54
	净利润同比（%）	40.13	12.36	39.72	16.54	15.27	13.46

续表

2012年重组企业	财务数据	2011年	2012年	2013年	2014年	2015年	2016年
宁波建工	营收同比（%）	9.45	9.23	42.45	1.07	−2.70	3.16
	净利润同比（%）	18.06	16.10	68.31	−17.12	3.86	2.30
普洛药业	营收同比（%）	0.89	23.69	12.06	8.54	2.48	10.01
	净利润同比（%）	−65.32	81.32	22.04	102.94	−35.36	26.25

2013年，共有10家上市公司进行重大资产重组。10家上市公司中，仅有4家在当年营收有所改善，有6家在重组后第一年有所改善，有7家在第二年有所改善。净利润方面，有3家在当年有所改善，有2家在重组后第一年有所改善（见表6-20）。

表6-20　2013年重组企业业绩表现

2013年重组企业	财务数据	2012年	2013年	2014年	2015年	2016年
*ST圣莱	营收同比（%）	−10.12	−19.01	−9.13	−30.30	−9.52
	净利润同比（%）	15.13	−86.31	−437.79	扭亏为盈	−906.03
兴源环境	营收同比（%）	−5.85	9.50	132.78	17.95	137.77
	净利润同比（%）	−16.57	−44.13	269.72	60.31	82.39
银江股份	营收同比（%）	44.44	24.69	25.04	−16.56	−14.45
	净利润同比（%）	31.50	29.24	30.80	−39.45	37.92
星星科技	营收同比（%）	−14.08	−11.23	291.00	131.48	28.54
	净利润同比（%）	−86.66	−2106.26	扭亏为盈	141.93	124.42
华策影视	营收同比（%）	78.85	27.68	108.16	38.68	67.27
	净利润同比（%）	42.67	23.05	48.46	21.90	0.63
杭州解百	营收同比（%）	−2.89	−2.19	188.38	−11.37	−2.32
	净利润同比（%）	2.01	−18.12	505.52	−5.93	−13.47
亿帆医药	营收同比（%）	29.95	8.36	141.39	44.51	43.93
	净利润同比（%）	−104.78	126.24	829.09	51.56	95.46
万家文化	营收同比（%）	−91.53	288.54	−85.09	2931.43	98.24
	净利润同比（%）	−447.20	扭亏为盈	−905.36	扭亏为盈	293.95
初灵信息	营收同比（%）	61.51	−0.03	14.04	58.45	22.98
	净利润同比（%）	−24.52	20.92	13.74	124.48	90.41
卧龙电气	营收同比（%）	−20.31	128.45	20.34	37.45	−5.91
	净利润同比（%）	4.10	199.72	17.08	−19.18	−29.66

　　2014年，共有25家上市公司进行重大资产重组，其中有12家上市公司在重组当年及重组后的2年业绩出现大幅好转，25家上市公司中，有17家在当年营收有所改善，另外有6家在重组后第一年有所改善，重组第二年持续向好；净利润方面，有12家在当年有所改善，另外有4家净利润扭亏为盈（见表6-21）。

表6-21　2014年重组企业业绩表现

2014年重组企业	财务数据	2013年	2014年	2015年	2016年
广博股份	营收同比(%)	−18.52	6.96	60.58	12.77
	净利润同比(%)	−54.11	−44.70	786.65	45.08
完美世界	营收同比(%)	16.79	94.73	21.99	445.33
	净利润同比(%)	−43.66	1038.81	51.66	304.34
永贵电器	营收同比(%)	42.06	70.96	33.08	86.91
	净利润同比(%)	24.35	75.40	0.55	40.60
兴源环境	营收同比(%)	9.50	132.78	17.95	137.77
	净利润同比(%)	−44.13	194.15	60.31	82.39
星星科技	营收同比(%)	−11.23	291.00	131.48	28.54
	净利润同比(%)	−2044.53	扭亏为盈	141.93	124.42
联络互动	营收同比(%)	−15.31	49.44	109.72	77.60
	净利润同比(%)	−1034.40	扭亏为盈	91.06	11.92
先锋新材	营收同比(%)	8.95	102.08	65.99	2.50
	净利润同比(%)	−16.59	41.47	2.55	113.92
双林股份	营收同比(%)	12.25	24.18	65.12	33.63
	净利润同比(%)	−6.58	29.54	83.02	34.27
世纪华通	营收同比(%)	32.14	39.50	76.72	14.21
	净利润同比(%)	−13.10	157.72	94.99	23.44
宁波联合	营收同比(%)	−6.63	57.34	16.75	13.09
	净利润同比(%)	81.31	90.41	11.30	16.81
利欧股份	营收同比(%)	13.64	56.10	52.81	67.44
	净利润同比(%)	16.98	221.34	25.28	153.32
金龙机电	营收同比(%)	40.37	175.06	147.33	11.29
	净利润同比(%)	−26.46	450.82	180.58	−58.31

　　2015年，共有34家上市公司进行重大资产重组，其中有15家上市公司在重组当年及重组后的1年业绩出现大幅好转。34家上市公司中，重组当年，15家上市公司营收大幅好转，19家净利润大幅好转；重组后1年，34家公

司中仅有5家营业收入同比下滑,3家净利润同比下滑,其余企业业绩均有不同程度的好转(见表6-22)。

表6-22　2015年重组企业业绩表现

2015年重组企业	财务数据	2014年	2015年	2016年
金科娱乐	营收同比(%)	−0.73	6.19	76.64
	净利润同比(%)	−29.32	33.99	322.87
康盛股份	营收同比(%)	26.61	16.90	28.77
	净利润同比(%)	−306.98	扭亏为盈	111.16
初灵信息	营收同比(%)	14.03	58.45	22.98
	净利润同比(%)	13.87	124.49	90.40
兔宝宝	营收同比(%)	13.61	16.63	62.56
	净利润同比(%)	84.67	127.83	166.52
方正电机	营收同比(%)	27.76	27.62	32.09
	净利润同比(%)	87.32	479.55	100.37
万盛股份	营收同比(%)	15.79	17.81	39.39
	净利润同比(%)	−28.51	102.16	75.86
南方泵业	营收同比(%)	16.88	23.98	43.20
	净利润同比(%)	23.66	44.27	79.68
巴士在线	营收同比(%)	−27.84	57.71	260.17
	净利润同比(%)	−353.46	扭亏为盈	761.31
思创医惠	营收同比(%)	15.58	73.65	27.79
	净利润同比(%)	−9.12	80.80	33.35
上风高科	营收同比(%)	11.60	0.78	11.98
	净利润同比(%)	13.94	85.24	119.26
宋城演艺	营收同比(%)	37.78	81.21	56.05
	净利润同比(%)	17.11	74.58	43.10
物产中大	营收同比(%)	−5.74	380.82	13.46
	净利润同比(%)	−29.02	285.15	55.60

(三)重组资金来源:自有资金占一半以上

2016年,浙江省上市公司并购重组以自有资金为主,375次并购重组事件中,使用自有资金进行重组的为189次,使用自有资金加再融资的为50次,使用再融资的为22次,分别占比50.40%、13.33%和5.87%。自有资金占比较高,一方面显示出企业自有资金较充裕,可另一方面也显示出企业重组资金来源相对单一,没有有效利用资本市场融资工具(见表6-23)。

表6-23　2016年浙江省上市公司重组资金来源

资金来源	并购次数(次)	占比(%)
自有资金	189	50.40
再融资	22	5.87
再融资+自有资金	50	13.33
其他	114	30.40
合计	375	100.00

(四)重组目的:横向发展为主

2016年,浙江省上市公司重组目的以横向发展①为主,375次并购重组事件中,以横向发展为目的的有170次,以多元化发展为目的的有41次,以纵向发展为目的的有25次,以战略合作为目的的有21家,以业务转型为目的的有12家,分别占比45.33%、10.93%、6.67%、5.60%和3.20%。上市在重组过程中以扩大规模为主,这主要是因为我省上市公司以中小企业为主,企业发展初期偏重于扩大规模(见表6-24)。

表6-24　浙江省2016年上市公司重组目的

并购目的	并购次数(次)	占比(%)
横向整合	170	45.33
纵向整合	25	6.67
多元化	41	10.93
战略合作	21	5.60
业务转型	12	3.20
其他	106	28.27
合计	375	100.00

(五)上市公司重组典型案例分析

1. 跨业并购

完美世界注入优质院线和影院资源实现纵向整合

9月,完美世界发布公告拟合计13.52亿元收购"今典"旗下3家公司。本

---

① 横向发展指重组对象为同一行业或同一领域的公司。

次收购包括影院和院线两大核心资产,其中,今典影城主营电影院的开发、投资、建设、影院放映以及卖品销售、广告发布等衍生业务,本次收购包含了今典影城及其旗下合计86家影院;今典院线是国内主流院线之一,包括今典影城86家自营影院在内,今典院线旗下共拥有217家影院。

此次完美世界在院线和影城资产方面的拓展,是公司在布局娱乐内容传播领域的重要战略步骤,是继内容领域推出"影"+"游"战略后,在产业链延伸领域又推出的"内容"+"渠道"战略,这将助推公司加快实现"纵伸上下游产业、横跨泛娱乐内容"的矩阵式产业布局,打造"内容渠道双驱动的影游综合体"。

通过本次交易,完美世界在专注于影视内容制作的基础上,向产业链下游延伸,进入院线和影院行业,业务从内容端延伸至渠道端,增强了对影片发行和放映的控制力,打通了电影业务从内容生产、发行、院线排片、放映的全产业链条,使得公司的价值链体系更稳定,增强公司的风险抵御能力。

众合科技6.82亿并购苏州科环阔步节能环保行业

众合科技发行股份购买苏州科环100%股权,交易价格6.82亿元,苏州科环是一家从事工业污水处理技术研究及综合治理的综合性环保公司,主要从事污水深度处理业务,在石化行业工业污水深度处理市场处于领先地位,受益国家产业政策对污水处理行业大力支持,苏州科环近两年业绩保持快速增长。

众合科技表示,本次交易完成后,苏州科环将成为上市公司的全资子公司。苏州科环主要从事污水深度处理业务,在石化行业工业污水深度处理市场处于领先地位,本次交易符合上市公司战略规划,能够与上市公司既有污水处理业务产生协同效应,通过优化业务结构,完善产业布局,增强上市公司盈利能力。此外,资本实力的夯实和资本债务结构的改善将有助于增强公司后续通过银行信贷等手段进行融资的能力,拓展后续融资空间。

巨龙管业近17亿并购杭州搜影及北京拇指玩

巨龙管业拟以发行股份及支付现金相结合的方式,对价16.94亿元,购买杭州搜影100%股权以及北京拇指玩100%股权。

杭州搜影成立于2013年6月，目前已成为国内领先的独立移动互联网视频推广平台，旗下拥有"拇指影吧"移动互联网视频推广平台，并依靠平台聚集的众多用户提供精准、高效的广告服务。

北京拇指玩成立于2011年4月，主要从事移动互联网游戏推广业务，自行研发的"拇指玩"平台目前已成为国内领先的安卓系统移动互联网手机游戏下载和推广平台。北京拇指玩与网易、中国手游、艾格拉斯等知名游戏开发商建立了稳定的合作关系，平台可供下载的游戏囊括了国内的热门手机游戏并且平台已跻身国内知名的专业手机游戏推广平台。"拇指玩"平台推广的游戏中，以中重度手机游戏为主，其中《时空猎人》《全民枪战》《刀塔传奇》《乱斗西游》等多款游戏深受游戏玩家的追捧。

2015年2月，艾格拉斯成为上市公司全资子公司，巨龙管业业务增加了移动网络游戏开发、运营业务。巨龙管业表示，艾格拉斯与杭州搜影以及北京拇指玩同属移动互联网公司，交易完成后，北京拇指玩运营的"拇指玩"移动互联网游戏推广平台，可以推广和运营艾格拉斯的移动游戏；杭州搜影运营的"拇指影吧"作为移动互联网专业的视频推广平台，未来可以共享艾格拉斯的优秀IP资源，向视频内容提供领域延伸；而"拇指玩"和"拇指影吧"更可以在流量导入、广告投放方面进行合作。艾格拉斯及标的公司的业务协同将有助于公司在移动互联网领域打造综合的泛娱乐平台，向无线数字娱乐方向发展。

52亿元收购盘古数据　精功科技进军互联网大数据

精功科技拟以非公开发行股份及支付现金购买深圳市盘古数据有限公司100%股权，盘古数据在2014年至2016年2月期间并无主营业务收入，处于亏损状态，交易方却给出了十分诱人的业绩承诺：2016年至2019年，盘古数据可实现经审计的扣非净利润不低于3.3亿元、5.9亿元、6.9亿元、7.8亿元。

盘古数据主营业务为提供商互联网数据服务中心（IDC）及增值服务，拥有5家控股子公司雅力数据、雷森投资、盘古天成、广州寅午和睿为云计算，分别从事计算机数据库管理和服务、数据处理和存储服务、计算机网络系统工程服务和云技术开发服务,公司目前主要最终用户为中国电信、阿里巴巴和腾讯等。

本次交易完成前,精功科技的主营业务为碳纤维及复合材料装备、轻纺专用设备、太阳能光伏专用装备、新型建筑节能专用设备等高新技术产品的研制开发、生产销售和技术服务,本次交易完成后,公司将实现双主业发展,进入盈利能力较强、市场前景较好的互联网数据中心服务行业。

2. 借壳上市

韵达快递借壳新海股份上市

新海股份以全部资产及负债与韵达货运100%股权的等值部分进行置换,置出资产初步作价6.61亿元,韵达货运100%股权初步作价180亿元。差额部分,新海股份以19.79元/股的价格,通过发行股份的方式自韵达货运全体股东处购买。

韵达货运成立于1999年7月,是国内领先的知名快递物流企业,以公路运输网络为基础,通过加盟商网络为用户提供快递、仓储等服务。目前,韵达货运业务已覆盖31个省(自治区、直辖市),并相继开拓了包括英国、荷兰、加拿大等国家和地区在内的国际快件物流网络。韵达货运已有2800多家加盟商及2万余家配送网点,在全国共设立了54个自营枢纽转运中心。韵达货运拥有完整的干线运输网络,常规干线运输线路多达3900多条,主干线运输车辆8400余辆,末端派送车辆2万余辆。同时,韵达货运还开辟了460余条常规航线。

新海股份表示,交易完成后,公司将置出盈利规模较小、缺少突破性的持续成长能力的业务,置入盈利能力较强、成长性高的快递业务,实现主营业务的转型。同时,韵达货运将拥有资本市场运作平台,得以借助资本的力量,通过融资、并购等方式谋求企业的跨越式发展,实现产业链的整合。

美欣达注入旺能环保资产成为大型的环保企业

美欣达拟进行重大资产置换并发行股份及支付现金购买置入浙江旺能环保股份有限公司100%股权。旺能环保自成立以来采取积极的市场拓展策略,在经济发达、人口密集、生活垃圾数量集中的浙江省投资运营了多个垃圾焚烧发电项目,已涵盖省内台州、舟山、湖州、兰溪、丽水、德清、安吉、三门,并将业务区域布局延伸至湖北、广东、安徽、河南、四川,形成了"立足浙江,辐射全国"的市场拓展布局。

本次交易完成后,美欣达进军环保行业,成为我国垃圾焚烧发电行业的龙头企业之一,并有望通过资本、技术、客户等资源的整合,"以点带面"进一步拓展现有业务,同时以此为基础开拓具备良好业务互补效应的横向布局,将上市公司打造成为一家以垃圾焚烧发电为业务基础,能够满足客户综合性、全方位、多层次服务需求的一体化环保新平台。

3. 同业并购

尤夫股份控股江苏智航渗透新能源领域

尤夫股份拟以现金10.09亿元收购江苏智航51%的股权,尤夫股份主营业务为涤纶工业长丝,产品广泛应用于轮胎帘子布、输送带帆布、缆绳、各种管材等产业用纺织品,最终应用于农业、工业、交通运输等多个行业。

当前,新能源汽车作为国家大力支持发展的重点产业,未来发展空间巨大。江苏智航专注于汽车动力电池电芯及电池系统的研发、设计、生产,拥有完整生产线,可以为新能源汽车厂商提供动力电池的整体解决方案,其受益于新能源汽车产业的高速发展,正呈现快速增长态势。

本次收购完成后,江苏智航将成为尤夫股份的控股子公司。这有助于尤夫股份更好地完成经营目标,提高公司的抗风险能力,增强公司盈利能力的持续性和稳定性,符合公司长远发展战略。

浙大网新以18亿元收购华通云数据成为云计算领域翘楚

浙大网新以发行股份及支付现金的方式购买华通云数据公司80%股权,收购完成后,华通云数据公司成为浙大网新全资子公司。

华通云数据是一家国内技术领先的新型互联网综合服务提供商。其建立了以IDC托管服务为基础,大力拓展互联网资源加速服务、云计算服务等升级服务的业务体系,提供可以覆盖全国的端到端传输网络解决方案服务,是全国少有的拥有较为完整云计算资源的综合服务企业。

近年来智能手机和4G网络的快速发展,推动了IDC行业整体规模的增长。浙大网新在智慧城市、智慧商务、智慧生活三大领域提供从咨询规划到架构设计、软件开发、运营维护,再到云架构、云迁移、大数据、新一代人工智能的全套解决方案。网新云服务和大数据底层技术是其业务架构的重要组成部分,上市公司通过收购与IDC、云计算领域相关的优质公司,为其大数据的储存、分析、运维提供后台支撑和保障,并可与其现有业务之间形成良好的协同效应,从而提升该公司的盈利能力,为其构建完备的互联网服务体系奠定基础。

宁波华翔收购宁波劳伦斯和戈冉泊做强主营业务

宁波华翔拟以13.51元每股的发行价格购买宁波峰梅持有的宁波劳伦斯100%的股权及戈冉泊93.63%股权,标的资产交易价格合计19.81亿元。

宁波劳伦斯下属的美国NEC公司,主要产品为中高档车用铝饰条,客户中既有通用、福特、克莱斯勒等传统车企,也有新兴车厂的代表特斯拉。宁波劳伦斯经营生产真木饰条等,其主要配套通用、捷豹、路虎等英美车系整车厂。

戈冉泊主要从事精密模具的自主研发和设计,应用行业主要包括灌溉设备、手机、连接器、汽车等,为客户提供从模具设计和制造到注塑产品生产的一体化服务。戈冉泊主要客户均为世界知名企业,如苹果、泰科电子、TRW、沃茨、施耐德电气等公司。

宁波华翔表示,此次收购将大大提升宁波华翔模具设计与制造能力,从而间接提升宁波华翔产品的合格率,同时精密注塑技术将使宁波华翔有能力开拓新的汽车零部件产品领域。此外,在销售及客户资源方面,宁波华翔和戈冉泊可以共享客户资源,尤其公司核心客户上海大众、一汽大众、宝马客户资源,可进一步拓展戈冉泊的客户群体和空间。双方可以通过对模具业务的提升和加强,对市场信息及客户渠道的互补和拓展,充分发挥双方的协同效应,为公司未来进一步发展奠定坚实基础。

4. 境外资产并购

开山股份成功收购OTP100%股权实现战略转型

开山股份在拥有螺杆膨胀发电技术及装备拥有核心技术能力的基础上,正致力于转型成为全球领先的可再生能源跨国企业,目标是在较短的时间内完成从传统装备制造企业、节能环保装备制造企业向可再生能源装备制造企业、可再生能源运营企业转型。收购OTP100%股权对公司实现战略转型、实现跨越式发展具有重要的里程碑意义，加快了公司转型的进程。转型后的公司产品结构、市场结构、收入来源、盈利模式都将发生根本性的改变。另外开山股份收购境外资产LMF Unternehmensbeteiligungs GmbH 95.5%股权及PT SOKORIA GEOTHERMAL INDONESIA 95%股权，横向整合了公司业务。

浙富控股收购印度尼西亚DHN公司探索水电业务新模式

浙富控股公告称，为进一步拓展海外业务渠道，探索水电业务新模式，浙富控股审议通过了全资子公司AED公司，通过其全资子公司以现金5774.31万美元收购印度尼西亚DHN公司96.55%的股份议案，从而实现间接持有项目公司NSHE公司51%股权的目的。收购完成后，AED、DHN将与其他签约方共同投资开发位于印尼北苏门答腊省巴丹图鲁河流上510MW的水电站项目。项目开发商于2013年成立了NSHE公司。

收购目标公司股权，为公司进一步拓展海外业务奠定了坚实的基础，实现了海外业务与国内业务均衡发展的重要战略与方向，有利于探索水电业务新模式。收购完成后，此项目不仅提高了公司的生产制造能力，还为公司向印尼及东南亚市场水电项目设备供货开启了新的契机，同时，对公司未来财务状况和经营成果都将产生积极的影响。

四、上市公司财务指标分析[①]

（一）省内上市公司2016年度年报基本情况

2016年，浙江省境内329家上市公司实现营业收入（包含金融服务行业）13878.80亿元，同比增长17.90%；实现净利润1255.71亿元，同比增长39.48%；

---

① 因浙江省金融服务业上市公司较少，考虑到数据的可比性，如无特殊说明，本章节内容均剔除金融服务业。

实现归属母公司净利润1183.31亿元,同比增长39.70%,营业收入和净利润同比增速均远高于全国整体水平(8.61%和8.90%)。

扣除金融服务行业(主要原因在于我省金融服务类上市公司较少),我省上市公司营收13480.31亿元,归属母公司净利润1063.38亿元,分别同比增速17.92%和43.23%,同样高于全国的10.43%和27.45%。

2016年,浙江省上市公司营收占浙江省GDP的29.86%,与2015年相比,上升3.38百分点,省内上市公司在全省经济中的比重逐渐增加。

2016年,浙江329家境内上市公司中营业收入过100亿元,净利润过10亿元的企业分别为27家和28家,较2015年有较大增长。329家上市公司中有215家归属母公司净利润正增长,24家上市公司归属于母公司净利润扭亏为盈。另外,90家公司净利润下滑,上市公司整体业绩表现亮眼。还有一批公司如浙江龙盛和闰土股份印染双寡头、新和成和浙江医药VE双雄,在行业质量标准和产品价格等方面拥有话语权,行业龙头地位巩固。老板电器上市后净利润从2011年的1.87亿元增加到2016年的12.07亿元,6年增长5.45倍,年复合增长率高达45.2%。2016年贝因美、报喜年、华峰氨纶等16家公司的归属于母公司的净利润由盈转亏,负增长均超过100%,整体亏损金额较去年有大幅改善,亏损公司主要集中在机械设备、纺织服装和化工等传统行业。

2016年年底我省上市公司资产总额达到3.86万亿元,总市值为4.12万亿元,证券化率达到88.67%,较2015年下滑7.60百分点(2015年为96.27%)。

(二)盈利能力分析

1. 经济增速放缓

2016年,浙江省上市公司实现营业收入13878.80亿元,较去年同比增长17.90%,剔除金融服务后实现营收13480.31亿元,同比增长17.92%。营业收入同比增长排名靠前的是韵达股份和申通快递两大物流公司,两家公司均在2016年实现借壳上市。与其他主要省市对比,浙江省营收增速全国排名第五,2016年业绩持续向好(见表6-25)。

表6-25 2016年主要省市营收增速对比

省市	上市公司数量(无金融)(家)	营业收入(亿元)	营收同比(%)
福建省	105	8302.77	25.04
安徽省	90	6202.18	24.02
江苏省	309	12996.87	23.19
山东省	170	11598.17	19.39
浙江省	325	13480.31	17.92
广东省	464	30313.27	17.92
湖北省	93	5157.98	17.72
上海市	228	31686.78	8.96
四川省	109	5224.33	7.00
北京市	268	91412.95	1.98
全国	2972	264490.06	10.43

分行业来看,28个行业中,我省有15个行业的营业收入增速高于全国,其中国防军工、交通运输和钢铁的行业营收增速均超过全国50个点以上,远超全国增速。浙江省省内28个行业中,营业收入排名前三的分别是商业贸易、化工和医药生物。另外有25个行业营业收入实现正增长,负增长的行业为食品饮料、采掘和建筑材料(见表6-26)。

表6-26 2016年浙江省上市公司分行业营收增速对比

行业	上市公司数量(家)	营业收入(亿元)	营业收入同比(%)	
			浙江省	全国
国防军工	1	118.23	96.22	8.49
交通运输	5	424.51	80.90	23.47
钢铁	4	281.59	64.93	10.42
休闲服务	1	26.44	56.05	19.75
传媒	16	435.14	49.88	32.48
汽车	22	850.16	35.30	19.62
有色金属	7	325.26	27.68	9.54
农林牧渔	3	41.39	25.86	10.87
电子	16	306.92	25.22	32.98
房地产	10	604.98	24.13	29.62
化工	32	1737.36	22.67	1.85
非银金融	2	24.71	21.51	1.63

续表

行业	上市公司数量（家）	营业收入（亿元）	营业收入同比（%）	
			浙江省	全国
综合	2	96.57	20.71	24.45
电气设备	28	918.48	18.76	12.70
医药生物	32	1067.64	17.12	17.55
银行	2	373.78	17.10	0.77
计算机	14	647.50	16.88	15.73
家用电器	9	372.32	12.01	13.10
轻工制造	13	272.11	11.02	10.26
商业贸易	10	2330.85	10.32	8.08
机械设备	44	566.45	4.83	8.37
纺织服装	20	552.13	4.80	11.85
建筑装饰	8	613.57	1.28	7.25
通信	7	86.63	0.88	8.88
公用事业	6	469.46	0.14	2.67
建筑材料	9	232.18	−1.44	9.09
采掘	2	47.36	−8.15	−2.91
食品饮料	4	55.09	−21.43	7.81

2. 净利润：增速大幅回升——产业转型升级

2016 年，浙江省上市公司实现净利润 1255.71 亿元，同比增长 39.48%，较 2015 年 11.11% 的增速大幅上升；实现归属母公司净利润 1183.31 亿元，同比增长 39.70%。剔除金融服务业后，净利润及归属于母公司净利润增速分别为 42.75% 和 43.23%。与其他主要省份对比，浙江省净利润增速仅低于安徽省，大幅高于全国的 27.82% 和 27.45%（见表 6-27）。

浙江省上市公司整体业绩的持续向好归功于近几年传统行业加大供给侧改革力度，积极调整产业布局，如有色金属、轻工制造中的造纸业两个行业的归属于母公司净利润分别由 2015 年 8.03 亿元、−1.24 亿元增长为 2016 年的 19.08 亿元和 3.40 亿元，有色金属行业归属于母公司净利润行业同比增长 137.73%；造纸业扭亏为盈，业绩大幅向好。从企业来看，荣盛石化公司通过新增芳烃项目进一步完善产业链，该项目当年实现毛利超 20 亿元。另外，战略新兴产业成为加快经济发展的"新动力"，业绩也在快速增长。2016 年汽车、电子、医药制造和机械设备行业等新兴制造业的表现也非常亮眼。

表6-27　2016年主要省市净利润增速对比

省份	上市公司数量(家)	归属于母公司净利润(亿元)	净利润(亿元)	归属于母公司净利润同比(%)	净利润同比(%)
广东省	464	2250.29	2524.62	26.12	23.40
浙江省	325	1063.38	1135.26	43.23	42.75
江苏省	309	740.91	793.44	38.11	40.77
北京市	268	2892.20	3701.59	3.95	10.88
上海市	228	1387.27	1685.40	17.56	13.14
山东省	170	633.73	759.90	24.90	33.13
四川省	109	242.90	258.87	7.16	8.38
福建省	105	264.61	281.02	41.34	32.07
湖北省	93	228.81	252.56	11.32	12.70
安徽省	90	353.89	369.22	190.91	178.40
全国	2972	12067.31	13892.80	27.45	27.82

分行业来看,28个行业中,16个行业净利润增速超过全国,其中农林牧渔、有色金属、国防军工、交通运输和电子净利润增速排名前五,房地产行业整体扭亏为盈,表现突出。28个行业中,19个行业净利润实现正增长,3个行业扭亏为盈,其中农林牧渔、有色金属和国防军工行业净利润增速均超过100%。另外,我省食品饮料净利润出现了较大程度的负增长,由去年的3.73亿元转亏为-4.97亿元,造成了233.46%的负增长(见表6-28)。

表6-28　2016年浙江省上市公司分行业净利润增速对比

行业	上市公司数量(家)	归属于母公司净利润(亿元)	归属于母公司净利润同比(%)	
			浙江省	全国
综合	2	118.31	-39.55	50.74
计算机	14	116.88	19.61	26.56
化工	32	111.84	45.55	43.89
商业贸易	10	88.18	30.33	58.94
医药生物	32	79.02	29.88	18.07
纺织服装	20	76.01	-9.04	7.41
电气设备	28	75.81	37.67	14.62
公用事业	6	73.96	-5.54	-8.68
电子	16	65.22	51.24	56.06
汽车	22	61.83	43.64	18.52
房地产	10	53.12	扭亏为盈	43.32

行业	上市公司数量（家）	归属于母公司净利润（亿元）	归属于母公司净利润同比（%）	
			浙江省	全国
交通运输	5	46.27	71.28	5.61
机械设备	44	42.13	8.45	−16.29
家用电器	9	37.88	33.75	29.24
传媒	16	23.38	36.58	29.30
轻工制造	13	20.98	36.35	27.82
建筑材料	9	19.37	27.68	81.53
有色金属	7	19.08	137.73	803.95
建筑装饰	8	17.72	29.40	13.25
食品饮料	4	12.10	−233.46	11.40
休闲服务	1	9.02	43.10	14.44
农林牧渔	3	7.23	291.35	131.19
非银金融	2	4.79	−23.33	−32.26
通信	7	4.57	−10.27	−45.14
采掘	2	1.74	扭亏为盈	−70.35
银行	2	1.62	15.44	1.85
国防军工	1	0.25	134.94	扭亏为盈
钢铁	4	−4.97	扭亏为盈	扭亏为盈

3. 毛利率：稳定上升

2016年，浙江省上市公司毛利率为21.35%，较2015年上升了1.13百分点，与广东、山东、四川、江苏、安徽和福建等省份相比，浙江省毛利率表现优异，仅低于广东省和山东省，在可比省份中排名第三，也高于全国19.65%的整体水平（见表6-29）。

表6-29　2016主要省份毛利率对比

省份	上市公司数（无金融）（家）	毛利率（%）	
		2015年	2016年
广东省	464	23.52	24.16
山东省	170	21.53	21.92
浙江省	325	20.22	21.35
四川省	109	19.28	21.04
江苏省	309	20.19	20.43
北京市	268	19.70	19.09
湖北省	93	17.22	18.98

续表

省份	上市公司数（无金融）（家）	毛利率（%）	
		2015年	2016年
安徽省	90	14.75	17.81
上海市	228	16.21	17.43
福建省	105	14.31	13.34
全国	2972	19.20	19.65

4. 净资产收益：连续3年基本持平

2016年，浙江省上市公司净资产收益率相比去年有所回升，净资产收益率10.81%，比2015年上升1.29百分点。与其他省份相比，仅次于广东省整体水平，高于安徽省、上海市、山东省等可比地区，也高于全国整体水平（见图6-6、表6-30）。

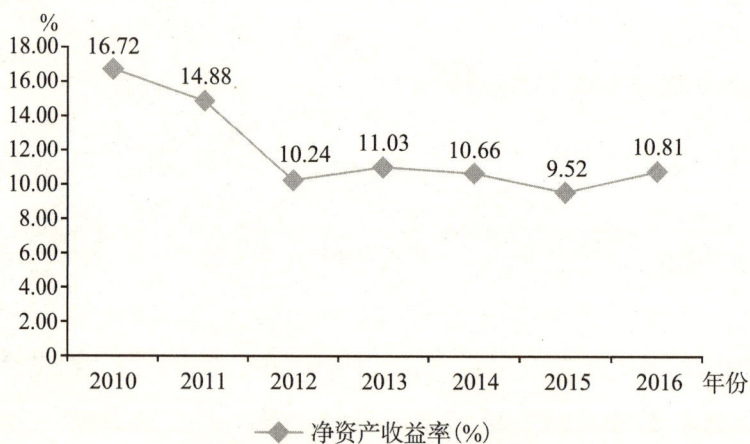

图6-6　2010—2016年度浙江省资产收益率对比

表6-30　2016主要省市净资产收益率对比

省市	上市公司数量（无金融）（家）	净资产收益率（%）
广东省	464	12.28
浙江省	325	10.81
安徽省	90	9.61
上海市	228	9.52
山东省	170	8.94
江苏省	309	8.90
福建省	105	8.13
湖北省	93	7.52

省市	上市公司数量(无金融)(家)	净资产收益率(%)
四川省	109	6.77
北京市	268	6.23
全国	2972	7.95

分行业来看,28个行业中11个行业净资产收益率高于浙江省整体水平(11.06%),其中计算机行业表现最为优异,其净资产收益率高达23.76%.

与全国对比,28个行业中,有19个行业(包括银行)净资产收益率高于全国,其中计算机、休闲服务和建筑材料行业其净资产收益率高于全国5百分点以上,而食品饮料则表现稍差,低于全国20.07百分点(见表6-31)。

总体来看,浙江省计算机行业表现较为优异,其资本利用率较高,拥有极强的市场竞争力,计算机行业比较有代表性的上市公司有同花顺和海康威视,同花顺净资产收益率高达47.70%,海康威视为34.09%。

表6-31 2016年浙江省上市公司分行业净资产收益率对比

行业	上市公司数量(家)	资产收益率(%)	
		浙江省	全国
计算机	14	23.76	10.54
家用电器	9	16.36	17.73
房地产	10	15.87	12.42
农林牧渔	3	15.15	13.69
休闲服务	1	15.03	8.21
银行	2	14.28	14.16
建筑材料	9	12.71	7.67
汽车	22	11.73	13.64
传媒	16	11.63	11.53
纺织服装	20	11.41	9.23
医药生物	32	11.37	11.98
公用事业	6	10.83	9.86
交通运输	5	10.29	8.39
商业贸易	10	10.28	6.53
电气设备	28	9.95	6.74
有色金属	7	9.75	3.49
化工	32	9.32	7.09
轻工制造	13	8.76	8.66

续表

行业	上市公司数量(家)	资产收益率(%)	
		浙江省	全国
钢铁	4	7.55	3.37
电子	16	7.41	7.75
建筑装饰	8	6.93	11.20
机械设备	44	6.15	3.36
通信	7	5.76	3.58
综合	2	5.72	6.85
非银金融	2	5.21	9.83
采掘	2	2.07	0.49
国防军工	1	0.82	2.21
食品饮料	4	-4.66	15.41

(三)营运能力分析——有待进一步提高

1. 存货周转率:低于全国整体水平

2016年,浙江省上市公司营运能力表现一般,存货周转率、应收账款周转率均低于全国整体水平,只有总资产收益率高于全国整体水平。具体来看,2016年浙江省上市公司存货周转率为2.57,较去年上涨0.21,有所回升;存货同比下滑0.80%,是2009年至今存货的首次下滑,存货大幅增长的情况得到有效遏制。

分省市来看,浙江省存货周转率仍然有待提高,低于江苏省、山东省等可比省份整体水平,也低于全国2.65的整体水平(见表6-32)。

表6-32　2016主要省市存货周转率对比

省市	上市公司数量(家)	存货周转率(次)	存货周转天数(天)
安徽省	90	4.77	75.46
山东省	170	4.63	77.80
北京市	268	3.03	118.92
江苏省	309	2.89	124.46
上海市	228	2.60	138.45
浙江省	325	2.57	140.13
湖北省	93	2.53	142.17
四川省	109	2.53	142.45

省市	上市公司数量（家）	存货周转率（次）	存货周转天数（天）
福建省	105	2.30	156.53
广东省	464	1.50	240.01
全国	2972	2.65	135.64

分行业来看，28个行业中19个行业（不包括银行）存货周转率高于浙江省整体水平（2.57）。与全国对比，28个行业中，有9个行业存货周转率高于全国。不过需要注意的是，对存货周转率较为敏感的房地产、食品饮料和纺织服装行业，其存货周转率均低于全国整体水平（见表6-33）。

表6-33 2016年浙江省上市公司分行业存货周转率对比

行业	上市公司数量（家）	存货周转率（次）	
		浙江省	全国
休闲服务	1	264.46	2.47
非银金融	2	86.67	0.84
钢铁	4	10.58	6.05
公用事业	6	8.53	5.00
建筑材料	9	8.09	0.95
商业贸易	10	6.99	8.23
传媒	16	5.24	7.71
化工	32	5.12	8.06
汽车	22	5.02	9.76
有色金属	7	5.02	7.81
国防军工	1	4.69	2.71
医药生物	32	4.67	4.46
家用电器	9	4.36	7.39
电子	16	4.18	4.30
通信	7	4.07	9.28
电气设备	28	4.05	3.06
交通运输	5	3.73	12.50
轻工制造	13	3.71	2.16
计算机	14	3.50	4.85
机械设备	44	2.27	2.37
农林牧渔	3	2.19	4.16
采掘	2	1.71	8.65

续表

行业	上市公司数量（家）	存货周转率（次）	
		浙江省	全国
建筑装饰	8	1.56	2.33
纺织服装	20	1.52	2.27
综合	2	1.20	2.77
食品饮料	4	0.76	2.51
房地产	10	0.30	0.35
银行	2	—	—

2. 应收账款周转率：持续下滑

2016年，浙江省上市公司应收账款同比增长18.82%，较2015年的21.04%小幅下滑，应收账款增速略高于营业收入增速，导致应收账款周转率持续下滑。上市公司应收账款周转率6.35，较2015年下滑0.10，并创出近几年新低。

与其他省市相比，浙江省上市公司应收账款周转率相对偏低，仅高于江苏省的5.54，低于全国7.88的整体水平，应收账款周转天数56.74天，高于全国的45.66天（见表6-34）。

表6-34　2016年主要省市应收账款周转率对比

省市	上市公司数量（无金融）（家）	应收账款周转率（次）	应收账款周转天数（天）
福建省	105	11.94	30.14
上海市	228	10.49	34.33
安徽省	90	10.18	35.36
山东省	170	8.85	40.70
北京市	268	7.94	45.35
全国	2972	7.88	45.66
广东省	464	7.64	47.10
湖北省	93	6.74	53.41
四川省	109	6.51	55.32
浙江省	325	6.35	56.74
江苏省	309	5.54	64.94

分行业来看，28个行业中15个行业应收账款周转率高于浙江省整体水平（6.35次）。与全国对比，28个行业中，有11个行业（不包括银行）应收账款周转率高于全国。28个行业中，11个行业2016年应收账款增速超过20%，2015年应收账款较多的电器设备、医药生物、计算机等行业其2016年应收账

款增速也均在10%以上,上市公司应收账款的回款速度偏低。采掘、纺织服装、建筑材料和食品饮料这4个行业应收账款在2016年有所减少,其中采掘行业应收账款减少31.37%(见表6-35)。

表6-35　2016年浙江省上市公司分行业应收账款周转率对比

行业	上市公司数量(家)	应收账款周转率(次)	
		浙江省	全国
休闲服务	1	152.41	13.34
房地产	10	59.67	21.83
商业贸易	10	42.39	34.45
钢铁	4	28.37	27.59
交通运输	5	15.17	13.92
农林牧渔	3	15.04	20.86
化工	32	13.52	18.53
建筑材料	9	11.38	6.33
采掘	2	9.52	13.21
有色金属	7	9.13	19.84
纺织服装	20	9.04	7.79
国防军工	1	7.07	4.16
家用电器	9	6.97	9.74
公用事业	6	6.62	7.06
轻工制造	13	6.42	6.90
医药生物	32	5.88	5.15
非银金融	2	5.43	294.81
汽车	22	5.12	10.27
综合	2	5.01	7.04
电子	16	3.71	4.55
食品饮料	4	3.68	34.41
传媒	16	3.57	6.00
机械设备	44	3.34	2.45
计算机	14	3.10	3.87
电气设备	28	3.02	2.35
通信	7	2.68	5.74
建筑装饰	8	2.17	4.77
银行	2	—	—

3. 总资产周转率：全国排名第四

2016年，浙江省上市公司总资产周转率0.66次，在可比省市中排名第四，高于上海市、北京市、湖北省、四川省、广东省和山东省，高于全国0.61的整体水平。

从2016年浙江省上市公司的整体营运能力来看，营运能力偏低，除总资产周转率外各项指标均低于全国整体水平，其主要原因在于浙江省上市公司仍然以传统实体企业为主，其周转速度较新兴产业有一定差距（见表6-36）。

表6-36　2016年主要省市总资产周转率对比

省市	上市公司数量（无金融）（家）	总资产周转率（次）
福建省	105	0.87
安徽省	90	0.78
江苏省	309	0.67
浙江省	325	0.66
上海市	228	0.65
北京市	268	0.65
湖北省	93	0.61
四川省	109	0.58
广东省	464	0.56
山东省	170	0.54
全国	2972	0.61

（四）偿债能力分析

1. 长期偿债能力：资产负债结构优良

2016年浙江省上市公司资产总计38605.11亿元，同比增长23.39%，负债合计26097.19亿元，同比增长22.64%，总资产增速超过负债增速。剔除金融行业，资产总计为22472.80亿元，负债合计为10909.99亿元，资产负债率48.55%，负债增速仍在可控范围内。

与其他省市相比，浙江省资产负债结构表现优良，资产负债率低于所有可比省份，也低于全国60.29%的整体水平。目前浙江省上市公司仍具有较大的举债空间，随着经济的逐步复苏，预计未来上市公司整体经济将呈快速发展的态势（见表6-37）。

表6-37 2016年主要省市资产负债率对比

省市	上市公司数量（无金融）（家）	资产负债率（%）
浙江省	325	48.55
安徽省	90	50.90
江苏省	309	53.85
四川省	109	55.88
湖北省	93	58.97
北京市	268	61.68
福建省	105	61.72
广东省	464	61.78
上海市	228	63.61
山东省	170	65.15
全国	2972	60.29

分行业来看,28个行业中,有2个行业(不包括银行)资产负债率超过70%的警戒线,分别为建筑装饰和房地产。与全国水平相比,浙江省28个行业中,仅5个行业(不包括银行)资产负债率高于全国水平;资产负债率较高的建筑装饰、房地产和国防军工行业中,仅国防军工的资产负债率高于全国水平。钢铁、交通运输、轻工制造、机械设备、有色金属等传统型行业其资产负债率也优于全国。而休闲服务、食品饮料、钢铁和建筑材料等行业其资产负债率大幅好于全国,具有较大举债空间(见表6-38)。

表6-38 2016年浙江省上市公司分行业资产负债率对比

行业	上市公司数量（家）	资产负债率（%）	
		浙江省	全国
休闲服务	1	13.29	46.24
建筑材料	9	25.09	48.87
非银金融	2	28.54	85.14
食品饮料	4	29.17	34.74
采掘	2	33.33	48.14
轻工制造	13	35.42	51.20
电子	16	35.57	48.41
农林牧渔	3	36.09	41.58
钢铁	4	36.81	66.80
传媒	16	37.03	35.85

续表

行业	上市公司数量（家）	资产负债率（%）	
		浙江省	全国
机械设备	44	37.74	63.16
公用事业	6	38.68	63.12
通信	7	38.93	58.48
交通运输	5	40.47	57.87
医药生物	32	41.02	39.90
计算机	14	41.25	39.75
纺织服装	20	44.97	45.33
有色金属	7	45.66	55.62
化工	32	46.05	49.41
电气设备	28	46.20	55.68
家用电器	9	47.72	61.95
汽车	22	49.32	58.97
综合	2	52.69	59.84
商业贸易	10	59.10	58.09
国防军工	1	68.62	61.02
建筑装饰	8	70.89	77.62
房地产	10	74.76	76.75
银行	2	94.46	92.79

17家上市公司资产负债率高于70%（包括银行），主要集中在房地产和建筑装饰行业中，其中房地产为4家，占比23.53%；建筑装饰为4家，占比23.53%；另外的11家上市公司分布在7个不同行业，合计占比52.94%。

2.（涉）房地产①企业资产负债情况

2016年，浙江省329家上市公司中，共有10家房地产上市公司，另有13家上市公司涉及房地产业务。10家房地产企业中，4家房地产企业资产负债率超过70%，触及警戒线，5家资产负债率在50%～70%之间，莱茵体育资产负债率低于50%（见表6-39）。

---

① 本报告行业均按照申银万国一级行业分类。

表6-39 2016年浙江省房地产企业资产负债情况

证券代码	证券名称	资产负债率（%）	负债合计（亿元）	流动负债占比（%）	非流动负债占比（%）
000918.SZ	嘉凯城	88.69	315.67	80.49	19.51
600683.SH	京投发展	87.94	253.05	65.02	34.98
600724.SH	宁波富达	77.84	120.59	70.09	29.91
600208.SH	新湖中宝	73.20	816.73	41.73	58.27
002244.SZ	滨江集团	68.25	338.12	80.34	19.66
000517.SZ	荣安地产	66.90	74.30	76.33	23.67
002133.SZ	广宇集团	61.13	50.02	82.11	17.89
600173.SH	卧龙地产	59.27	24.39	74.70	25.30
600052.SH	浙江广厦	54.42	24.44	95.75	4.25
000558.SZ	莱茵体育	45.88	11.67	56.00	44.00

13家涉房地产企业中,宋都股份、雅戈尔和小商品城的房地产业务占比较大,其中宋都股份占比达99.15%,其他企业房地产业务占比均较少(见表6-40)。

表6-40 2016年浙江省涉房地产企业资产负债情况

证券代码	证券名称	行业	房地产业务收入(亿元)	营业收入(亿元)	占比(%)	资产负债率(%)
002062.SZ	宏润建设	建筑装饰	30.72	87.98	34.92	79.03
600051.SH	宁波联合	综合	14.09	41.83	33.69	74.07
000909.SZ	数源科技	计算机	5.35	15.75	33.97	73.90
600704.SH	物产中大	商业贸易	33.15	2068.99	1.60	68.99
600177.SH	雅戈尔	纺织服装	98.82	148.95	66.34	64.18
600415.SH	小商品城	商业贸易	34.57	70.38	49.12	61.14
600077.SH	宋都股份	交通运输	76.98	77.64	99.15	60.60
600352.SH	浙江龙盛	化工	2.15	123.56	1.74	56.51
600512.SH	腾达建设	建筑装饰	1.87	30.68	6.09	41.28
600120.SH	浙江东方	商业贸易	4.86	44.95	10.81	40.87
600796.SH	钱江生化	医药生物	0.28	4.44	6.31	38.27
600175.SH	美都能源	采掘	12.80	44.21	28.95	34.34
000913.SZ	*ST钱江	汽车	2.00	22.58	8.86	34.16

3. 短期偿债能力:流动资金充足

2016年浙江省上市公司短期偿债能力表现良好,流动比率1.56,高于广东、江苏和湖北等省市,在可比省市中仅次于福建省,也高于全国1.22的整体水平(见表6-41)。

表6-41　2016年主要省市流动比率对比

省市	上市公司数量(无金融)(家)	流动比率
福建省	105	1.66
浙江省	325	1.56
广东省	464	1.41
江苏省	309	1.40
湖北省	93	1.35
四川省	109	1.33
安徽省	90	1.27
北京市	268	1.16
上海市	228	1.13
山东省	170	0.93
全国	2972	1.22

2010—2016年度,浙江省平均流动比率1.49,从2013年度开始,流动比率持续回升,2016年流动比率达1.56,创2010年以来新高,上市公司流动比率整体表现较为优异(见图6-7)。

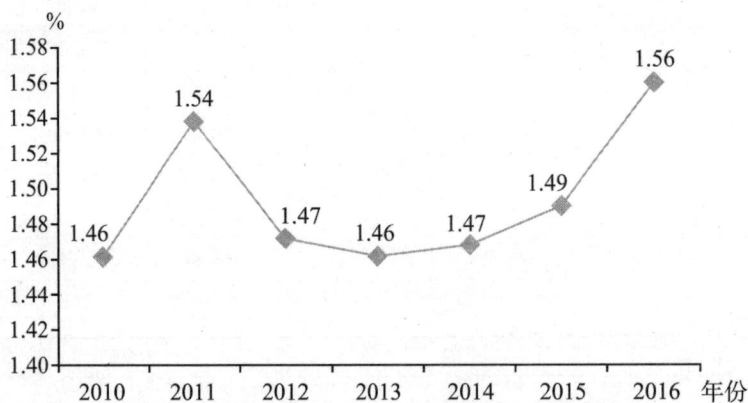

图6-7　2010—2016年度浙江省流动比率对比

在速动比率方面,浙江省2016年为1.05,可比省市中排名第一,也高于全国0.79的整体水平。分行业来看,28个行业中,有18个行业(不包括银行)速动比率高于浙江省整体水平,与全国水平相比,浙江省28个行业中,有21个行业速动比率高于全国(见表6-42)。

表6-42　2016年浙江省上市公司分行业流动对比

行业	上市公司数量(家)	流动		速动比率	
		浙江省	全国	浙江省	全国
休闲服务	1	3.06	1.27	3.05	−0.31
非银金融	2	2.42	1.27	2.40	1.17
计算机	14	2.31	1.90	1.96	0.59
食品饮料	4	2.29	2.00	1.25	1.56
建筑材料	9	2.26	1.08	1.76	0.55
传媒	16	2.11	1.85	1.90	0.62
通信	7	2.08	0.76	1.69	−0.76
机械设备	44	1.88	1.14	1.38	−0.05
纺织服装	20	1.84	1.73	1.21	0.98
电子	16	1.75	1.65	1.41	0.99
电气设备	28	1.72	1.47	1.41	0.51
房地产	10	1.72	1.63	0.54	1.58
采掘	2	1.70	0.80	1.22	0.63
医药生物	32	1.66	1.82	1.28	0.68
轻工制造	13	1.65	1.27	1.23	0.80
公用事业	6	1.56	0.57	1.35	0.24
综合	2	1.50	1.47	0.79	0.92
汽车	22	1.49	1.19	1.17	0.71
农林牧渔	3	1.48	1.40	1.07	1.03
家用电器	9	1.48	1.25	1.18	0.86
钢铁	4	1.38	0.59	1.12	0.53
化工	32	1.33	0.96	0.93	0.52
有色金属	7	1.27	1.06	0.91	0.66
建筑装饰	8	1.26	1.24	0.76	0.95
交通运输	5	1.21	0.95	0.97	0.64
国防军工	1	1.16	1.37	0.78	1.10
商业贸易	10	0.96	1.17	0.64	0.92
银行	2	—	—	—	—

五、行业竞争分析

（一）行业概况

截至2016年年底,浙江省共有境内上市公司329家,分布在28个不同的行业,机械设备、化工、医药生物、电气设备和汽车为浙江省上市公司数量排名前五的行业;商业贸易、化工、医药生物、电气设备、汽车为营业收入排名前五的行业;银行、计算机、化工、房地产、医药生物为净利润排名前五的行业。综合考虑上市公司数量、营收及净利润占比等情况,机械设备、医药生物、电气设备、化工和汽车为浙江省重点优势行业。

（二）浙江省优势行业与可比省份行业对比

1. 盈利能力对比

从营收增速来看,汽车行业作为2016年浙江省重点优势行业,其增速达到35.30%,低于广东省39.15%的增速,但是高于江苏省和山东省。汽车行业在2016年进行了3次重大资产重组,企业竞争力得到增强,随着经济的逐步复苏,预计未来汽车行业将继续保持优势(见表6-43)。

表6-43　2016年可比省份营收增速对比

行业	营收同比(%)			
	浙江省	广东省	江苏省	山东省
汽车	35.30	39.15	32.09	21.90
化工	22.67	15.17	16.80	10.97
电气设备	18.76	27.11	8.36	21.64
医药生物	17.12	24.62	15.42	22.23
机械设备	4.83	−5.44	78.44	5.02

从净利润增速来看,2016年浙江省的化工行业实现归属母公司净利润同比增长45.55%;32家上市公司中18家实现净利润同比正增长,另外3家扭亏为盈,占比65.63%;11家增速超过50%,占比34.38%。32家上市公司有12家在上海主板上市,创业板4家,中小板16家(见表6-44)。

表6-44　2016年可比省份归属母公司净利润增速对比

行业	归属母公司净利润同比(%)			
	浙江省	广东省	江苏省	山东省
化工	45.55	−1.42	11.92	38.06
汽车	43.64	63.51	17.60	81.59
电气设备	37.67	25.32	−10.96	−11.19
医药生物	29.88	17.22	27.06	−16.56
机械设备	8.45	−40.71	9.93	873.69

　　从毛利率来看,浙江省的医药生物行业和化工行业毛利率均低于广东省、江苏省和山东省,还有待提高,机械设备行业则高于3个可比省份(见表6-45)。

表6-45　2016年可比省份毛利率对比

行业	毛利率(%)			
	浙江省	广东省	江苏省	山东省
医药生物	30.43	32.71	37.14	42.38
机械设备	27.17	22.23	17.44	24.60
电气设备	24.74	27.50	21.55	24.86
汽车	22.80	20.35	23.51	20.39
化工	17.37	18.44	19.50	22.06

　　从净资产收益率来看,浙江省的汽车行业低于广东省但高于江苏省和山东省;医药生物行业低于可比省份;电气设备行业高于可比省份;化工和机械设备低于山东省但是高于广东省和江苏省(见表6-46)。

表6-46　2016年可比省份净资产收益率对比

行业	净资产收益率(%)			
	浙江省	广东省	江苏省	山东省
汽车	11.73	13.21	9.91	8.16
医药生物	11.37	12.41	14.42	13.44
电气设备	9.95	9.93	6.48	6.33
化工	9.32	6.55	8.60	12.09
机械设备	6.15	5.50	3.47	7.88

2. 运营能力对比

从总资产周转率来看，浙江省汽车和电气设备行业均高于可比省份；医药生物行业总资产周转率与江苏省并列第一；化工行业低于广东省，但是高于江苏省和山东省；机械设备行业低于江苏省，高于广东省和山东省（见表6-47）。

表6-47　2016年可比省份总资产周转率对比

行业	总资产周转率（次）			
	浙江省	广东省	江苏省	山东省
医药生物	0.84	0.72	0.84	0.78
汽车	0.78	0.74	0.50	0.72
化工	0.74	0.86	0.64	0.72
电气设备	0.62	0.56	0.53	0.59
机械设备	0.50	0.45	0.68	0.07

从应收账款周转率来看，浙江省电气设备和医药生物行业均高于可比省份；化工行业高于江苏省和广东省，低于山东省；汽车行业仅低于山东省；机械设备仅次于广东省，总体来说，我省重点行业应收账款周转率表现亮眼（见表6-48）。

表6-48　2016年可比省份应收账款周转率对比

行业	应收账款周转率（次）			
	浙江省	广东省	江苏省	山东省
化工	13.52	5.61	6.57	14.31
医药生物	5.88	5.21	4.26	4.61
汽车	5.12	4.63	3.95	6.62
机械设备	3.34	4.16	3.22	2.38
电气设备	3.02	2.82	2.10	1.85

从存货周转率来看，浙江省化工行业均低于可比省份；汽车行业低于广东省和山东省；医药生物行业低于江苏省，高于广东省和山东省；电气设备行业高于可比省份，机械设备行业仅高于山东省（见表6-49）。

续表

表6-49　2016年可比省份存货周转率对比

行业	存货周转率（次）			
	浙江省	广东省	江苏省	山东省
化工	5.12	5.46	5.59	5.98
汽车	5.02	6.39	4.96	5.29
医药生物	4.67	3.39	6.85	3.39
电气设备	4.05	3.86	3.90	3.63
机械设备	2.27	2.49	3.83	1.89

3. 偿债能力对比

从资产负债率来看，我省重点行业资产负债率均在50%以内，其中机械设备资产负债率为37.74%，低于全部可比省份。总体来看，省内优势行业资产负债率表现良好，五大行业均具有一定的举债空间（见表6-50）。

表6-50　2016年可比省份资产负债率对比

行业	资产负债率（%）			
	浙江省	广东省	江苏省	山东省
汽车	49.32	55.90	34.84	70.45
电气设备	46.20	45.28	58.08	47.77
化工	46.05	39.61	47.87	49.67
医药生物	41.02	42.04	37.28	39.11
机械设备	37.74	56.75	52.04	79.53

从流动比率来看，机械设备和电气设备行业高于全部可比省份；医药生物和化工行业仅高于山东省，表现一般；汽车行业高于广东省和山东省（见表6-51）。

表6-51　2016年可比省份流动比率对比

行业	流动比率（%）			
	浙江省	广东省	江苏省	山东省
机械设备	1.88	1.44	1.50	0.79
电气设备	1.72	1.56	1.40	1.70
医药生物	1.66	1.93	2.45	1.59
汽车	1.49	1.11	1.69	1.29
化工	1.33	1.88	1.35	0.93

从速动比率来看,我省电气设备、机械设备、医药生物和汽车行业表现较好,高于1;化工行业表现一般,低于1。与可比省份相比,机械设备行业表现较为优异,高于全部可比省份,其他行业表现一般(见表6-52)。

表6-52　2016年可比省份速动比率对比

行业	速动比率(%)			
	浙江省	广东省	江苏省	山东省
电气设备	1.41	1.30	1.17	1.43
机械设备	1.38	1.05	1.18	0.77
医药生物	1.28	1.54	2.18	1.22
汽车	1.17	0.91	1.43	1.02
化工	0.93	1.44	1.14	0.67

(三)行业龙头公司[①]分析

表6-53　浙江省部分龙头企业目录

行业	证券代码	证券名称	营业收入(亿元)	总市值(亿元)
综合	600884.SH	杉杉股份	54.75	158.09
有色金属	002203.SZ	海亮股份	179.17	136.38
银行	002142.SZ	宁波银行	236.45	648.93
	600926.SH	杭州银行	137.33	548.36
医药生物	000963.SZ	华东医药	253.80	350.30
	600572.SH	康恩贝	60.20	183.53
	600216.SH	浙江医药	52.79	122.09
	002001.SZ	新和成	46.96	213.43
	600521.SH	华海药业	40.93	229.78
休闲服务	300144.SZ	宋城演艺	26.44	304.18
通信	600776.SH	东方通信	19.80	96.76
食品饮料	600059.SH	古越龙山	15.35	82.79
商业贸易	600704.SH	物产中大	2,068.99	296.59
	600415.SH	小商品城	70.38	470.84
	600814.SH	杭州解百	52.41	81.30
	600120.SH	浙江东方	44.95	146.18
	601116.SH	三江购物	40.96	174.78
	002344.SZ	海宁皮城	21.69	145.21

① 注:主要以营业收入、行业知名度和市场占有率为标准,未列入表格并不代表竞争力不强。

行业	证券代码	证券名称	营业收入（亿元）	总市值（亿元）
轻工制造	603816.SH	顾家家居	47.95	195.28
	002489.SZ	浙江永强	37.92	164.70
	002067.SZ	景兴纸业	36.81	73.08
汽车	600699.SH	均胜电子	185.52	228.11
	000559.SZ	万向钱潮	107.86	304.22
	002085.SZ	万丰奥威	94.86	360.11
农林牧渔	600226.SH	升华拜克	10.05	114.43
交通运输	601018.SH	宁波港	163.25	666.55
	002468.SZ	申通快递	98.81	462.61
	002120.SZ	韵达股份	73.50	510.88
建筑装饰	600491.SH	龙元建设	145.88	145.65
	002375.SZ	亚厦股份	89.37	141.77
	600477.SH	杭萧钢构	43.39	106.24
家用电器	002032.SZ	苏泊尔	119.47	220.61
	002050.SZ	三花智控	67.69	198.88
	002508.SZ	老板电器	57.95	268.66
计算机	002415.SZ	海康威视	319.24	1,453.05
	002236.SZ	大华股份	133.29	396.64
	600797.SH	浙大网新	40.80	164.53
	600570.SH	恒生电子	21.70	291.23
	300033.SZ	同花顺	17.34	369.76
	300020.SZ	银江股份	16.55	103.48
机械设备	603298.SH	杭叉集团	53.71	150.26
	002444.SZ	巨星科技	36.03	167.74
	300145.SZ	中金环境	27.90	174.31
	603556.SH	海兴电力	21.81	167.85
	300266.SZ	兴源环境	21.03	279.10
化工	002493.SZ	荣盛石化	455.01	392.28
	601233.SH	桐昆股份	255.82	176.91
	600352.SH	浙江龙盛	123.56	299.63
	002010.SZ	传化智联	81.67	612.47
	600176.SH	中国巨石	74.46	239.32
	600273.SH	嘉化能源	45.03	125.53
国防军工	600677.SH	航天通信	118.23	89.64
公用事业	600023.SH	浙能电力	391.77	738.52
钢铁	600126.SH	杭钢股份	196.60	218.22
非银金融	600830.SH	香溢融通	19.92	51.57

续表

行业	证券代码	证券名称	营业收入（亿元）	总市值（亿元）
纺织服装	600177.SH	雅戈尔	148.95	357.63
	002563.SZ	森马服饰	106.67	276.73
	601339.SH	百隆东方	54.72	93.60
	603001.SH	奥康国际	32.50	91.82
	600987.SH	航民股份	31.91	78.40
	603116.SH	红蜻蜓	28.72	90.18
	002003.SZ	伟星股份	21.74	64.27
房地产	002244.SZ	滨江集团	194.52	217.18
	600208.SH	新湖中宝	136.26	357.73
电子	300256.SZ	星星科技	49.94	75.81
	002056.SZ	横店东磁	47.10	114.31
	600261.SH	阳光照明	43.93	104.84
	002036.SZ	联创电子	29.72	111.53
	002273.SZ	水晶光电	16.80	131.92
电气设备	601877.SH	正泰电器	201.65	376.39
	600580.SH	卧龙电气	89.14	117.29
	601567.SH	三星医疗	49.22	162.88
	603806.SH	福斯特	39.52	186.01
传媒	002131.SZ	利欧股份	73.54	256.27
	002624.SZ	完美世界	61.59	391.64
	300133.SZ	华策影视	44.45	198.24
	600633.SH	浙数文化	35.50	229.92
	300027.SZ	华谊兄弟	35.03	306.43
	002602.SZ	世纪华通	34.56	481.60
	000156.SZ	华数传媒	30.81	256.71

六、新三板发展现状

截至2016年12月31日，浙江省共有新三板挂牌公司902家，其中，2016年新增493家。分省份来看，浙江省新三板挂牌公司占全国总数的8.88%，总数全国排名第四，次于广东省1585家、北京市1477家和江苏省1245家。从省内城市来看，新三板挂牌公司数量排名前三的城市分别是杭州市、宁波市和湖州市，数量分别为347家、135家和72家。（见表6-54）

表6-54 浙江省内各城市新三板挂牌公司数量排名

城市	数量(家)	占比(%)
杭州市	347	38.47
宁波市	135	14.97
湖州市	72	7.98
嘉兴市	68	7.54
温州市	63	6.98
绍兴市	61	6.76
台州市	54	5.99
金华市	46	5.10
衢州市	28	3.10
丽水市	22	2.44
舟山市	6	0.67
浙江省	902	100.00

我省新三板挂牌公司总市值为2114.53亿元,较去年同期上涨111.77%,流通市值为992.42亿元。从个股来看,截至2016年12月31日,总市值最大的是ST亚锦,市值达192.39亿元;川山甲排名第二,市值为120.81亿元;永安期货以110.96亿元的市值排名第三。挂牌企业市值同比增幅100%以上的有19家(见表6-55)。

表6-55 2016年12月31日浙江省挂牌企业总市值排名前十企业

证券代码	证券名称	首发	地级市	申万行业	总市值(亿元)	流通市值(亿元)
830806.OC	ST亚锦	2014-06-06	宁波市	计算机	192.39	5.28
836361.OC	川山甲	2016-04-26	杭州市	交通运输	120.81	92.80
833840.OC	永安期货	2015-10-28	杭州市	非银金融	110.96	86.15
837638.OC	九州量子	2016-06-13	嘉兴市	通信	82.55	50.17
834089.OC	浙商创投	2015-11-05	杭州市	非银金融	76.09	53.63
833738.OC	大象股份	2015-10-16	宁波市	传媒	36.41	16.26
830948.OC	捷昌驱动	2014-08-08	绍兴市	电气设备	32.27	0.00
836709.OC	昀丰科技	2016-04-27	金华市	机械设备	30.19	16.61
835941.OC	启鑫新能	2016-02-25	宁波市	电气设备	28.32	18.74
833677.OC	芯能科技	2015-09-30	嘉兴市	电气设备	27.93	16.93

浙江省902家新三板挂牌企业分布在25个不同行业[1],从挂牌公司数量来看,排名前五的行业依次是机械设备、计算机、传媒、化工和电气设备,前

---

① 本报告涉及行业分类的均按照申万一级分类。

五大行业挂牌公司数量合计占比达50.55%（见图6-8）。

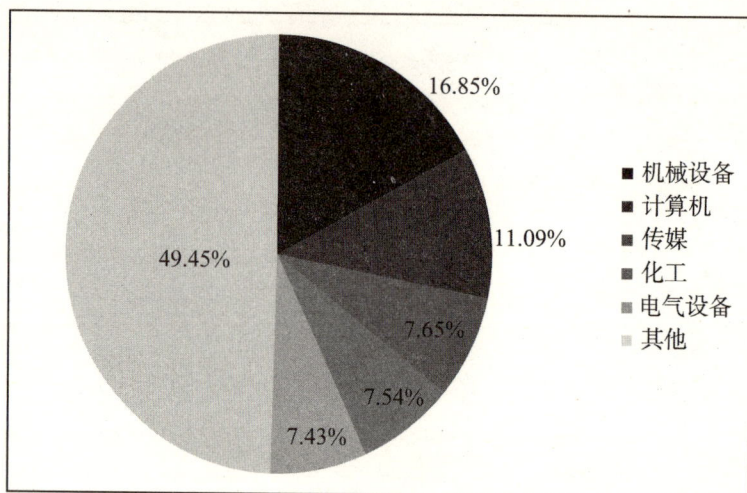

图6-8　省内新三板挂牌公司行业分布（按企业数量）

从总市值来看,排名前五的是计算机、电气设备、非银金融、机械设备和传媒,前五大行业挂牌公司总市值占比达58.15%,从行业市值分布来看,我省新兴产业如计算机、传媒行业的公司在挂牌企业中占据重要位置。（见图6-9）

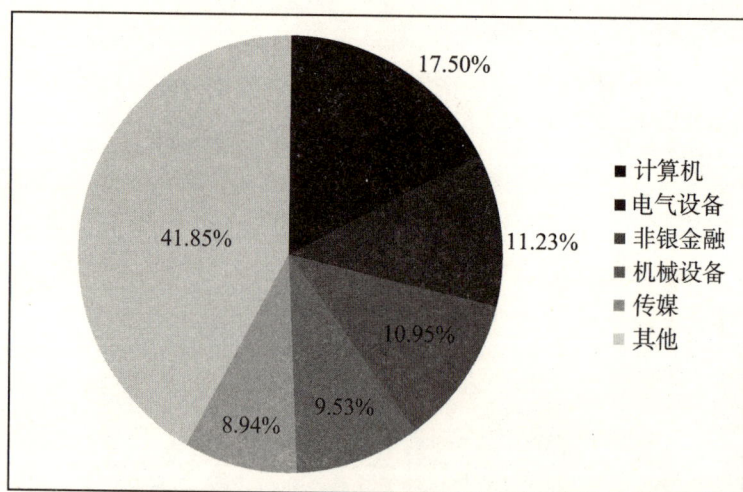

图6-9　省内新三板挂牌公司行业分布（按总市值）

2016年度,浙江省新三板挂牌企业共实现再融资①（定向增发）164.20亿

———————————
①　本报告新三板企业再融资仅仅指增发股份所募集资金,浙江省新三板企业未发生发行债券和配股募集资金。

元,全国排名第3位。排名第一的是北京市,共定增502次,募集资金350.36亿元;广东省募集资金190.14亿元,排名第二(见表6-56)。

表6-56　2016年度再融资排名前十省市

省市	新三板企业数量(家)	募集资金(亿元)
北京市	1477	350.36
广东省	1585	190.14
浙江省	902	164.20
上海市	890	115.95
甘肃省	31	101.25
江苏省	1245	90.57
安徽省	302	50.10
山东省	570	44.84
海南省	30	44.49
陕西省	141	39.97

2016年,浙江省902家新三板挂牌企业实现营业收入1802.29亿元,同比增长4.74%;实现净利润111.08亿元,同比增长12.28%。营业收入增速低于全国增速(全国营业收入同比增长9.17%),净利润增速远超全国增长率(全国净利润增长率为4.52%),说明我省新三板企业盈利水平在不断提高(见表6-57)。

浙江902家挂牌企业中,601家企业营业收入实现正增长,占比66.63%;418家净利润正增长,另外54家扭亏为盈,14家减亏,新三板整体业绩回暖。

表6-57　2016年全国新三板数量排名前十省市营收及净利润增速对比

省市	数量	营业收入(亿元)	营收同比(%)	净利润(亿元)	净利润同比(%)
广东省	1585	2721.51	13.29	188.20	8.12
北京市	1477	2207.16	18.27	131.02	16.77
江苏省	1245	1992.95	5.23	138.50	−9.07
浙江省	902	1802.29	4.74	111.08	12.28
上海市	890	1636.75	23.56	69.07	−0.12
山东省	570	1044.26	−4.12	83.50	9.64
湖北省	347	422.83	0.03	26.93	5.70
河南省	342	446.12	11.26	38.13	9.14
福建省	332	464.84	10.78	33.36	17.88
安徽省	302	461.85	−0.53	40.85	10.69

(本报告由浙江省人民政府金融工作办公室提供)

第七章 2016年度浙江省政府产业基金发展报告

一、浙江省政府产业基金发展报告

浙江省政府产业基金①萌芽于1993年,起步于2009年。当时,省政府设立了第一只省创投引导基金,虽然仅有7.5亿元的规模,却开启了浙江创投产业的爆发式增长。2009年至2014年,浙江省创投机构由百余家发展至上千家。

2015年,伴随着浙江整体经济更新迭代、转型升级的需求以及国家"大众创业、万众创新"政策的深入实施,浙江省政府设立了总规模为200亿元的省产业基金,旨在用政府投资的模式,运行私募股权投资的理念,在市场化的操作方式下,将资金、人才、技术、管理等各类资源有机整合,形成良性的经济循环效益。政府产业基金以母基金的形式,承载多种形式的子基金、区域基金,瞄准高端装备制造、信息经济、环保、旅游、时尚、金融、文化、健康八大产业和农业,助推浙江经济实现转型。

省产业基金设立的初衷,是政府希望改革以往行政色彩浓厚的财政扶持产业模式,并以市场化和专业化取而代之,让专项资金逐步退出竞争性领域,并撬动社会资本增加投入。从2015年4月设立至今的两年时间,省产业基金交出了令人满意的成绩单,政府资金"四两拨千斤"的愿望正在逐步实现。

---

① 本文中"浙江省产业基金"仅指省级层面的政府产业基金;"浙江省政府产业基金"指包括省级和地、县(市)在内的全省政府产业基金。

（一）盘活财政存量资金、转变政府职能

省产业基金成立之前，政府资金多以补贴的形式直接进入企业，这种做法往往引发一系列的问题，一是政府一次性投入之后就不再有下文；二是财政资金的冗余与企业对于资金的需求量始终未能得以有效纾解。另外，虽然浙江民间创投氛围浓厚，但民营企业资金来源以自筹和银行贷款为主，金融杠杆运用不充分，投资信息来源渠道单一，开展跨省跨境并购重组的能力较弱，更缺乏直接有效的政府协调指挥。

省产业基金的发展显著改善了这种局面。截至2016年年底，全省政府产业基金总规模已达到1122.91亿元，与社会资本合作设立市场化子基金355支，总规模2291.70亿元，其中政府产业基金出资379.57亿元，社会资本出资1910.34亿元，政府产业基金撬动社会各级资本合计5052.40亿元。省级产业基金层面，已与社会资本合作设立市场化子基金36支，总规模884.46亿元，其中省产业基金出资60.64亿元，社会资本出资823.82亿元。

省政府产业基金的发展，契合了当前转变政府职能和提高财政资金绩效的新形势与新要求。一方面，设立政府产业基金，符合转变政府职能的要求。省产业基金实行市场化运作、专业化管理，政府部门确定政策目标和运作机制后，由专业管理团队在市场上筛选项目，有利于提高投资效率。另一方面，与项目补助等传统投入方式比较，财政注资设立产业基金实现了财政资金分配管理从直接到间接、分散到集中、无偿到有偿的转变，有利于发挥财政资金杠杆效应和引导作用，提高财政资金使用效益；在成功引入市场化资金的同时，实现了管理的市场化，一改以往政府不了解市场却要做投资的主要决策者，忽略其本职且擅长的市场宏观调控工作的局面。通过省产业基金的运作，政府以间接投资的方式来引导更多社会资本，不仅增强了财政资金的统筹能力，而且维护了各项产业政策的延续性和协调性，同时也有助于化解政府债务等财政风险。经过一年多的发展，省产业基金盘活财政存量资金、引领社会资本共同发展的目标已初步实现。

（二）大力撬动社会资本、杠杆效应明显

层层放大的杠杆效应是浙江省产业基金的一大特色，是资本世界的"四两拨千斤"。产业基金对于放大政府财政杠杆、引导社会资本流向有着重要的意义。从设计原理看，省产业基金相当于"种子"基金，通过母、子基金链式传导放大，可吸引带动金融资本、社会资本增加投入支持实体经济发展，可激发民间资本活力，充分发挥财政资金"四两拨千斤"的杠杆效应，实现政府主导与市场化运作的有效结合。

截至2016年年底，浙江省产业基金总规模220亿元，包括200亿元浙江省产业基金和20亿元浙江省创新强省基金。在母基金运作模式下，省产业基金与市、县政府合资设立区域基金或与社会资本合资设立天使、VC、PE等股权投资基金、定向基金等类型的子基金。浙江省产业基金的母基金运作分为两类：即市场化基金和区域基金。市场化基金运作的主要方式是产业基金直接与国内一线品牌投资机构合作或资深投资人合作组建基金。区域基金是和地方财政局或国资部门合作组建地方产业基金，再由地方产业基金投资基金或项目。资本实现了从省级母基金到区域基金、从区域基金到区域子基金、再从区域子基金到最终项目的三级放大效果（见图7-1）。

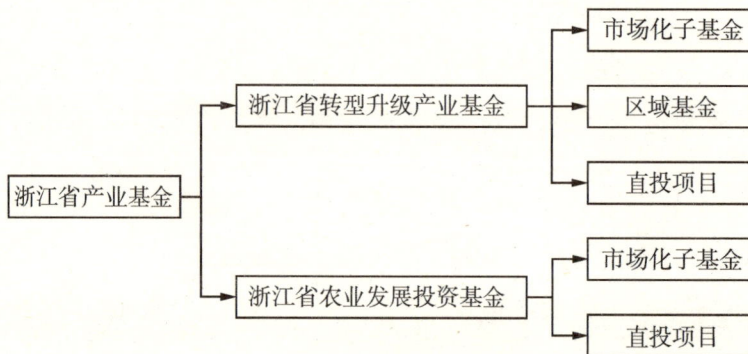

图7-1　浙江省产业基金分类图

截至2016年12月底，全省各级政府产业基金与社会资本合作设立市场化子基金355支，总规模为2291.70亿元，其中政府产业基金出资379.57亿元，社会资本出资1910.34亿元，放大倍数为6.04倍。子基金已投资总额

3580.70亿元,其中子基金投资645.91亿元,社会资本投资2934.85亿元,资金再次放大4.54倍。

(三)改善浙江投融资环境、引导产业转型升级

浙江民营经济发达,省内产业集群林立,产业集群由高度专业化分工的中小企业集聚而成。这种经济发展模式具有得天独厚的区位优势和文化底蕴,但也存在自身的弱点,一是自主创新能力不足,二是融资相对困难。这些弱点直接导致了产业转型升级的困境和产业集群内产业链的完善,即出现"市场失灵"的情形。

当市场失灵的情形出现时,政府的干预和宏观调控至关重要,成为实现资源有效配置的重要保障。省产业基金正是在市场失灵时,政府进行宏观调控、干预市场的行为之一。它以落实产业政策为出发点,站在产业转型升级的战略高度,为市场"雪中送炭"、放弃短期的利益,通过优惠政策、股权担保等手段引领、撬动社会资本,形成资本供给效应,给融资相对困难的中小企业带来融资机会和产业转型升级的前景,从而实现落实国家产业政策、引导资金投资方向、推动产业转型升级、扶持中小创新企业的目标。

转型中的浙江,聚焦省政府工作报告中明确提出的"八大产业",将信息、环保、健康、旅游、时尚、金融、文化、高端装备制造行业作为产业转型升级的切入点,紧扣八大产业培育骨干企业、强化要素保障。力争将八大产业培育成能够支撑浙江未来发展的万亿级大产业。促进浙江经济结构的调整和增长模式的转变,实现经济的可持续发展。

截至2016年年底,省政府产业基金已撬动社会各级资本合计5052.40亿元,产业基金已投资实体企业2452个,总投资金额3866.48亿元。投资领域方面,八大产业整体占比约为九成。投资前3位的领域分别为高端装备制造产业,占比25.18%;信息经济产业,占比24.49%;健康产业,占比11.68%。

产业投资基金通过资本积累效应对八大产业的影响主要体现在实现新兴产业的筛选、主导产业的壮大和传统产业的转型升级。这一做法显著改善了投融资环境,形成投资、担保、贷款、上市一条龙良性循环的健康金融环境。新兴产业通过扩散效应实现横向与纵向发展,带动完整产业链的形成,

最终促成新兴产业成长为主导支柱产业,从而实现产业转型升级。

创业创新领域,省产业基金通过对中小企业竞争前研发的补贴及援助,保证了其健康发展,从而吸引更多社会资本,改变了商业性投资基金经常投资于项目中后期的状况,将投资阶段向前推移,从而弥补了传统商业性投资基金的不足,为科技型创业创新企业的发展做出积极的贡献。

省产业基金主要支持战略型新兴产业和高技术产业早中期、初创期创新型企业发展,同时调整完善相关财税政策,支持天使投资、创业投资发展,培育发展天使投资群体,推动大众创业、万众创新。"浙江省天使梦想基金"是省产业基金在支持大众创业创新方面的一个有益尝试。位于杭州余杭区的"梦想小镇",是大学生互联网创业和天使投资融合发展的特色小镇。为支持大学生创业创新,产业基金出资5000万元设立"浙江省天使梦想基金",定位于最前端的天使基金,给创业团队"第一桶金",采取"资助+股权+奖励"的方式,重点支持符合条件、先期入驻"梦想小镇"的创业团队,除了进行股权投资,还提供一系列后续的增值服务,引领创业团队成长。

(四)精准定位区域优势、协调区域经济发展

区域基金是浙江省产业基金运作的另一个主要模式,通过基金合作,区域基金旨在为市、县导入金控管理公司政府母基金的运作管理经验和优秀的市场化投资管理团队资源,提升财政资金产业引导效果,为区域产业提供更灵活的金融资本平台;构建区域产业联盟和合作链条,并整合地方政府、金融资本、产业龙头、基金管理人等优势资源,高效推动区域产业转型升级。

省产业基金通过综合考量各地经济发展水平、产业集聚规模、当地优势资源等因素,截至2016年年底,先后与台州、绍兴、舟山、柯桥、诸暨、余杭、嘉兴、金华、温州、丽水、临安、衢州、浦江13个市、县(市、区)合作建立区域基金。区域基金总规模达235亿元,其中省产业基金出资87亿元,市、县(市、区)政府出资148亿元。

区域基金重点投资"八大产业"和区域核心优势产业。通过区域基金的投资带动,各地创业创新得到支持,区域经济竞争力有所提升,地方实现经济转型升级得以实现。

区域基金以"母基金"形式开展投资运作,台州区域基金重点关注医药化工、汽摩配产业;舟山区域基金着力打造金融产业和港航物流业;绍兴区域基金重点围绕高端纺织、先进装备制造业;诸暨区域基金重点发展环保新能源和机械装备制造业;余杭区域基金重点支持基金小镇和信息经济;嘉兴区域基金继续支持纺织、皮革、服装服饰产业;金华区域基金重点关注文化影视、新能源、高端装备制造业;温州区域基金着力提升医疗健康、电器制造业;丽水区域基金致力于打造古堰画乡小镇和生态旅游产业等。2015年以来,在原有区域经济的基础上,…又重点培育具有历史传承的"特色小镇"。多个区域产业基金已投资特色小镇,促进区域经济创新发展。

(五)发展时间较短、省政府产业基金任重道远

肩负重大历史使命的浙江省政府产业基金自成立以来,虽然发展迅速,取得了令人瞩目的成绩,在全国处于领先地位,但由于政府产业基金在国内发展的时间较短,国内的资本市场也不够成熟,因此浙江省政府产业基金跟其他省(区、市)的政府产业基金一样,都面临着一些亟待解决的矛盾和难题。

一方面,政府产业基金共性的问题主要包括,没有对基金的未来资金来源做出明确规划、未能形成吸纳民间资本的长效机制、募资渠道狭窄、基金的运行效率以及决策的科学性和准确性有待提高、与政府其他政策工具未形成合力、考核等配套机制不够完善、人才缺乏等。

另一方面,省政府产业基金也面临一些个性的问题。由于浙江是民营经济大省,产业转型升级的要求更为迫切,资金需求量更大,因此政府产业基金发展速度更快,规模领先于全国。截至2016年年底,全省政府产业基金总规模1122.91亿元,为精准推进区域经济发展,区域基金数量也已达到13支,各级政府产业基金目前面临着如何提升基金的运行效率、科学准确地做出投资决策、如何平衡产业基金政策性目标与社会资本营利性目标、建立有效的激励机制和考核机制来筛选与吸引人才、健全政府资金退出机制等问题。

作为财政专项资金改革中的新生事物,政府产业基金任重道远,未来的发展历程中,需要政府加强产业基金顶层设计、完善产业基金组织架构、优化产业基金治理结构和运营环境、强化产业基金管理能力。有效解决产业

发展过程中面临的矛盾,既关系到产业基金如何实现其引导产业转型升级、促进创业创新发展的历史使命,又决定了政府职能转变和财政体制改革的成败。

二、省政府产业基金助力八大产业发展研究

浙江民营经济发达,高度专业化分工的中小企业聚集形成产业集群,造就了发达的制造业。但以轻工业起步的浙江经济,局限性非常明显。多数企业核心竞争力不强,产品附加值不高,资源消耗大。中小企业为主的经济结构,使浙江经济一直在"低小散"怪圈中徘徊,由此衍生出的产业层次低、自主研发能力差、产品结构重复等弊端,使企业的规模很难做大。在此基础上的经济增长,速度再快也是低效的,而且是不可持续的。

(一)省政府产业基金落实八大产业政策

针对浙江经济成长中的烦恼,2006年3月,习近平同志在浙江省自主创新大会上发出号召,呼吁加快建设创新型省份和科技强省。创新驱动由此成为浙江经济发展的一条主线。习近平同志提出的"腾笼换鸟、凤凰涅槃"理论,强调要推进经济结构的战略性调整和增长方式的根本性转变。淘汰高消耗、低效益的企业,腾出空间实现传统产业的升级换代和高新技术产业的培育发展,从而为浙江产业结构高度化腾出一个空间。无论是传统产业的升级换代,还是高新技术产业的培育,关键都在于科技创新。

为了突破产业结构的"低端",浙江大手笔推进产业创新。在省政府工作报告中,提出八大万亿产业,"大力发展信息、环保、健康、旅游、时尚、金融、高端装备制造业和文化产业,推进各产业融合互动、业态创新,加快形成以八大万亿产业为支柱的产业体系",聚焦八大产业建设特色小镇,围绕八大产业提升开发区和高新区、打造产业集聚区核心区块,紧扣八大产业培育骨干企业、强化要素保障。

八大万亿级产业的打造,成为近两年浙江转型升级的主要抓手。但中小企业要想增强自主创新能力,就要解决融资难的问题。政府产业基金弥

补了这种民营经济形态的不足。整体而言,政府产业基金有利于引导社会资金集聚、形成资本供给效应;有利于优化资金配置方向,落实国家产业政策;有利于引导资金投资方向,扶持创新中小企业;有利于引导资金区域流向,协调区域经济发展;有利于资金可持续循环利用,实现财政资金杠杆放大效应。

2015年,浙江省政府设立了总规模为200亿元的浙江省产业基金,其中包含150亿元的省转型升级产业基金,显示了省产业基金促使浙江产业转型升级的目标和决心。截至2016年12月末,省转型升级产业基金已设立市场化子基金14支,总规模808.75亿元。省产业基金投资八大产业的项目合计681个。

(二)省政府产业基金引领社会资本投资方向

截至2016年年底,全省各级政府产业基金与社会资本合作设立市场化子基金355支,合计投资2452个项目,总投资金额3866.48亿元。投资领域主要为八大产业和农业。投资占比最高的3个产业分别为:高端装备制造业973.47亿元、占25.18%,信息经济业946.98亿元、占24.49%,健康业451.42亿元、占11.68%。三大产业总体占比61.35%,政府引导和市场调节相结合的效应十分显著。

截至2016年年底,省转型升级产业基金投资项目总规模1080.65亿元,主要包括信息基金、市场化子基金、区域基金和直投项目4个部分,其中信息基金总规模8.23亿元,占0.80%;市场化子基金总规模808.75亿元,占74.83%;区域基金总规模225亿元,占20.83%;直投项目总规模38.67亿元,占3.57%。省转型升级产业基金已设立市场化子基金14支,总规模808.75亿元,其中,政府出资45.1亿元,社会资本出资763.65亿元,产业基金通过投资子基金撬动社会资本的杠杆率为17.9。

截至2016年年末,浙江省产业基金(包括省转型升级产业基金、区域基金、农业发展投资基金、创新强省基金)已投资项目共计681个,其中直投项目为12个。所投项目涵盖八大产业及农业九大领域(见表7-1)。

表7-1 省级政府产业基金投资项目数量

单位:个

行　业	子基金投资项目数量	直投项目数量	合计
高端装备制造	66	1	67
环保	49	0	49
健康	90	0	90
金融	47	1	48
旅游	11	0	11
时尚	35	0	35
文化	6	1	7
信息经济	373	1	374
农业	6	8	14

　　政府产业投资基金通过资本积累效应对八大产业的影响主要体现在实现新兴产业的筛选、主导产业的壮大和传统产业的转型升级上。一是实现新兴产业的筛选,新兴产业引导基金对战略性新兴产业的支持,不仅有助于民营资本发展当地经济,平衡地域结构,还可以改善区域投融资环境,形成投资、担保、贷款、上市一条龙良性循环的健康金融环境,并逐步将战略性新兴产业中的佼佼者塑造成未来资本市场发展的中坚力量。支持高新技术产业创业发展不但对其他产业形成技术层面的引导和提升,也会对其他产业的技术方向和发展阶段做出指引,提升其他产业的整体效益。二是实现主导产业的壮大,在产业成长性充分显现后,新兴产业成为主导产业仍需资本的后续支持。这一过程中,产业投资基金带动了资本向优势产业的进一步集中。新兴产业通过扩散效应实现横向与纵向发展,带动完整产业链的形成,最终促成潜力新兴产业形成主导支柱产业的过程。三是实现传统产业的转型升级,产业基金能够发挥其专业管理优势,增值目标企业,通过产业并购、重组优化产业结构,实现产业转型升级(见表7-2)。

表7-2 省产业基金八大行业投资规模及杠杆率

行　业	投资项目(个)	总规模(亿元)	杠杆率(倍)
信息经济	374	411.0	40.57
环保	49	152.3	34.4

续表

行　业	投资项目(个)	总规模(亿元)	杠杆率(倍)
健康	90	171.3	42.26
旅游	11	84.2	36.65
时尚	35	62.9	37.85
金融	48	103.84	4.53
高端装备制造	67	463.38	45.67
文化	7	13.0	5.72

(三)省政府产业基金助推产业转型升级

八大产业中,高端装备制造业是国家战略性新兴产业之一,其余产业都是与浙江省的相关政策及自身发展具有密切的联系。政府产业基金重点支持浙江省电子信息制造、软件和信息技术服务、应用电子、物联网、大数据和云计算、数字内容、网络安全、电子商务、智慧物流、互联网金融、信息化和工业化深度融合及信息基础设施建设等信息经济重点领域的产业化,并兼顾创业类项目。未来需要进一步推动金融业的发展,打造产业基金平台,对接金融与产业资本,引导更多资金投向我省战略性新兴产业、现代服务业、传统产业改造升级等重点产业。

1. 信息经济产业

在浙江着力培育的支撑未来发展的产业中,以互联网为核心的信息经济为重中之重。信息产业具有前期研发投入高、产业集中度高和进入壁垒高的特点。为了实现到2020年,浙江信息经济核心产业主营业务收入超过3万亿元的战略目标,截至2016年年末,省级产业基金的子基金及直投项目共投资信息经济产业的项目有374个,总融资规模为411.04亿元,平均总杠杆率为40.57倍,意味着政府每投一块钱,通过母子基金链式传导放大,撬动了40.57元的金融资本以及社会资本的投入,激发了民间资本活力,助力信息产业解决融资问题。

2. 环保产业

环保产业同时具有社会公益与产品经济的双重特征,运营的固定成本高,建设周期较长,一次性资金投入大,同时收益见效相对较慢,因此目前我国的环保产业仍是以政府投资为主、民间资本和外资为辅,阻碍了环保产业投资及运营良性机制的形成。为建成以高端化、集聚化、智能化、绿色化为核心特征的产业体系,截至2016年年末,省产业基金遵循市场规律,其子基金及直投项目共投资环保产业的项目为49个,依靠市场发现和培育新的增长点,总融资规模为152.33亿元,实现总杠杆率为34.40倍,以促进企业优胜劣汰,更好地推进环保产业的结构优化和经济转型升级。

3. 健康产业

健康产业的发展与生命科学、信息技术、材料科学等众多学科和技术的发展密切相关,它不仅直接关系到人民健康水平,还关系到社会稳定与经济发展,已经被国际经济学界认为是"无限广阔的兆亿美元产业"。截至2016年年末,省产业基金的子基金及直投项目共投资健康产业的项目90个,总融资规模171.29亿元,实现杠杆倍率为42.26倍,力争2020年实现全省形成万亿朝阳产业的健康产业目标。

4. 旅游产业

旅游产业是一个跨地区、跨部门、产业链长、社会化程度高、关联性强的综合性产业。"旅游+工业"催生了像嘉善"巧克力小镇"的工业旅游;"旅游+农业"让上虞的"四季鲜果"农家观光园人头涌动;"旅游+文化"使得宋城演绎的戏剧得到万人追捧。据世界旅游组织统计,旅游业每收入1元,可带动相关产业收入增加4.3元,具有很强的辐射效应。浙江是旅游强省,将社会资本引入旅游行业,发挥好旅游的催化剂作用和乘数效应,将带动浙江的新型城镇化、新型工业化、网络信息化、农业现代化和文化产业化。截至2016年年末,省产业基金的子基金及直投项目已经投资旅游产业的项目为11个,总融资规模84.18亿元,已实现杠杆倍率为36.65倍。

5. 时尚产业

时尚产业是具有高创意、高市场掌控能力、高附加值特征,能引领消费流行趋势的新型业态。近年来我省时尚产业发展迅速。2013年,全省时尚产业销售收入约为3000亿元,但目前浙江时尚产业的发展存在设计研发能力不足、自主品牌影响力不足、时尚产业链各环节联动不足等制约瓶颈。

为了实现我省从传统产业加工制造中心向以创意设计引领的时尚产业

创造中心转变,省政府产业基金加大了对时尚产业发展的支持力度,重点支持大型时尚活动、人才培养、整体宣传和服务平台建设等项目。截至2016年年末,省级政府产业基金的子基金及直投项目已经投资时尚产业的项目35个,总融资规模62.9亿元,实现杠杆倍率为37.85倍。

6. 金融产业

金融产业具有优化资源配置、调节经济运行的基础性作用。近年来,全省金融系统围绕建设"金融强省"的总体目标,打造"中小企业金融服务中心"和"民间财富管理中心",金融产业规模日趋扩张,金融机构体系日趋多元,金融业增加值、社会融资规模、存贷款规模和质量效益等主要指标均位于全国前列。

但目前,浙江金融行业的发展还存在以下问题:一是金融产业地位仍有待提升。…对金融的关注点主要集中在资金保障和服务实体经济的功能上,对把金融产业作为战略性产业培育发展的重视程度还不够。二是金融结构失衡仍较突出。大银行的金融组织体系与中小企业需求不完全匹配;直接融资比例较低,财富管理业务的创新能力和风险管理水平还不高。三是与沿海主要省(市)相比,对金融业的政策扶持力度还不够。地方金融机构规模实力与沿海主要省(市)相比还存在较大差距,与浙江金融大省的地位还不相称。四是新型金融业态统筹推进仍有待加强。需进一步凝聚共识,从投资环境营造和政策措施扶持上加大力度。

2016年《钱塘江金融港湾规划》发布,指出要围绕"做强做大金融产业,支持经济转型升级"的主线,推动金融与产业的融合,金融与生态环境的融合,金融与创业创新的融合。为了助推金融产业的转型升级,截至2016年年末,省级政府产业基金的子基金及直投项目已经投资金融产业的项目48个,总融资规模103.84亿元,平均总杠杆率为4.53倍。

7. 高端装备制造产业

高端装备制造产业是装备制造业的核心,处于价值链高端和产业链核心环节,是决定整个产业链综合竞争力的新兴产业。高端装备制造产业具有技术含量高、价值高、资本投入大、附加值高、控制力和带动力强等特征。政府产业基金通过整合各方优势资源,有效解决产业发展过程中的融资问题。截至2016年年底,省级政府产业基金的子基金及直投项目已经投资高端装备产业的项目67个,总融资规模463.38亿元,平均杠杆倍率为45.66倍,激发了民间资本活力,有助于高端装备制造产业带动整个装备制造业实现产业升级,成为其他战略性新兴产业发展的重要支撑,对于建设工业强省具有重要作用。

8. 文化产业

"十三五"规划已明确指出,到2020年文化产业要"成为国民经济支柱性产业"。文化是连接民生与消费两端的重要产业。作为文化大省的浙江,2015年全省文化及相关特色产业实现增加值2490亿元,占浙江省GDP的比重达5.81%。伴随新一轮科技革命和产业革命浪潮的兴起,以及大数据、云计算、移动互联网、虚拟现实和人工智能等新一代信息技术的广泛应用,文化产业的内容生产、表现形式与商业模式都将迎来深刻变革。推进文化与科技融合,紧紧抓住互联网特别是移动互联网发展的机遇,使多种"互联网+""文化+"的可能将会在探索中悄然发生。

轻资产、无形化、知识化等特征使得文化行业存在一定的融资瓶颈。政府产业基金通过对文化产业进行引导性、示范性投资,进而带动社会资本和金融资本跟进。截至2016年年底,省级产业基金的子基金及直投项目已经投资文化产业的项目7个,总融资规模13亿元,实现杠杆倍率为5.7倍。

从"创新驱动、科技强省"政策提出至今,经过全省的努力,八大产业促转型升级的效果已初步显现。2017年一季度,浙江省GDP同比增长8.0%,高出全国1.1百分点。八大产业为经济增长提供了发展新动能,规模以上信息经济核心产业、健康产业、高端装备制造产业增加值分别增长15.4%、8.6%和8.0%,增速快于规模以上工业。装备制造、高新技术、战略性新兴产业增加值分别增长13.3%、11.6%和9.3%,对规模以上工业的增长贡献率分别达65.9%、59.6%和34.3%。当下的浙江经济,正在逐渐开辟出全新的发展境界,规模与质量、速度与效益、增长与转型、生产与生态的关系正在新的层次上趋向新的平衡。

三、省政府产业基金推动区域经济发展研究

改革开放以来浙江省一直保持着快速发展,但也存在着区域经济发展不协调的问题。2015年浙江省 GDP 达到42886.5亿元,全省各市中杭州与宁波、温州名列前三;丽水、衢州与舟山则相对落后,因此需要完善的协调机制来促进和推动省内经济的均衡发展。

政府产业基金就是这种协调机制上重要的一环。就运作模式而言,浙江省省级产业基金的母基金运作主要采用两种形式:一是市场化基金。二是区域基金。市场化基金运作主要方式是产业基金直接与国内一线品牌投资机构合作或资深投资人合作组建子基金。区域基金主要方式是和地方财政局或国资部门合作组建地方产业基金,再由地方产业基金投资基金或项目。

浙江省内各市、县(市)、区以《关于规范政府产业基金运作与管理的指导意见》(浙财企〔2015〕70号)为基准,结合各地经济发展和产业特色,分别建立了各自的政府产业基金,并通过设立子基金吸引和引导社会资本投资于政府鼓励发展与扶持的重点产业。

(一)省级和区、县(市)级政府产业基金发展现状

1. 省级区域基金概况

省产业基金的重要作用之一就是通过区域基金的设立,为投资相对不发达地区提供支持,并为该地区商业性投资提供有益补充,保证地区经济均衡发展。省产业基金综合考量各地经济发展水平、产业集聚规模、当地优势资源等因素,先后与台州、绍兴、舟山、柯桥、诸暨、余杭、嘉兴、金华、温州、丽水、临安、衢州、浦江等13个市、县(市、区)合作建立区域基金。区域基金总规模达235亿元,省转型升级产业基金参股83亿元,截至2016年年底已出资49.6亿元。

为推动区域基金规范高效运作,浙江省金控公司切实履行区域基金管理和督导职责,为其提供样本模板、帮助甄别潜在风险、优化项目方案、对接知名投资机构、提出意见建议,着力提升政府产业基金队伍整体素质,全过

程带领区域基金规范运作。

2. 市区县级政府产业基金概况

杭州市：截至2016年8月，杭州市政府产业基金计划规模164.3亿元，合作设立子基金110家，总规模400亿元，投资项目774项，投资金额47.32亿元。目前已经设立有创业投资引导基金、产业发展投资基金、天使基金、信息经济投资基金等4支规模较大的政府产业基金。

宁波市：宁波市下已有13个县（市）、区（含特殊功能区）设立了政府产业基金，截至2016年9月底，市、县两级共设立政府产业基金22支，基金总规模186亿元。其中：市级政府基金2支，总规模110亿元；县（市）、区20支，基金规模76亿元。

温州市：截至2016年10月，温州市政府产业基金规模达到51.2亿元，其中市本级20亿元，区、县（市）级31.2亿。全市各级母基金已投到子基金2.85亿元，撬动社会资本9.15亿元，完成直投项目1100万亿元（经济开发区），撬动社会资本4.39亿元。

嘉兴市：截至2016年9月，嘉兴市市级政府产业母基金规模16.32亿元，参股项目2个，分别为浙华紫旌母基金和兴和基金，基金规模107.65亿元，吸引金融资本和社会资本106亿元。

湖州市：截至2016年9月，湖州市已经批准设立政府产业基金10支，基金总规模26.65亿元，批准设立子基金18支，总规模79.93亿元，其中政府产业基金出资17.31亿元，吸引社会资本62.62亿元。基金共投资21个项目，投资金额为4.54亿元，带动社会投资18.16亿元。

台州市：台州市与社会资本合作设立产业投资基金5支，总规模40亿元，完成对外投资10.1亿元，带动社会投资236.2亿元。台州所辖三区六县（市），其中温岭市、三门县、仙居县、玉环县也已设立政府产业基金，首期总规模共计10亿元。

舟山市：舟山市财政局组建了总规模为50亿元的浙江舟山群岛新区财金投资基金，截至2016年12月底，基金已累计投资项目5个，投资金额为20.9682亿元，已吸引各类资本123.3673亿元，撬动资金总规模可达194.4977亿元，放大倍数达9.2758倍，通过基金运作有效发挥了财政资金在支持新区建设中的"蓄水池""放大器"作用。

（二）省政府产业基金支持区域特色产业

省产业基金的各区域基金以"母基金"形式开展投资运作,重点投资"八大产业",并着力支持地方龙头企业和核心优势产业做大做强。台州区域基金重点关注医药化工、汽摩配产业;舟山区域基金着力打造金融产业和港航物流业;绍兴区域基金重点围绕高端纺织、先进装备制造业;诸暨区域基金重点发展环保新能源和机械装备制造业;余杭区域基金重点支持基金小镇和信息经济;嘉兴区域基金支持纺织、皮革、服装服饰产业;金华区域基金重点关注文化影视、高端装备制造业;温州区域基金着力提升电器制造业;丽水区域基金致力于打造青瓷小镇和生态旅游产业等。通过区域基金的投资带动,可以支持各地创业创新,加强区域核心产业集聚,提升块状经济竞争力,促进地方经济结构战略性调整。

省政府产业基金根据省内各区域特色产业制定投资计划,因地制宜地引导资金流向核心产业,可以最大化产业基金效应(见表7-3)。

表7-3　浙江省区域基金特色产业

区域基金	所投资核心产业
丽水生态经济产业基金	生态、健康、机器人和智能装备
温州转型升级产业基金	信息经济、高端装备、健康、时尚
嘉兴转型升级产业基金	信息经济、高端装备、新能源、健康、服装皮革
金华转型升级产业基金	汽车、信息经济、高端装备、健康
余杭转型升级产业基金	信息经济、医药化工、高端装备
柯桥转型升级产业基金	纺织、信息经济
绍兴转型升级产业基金	健康、节能环保、新能源、信息经济
舟山转型升级产业基金	海洋
诸暨转型升级产业基金	节能环保、汽车配件
台州转型升级产业基金	医药化工、汽摩配件
衢州绿色产业引导基金	绿色低碳循环发展、绿色产业
浦江水晶产业基金	水晶产业
杭州城西科创大走廊发展基金	生物医药、高端装备制造、节能环保、新一代信息技术

丽水市具有得天独厚的生态资源优势,连续11年生态环境质量全省第一。丽水生态经济产业基金投资贯彻"绿水青山就是金山银山"的发展战

略,依托优良生态资源,发展壮大丽水区域特色产业,围绕生态旅游、健康养生、信息经济、机器人及智能装备等重点领域,加快丽水生态产业的转型升级,努力打造全国性的生态保护和生态经济"双示范区"。

杭州城西科创大走廊是浙江省未来5年"互联网+"世界科技创新高地的核心。省创新强省基金出资4亿元成立10亿规模的杭州城西科创大走廊发展基金,投资于生物医药、高端装备制造、节能环保、新一代信息技术、旅游、文化创意等重点产业,助力云制造小镇和青山湖科技城建设,大力推进科技创新。

杭州余杭区正在打造信息经济"双核一镇一谷"千亿级产业集群。"双核"是指未来科技城(智慧城市核心示范区)和余杭经济技术开发区(两化深度融合核心示范区);"一镇"是指梦想小镇(基金小镇和大学生创业小镇);"一谷"是指良渚智谷。产业基金计划共成立4支子基金,总规模共计7亿元,投入到移动互联网、电子商务等项目中。

舟山市主打以海洋产业为核心的"一体一圈五岛群"发展格局。"一体"即舟山本岛,"一圈"即港航物流核心圈,"五岛群"包括普陀国际旅游岛群、六横临港产业岛群、金塘港航物流岛群、嵊泗渔业和旅游岛群、重点海洋生态岛群。舟山转型升级产业基金目前已对海工装备、海洋旅游、港航物流等产业认缴投资7.22亿元。

(三)区域基金大力推进特色小镇建设

浙江省自2015年以来,在原有区域经济的基础上,又重点培育具有历史传承、符合发展规律、切合浙江实际重大决策和行政创新的"特色小镇"。特色小镇是相对独立于市区,具有明确产业定位、文化内涵、旅游和一定社区功能的发展空间平台,区别于行政区划单元和产业园区,主要聚焦于信息经济、环保、健康、旅游、时尚、金融、高端装备制造、文化等浙江重点发展的八大产业,兼顾茶叶、丝绸、黄酒、中药、青瓷、木雕、根雕、石雕、文房等历史经典产业。截至2016年年底,省产业基金已经参与投资了省内11个特色小镇,促进区域经济创新发展(见表7-4)。

1. 海宁皮革城时尚小镇

浙江嘉兴转型升级产业基金联手海宁财政和海宁皮革城三方共同组建海宁皮革时尚小镇投资有限公司,运营海宁皮革时尚小镇,致力于将海宁皮革时尚小镇打造成设计师创新创业基地、私人高级定制区以及皮革产业休闲旅游景区。嘉兴转型升级产业基金的直接投资,将有助于打造集产业、文化、旅游"三位一体"的时尚产业发展新载体,推进时尚产业集聚、产业创新和产业升级。

2. 莲都古堰画乡小镇

省产业基金和丽水财政共同出资组建浙江丽水生态经济产业基金有限公司,拟出资2亿元,投资浙江丽水古堰画乡旅游投资有限责任公司,运营莲都油画小镇。该特色小镇旨在挖掘和发扬农耕水利文化,培育以油画为主导的文化产业链和休闲度假旅游产业链,科学谋划古堰画乡核心区块新型业态布局规划,实现艺术小镇、创作小镇、旅游小镇三镇合一。

3. 舟山定海远洋渔业小镇

该小镇以"远洋渔业"和"渔文化"为地域特色,抓住舟山国家远洋渔业基地建设的契机,围绕"远洋渔业+"的创新发展模式,构建形成多链条、高融合的新型产业生态圈。小镇规划的重头项目——国家远洋渔业基地预计投资总规模9.5亿人民币,省产业基金通过股权方式参与项目建设,有助于降低项目建设融资成本,解决制约远洋渔业发展的瓶颈问题。预计到2020年,远洋渔业基地将实现经济总产出300亿元。小镇将成为产业特色明显、地方文化独特、生态环境优美、"产、城、人"三位一体的省内唯一远洋渔业健康产业小镇。

4. 临安云制造小镇和云安小镇

2016年2月,由临安市金融控股有限公司、浙江青山湖科研创新基地投资有限公司、省创新强省基金联合设立杭州城西科创大走廊发展基金,总规模达10亿元,旨在推动杭州城西科创大走廊的建设,以青山湖科技城和云制造小镇、云安小镇两个特色小镇建设为着力点,通过设立子基金和直投项目的方式吸引社会资本和市场资源,辐射带动全省乃至长三角地区经济转型升级。未来3年云制造小镇将实现总产值239.5亿元,成为中国云制造技术的创新源、浙江智能制造产业的新引擎；云安小镇力争网络和信息安全产业产出超过20亿元。

5. 余杭梦想小镇

在国家号召推进"大众创业、万众创新"的背景下，依托杭州未来科技城蓬勃发展的产业前景和良好的创业环境，浙江省、杭州市积极打造余杭梦想小镇，大力发展信息经济。省政府主导设立了重点扶持的天使梦想基金，该基金扶持的对象为梦想小镇有创业梦想和创业精神的大学生创业团队，引导和带动金融资本、社会资本支持大学生创业。基金前期规模为人民币5000万元，由浙江省金融控股有限公司履行专户管理职责和项目运作。梦想小镇重点发展互联网创业和天使基金两大产业门类，积极推动文化、旅游和产业功能的有机叠加。

6. 金华新能源汽车小镇

金华新能源汽车小镇自2015年创建为省级特色小镇以来，以新能源汽车产业园区为核心，以整车与关键零部件研发为龙头，以智能制造为方向，集聚汽车制造及配件企业35家，国家级高新技术企业8家，形成了较为完整的新能源汽车产业链。截至目前，该小镇已累计完成固定资产投资47亿元，其中浙江金华转型升级产业基金已分别出资5000万元、1亿元参股金华新隆基金、金义新区绿色汽车传动产业发展基金，两支基金主要用于投资小镇内金华华科汽车工业有限公司、浙江捷孚传动科技有限公司等新能源汽车项目。未来该小镇将继续整合新能源汽车产业资源，打造全省乃至全国最具活力的新能源汽车研发和制造服务基地。

7. 桐乡乌镇互联网小镇

桐乡乌镇互联网小镇计划投资60亿元，将充分利用云计算、移动互联网、物联网和大数据等新一代信息技术，打造开放共享的"互联网＋"生态圈，提高乌镇互联网聚合力，建成产业、文化、旅游和社区四大功能都紧贴互联网产业定位聚集、融合发展的具有诗画水乡特色的乌镇"互联网小镇"。目前浙江嘉兴转型升级产业基金已与东方星空达成初步意向设立星路光大（桐乡）大数据产业基金，主要投资于小镇大数据行业应用方向，包括新媒体大数据、互联网金融与征信、电子商务等。

8. 龙泉青瓷小镇

龙泉市政府把小镇建设项目列入"十三五"规划工作重点,提出用5年时间打造龙泉青瓷"百亿产业园",建成集文化创意、产业创新、青瓷体验、艺术交流于一体的青瓷主题小镇。其中,浙江丽水生态经济产业基金有限公司出资2575万元投资小镇运营方——浙江龙泉披云青瓷文化园有限公司,占股比例15%,以支持丽水龙泉青瓷特色小镇的建设和开发。此轮投资有效引领青瓷小镇创业创新、青瓷特色产业化发展(吸引了89家青瓷企业、青瓷传统手工技艺作坊入驻)、小镇文化旅游(年接待游客量20万人次)转型升级,具有良好的生态和社会效益。

9. 柯桥酷玩小镇

柯桥酷玩小镇预计总投资约为110亿元。浙江柯桥转型升级产业基金计划出资9.9亿元(实际已出资1.3亿元)参股柯桥转型升级基金,该基金拟出资2.5亿元参股东方山水旅游基金,用于酷玩小镇建设,打造涵盖低、中、高端游乐特色,融合基础服务、休闲旅游、运动体验于一体的特色小镇,为柯桥和绍兴带来经济、社会和生态多重效益。

10. 绍兴黄酒小镇

总投资50亿元的绍兴黄酒小镇(东浦)项目,初步规划建成具有黄酒特色、古镇风貌水乡风格的3A级旅游风景区,谋划推进黄酒产业园区、黄酒文化园区、特色风情民俗区、黄酒手工作坊体验区和旅游服务区等"五区"建设。绍兴转型升级产业基金拟出资3亿元,引入社会资本7亿元,设立龙山黄酒产业基金,以子基金的运作方式扶持当地黄酒产业的转型和发展。

表7-4 浙江省特色小镇创建名单

地市	2015年首批创建名单	2016年第二批创建名单
杭州市	上城玉皇山南基金小镇、江干丁兰智慧小镇、西湖云栖小镇、西湖龙坞茶镇、余杭梦想小镇、余杭艺尚小镇、富阳硅谷小镇、桐庐健康小镇、临安云制造小镇	下城跨贸小镇、拱墅运河财富小镇、滨江物联网小镇、萧山信息港小镇、余杭梦栖小镇、桐庐智慧安防小镇、建德航空小镇、富阳药谷小镇、天子岭静脉小镇
宁波市	江北动力小镇、梅山海洋金融小镇、奉化滨海养生小镇	鄞州四明金融小镇、余姚模客小镇、宁海智能汽车小镇、杭州湾新区滨海欢乐假期小镇
温州市	瓯海时尚制造小镇、苍南台商小镇。	瓯海生命健康小镇、文成森林氧吧小镇、平阳宠物小镇

续表

地市	2015年首批创建名单	2016年第二批创建名单
湖州市	湖州丝绸小镇、南浔善琏湖笔小镇、德清地理信息小镇	吴兴美妆小镇、长兴新能源小镇、安吉天使小镇
嘉兴市	南湖基金小镇、嘉善巧克力甜蜜小镇、海盐核电小镇、海宁皮革时尚小镇、桐乡毛衫时尚小镇	秀洲光伏小镇、平湖九龙山航空运动小镇、桐乡乌镇互联网小镇、嘉兴马家浜健康食品小镇
绍兴市	越城黄酒小镇、诸暨袜艺小镇	柯桥酷玩小镇、上虞e游小镇、新昌智能装备小镇
金华市	义乌丝路金融小镇、武义温泉小镇、磐安江南药镇	东阳木雕小镇、永康赫灵方岩小镇、金华新能源汽车小镇
衢州市	龙游红木小镇、常山赏石小镇、开化根缘小镇	江山光谷小镇、衢州循环经济小镇
台州市	黄岩智能模具小镇、路桥沃尔沃小镇、仙居神仙氧吧小镇	温岭泵业智造小镇、天台天台山和合小镇
丽水市	莲都古堰画乡小镇、龙泉青瓷小镇、青田石雕小镇、景宁畲乡小镇	龙泉宝剑小镇、庆元香菇小镇、缙云机床小镇、松阳茶香小镇
舟山市		定海远洋渔业小镇、普陀沈家门渔港小镇、朱家尖禅意小镇

四、政府产业基金面临的发展难题

浙江省政府产业基金的运行管理模式遵循"政府引导,市场运作,分类管理,防范风险"的原则,在很大程度上实现了财政资金的杠杆放大作用,吸引了社会资本参与到浙江省产业培育发展进程中来。但同时,在实践中也暴露出一些两难困境,亟须有效措施加以引导,推动政府产业基金健康有序发展。

(一)产业基金职能的有限性与社会各界过高期望值的矛盾

就政府产业基金的职能而言,主要是作为缓解资本的市场失灵问题的政策性金融工具。政府产业基金以实现政府调控导向为目标,发挥杠杆效应、提高财政资金使用效率,部分解决企业融资难的市场失灵问题。发展政府引导基金作为供给侧改革实施的重要举措,通过创新政策设计,积极吸引社会资本跟进,重点投向先导性、前瞻性强,以及市场调节存在某种失灵的领域,待民间资本主动进入、市场机制有效发挥作用后,政府产业基金将适时退出,从而实现政府引导和市场调节有机结合,有形之手和无形之手相得益彰。

实际运作过程中,按照财政部、国家发改委和浙江现行政策规定,政府出资人不得参与基金的日常管理事务,基金投资项目选择、决策完全由市场方式确定,但从省级主管部门及市、县层面反映看,带有政府意图类型的招商引资、并购重组、重大产业项目不易获得基金投资,亟须健全体制机制为该类项目打通渠道,并与部门产业政策、政策性担保、财税优惠等其他政策工具形成联动。

政府部门、投资机构、企业项目、社会媒体对政府产业基金的期望值都很高,但当前政府产业基金与其他政策工具的政策合力没有形成。省级层面还缺少全省性的统一的政府产业基金投资管理系统、机构信用查询系统和投资咨询专家库,信息化管理水平较低,对市、县的工作指导碎片化,不够系统化,政府产业基金投资项目的投后政府服务还未跟上,如何将这些投资项目与部门产业政策、政策性担保、财税优惠等其他政策工具对接,合力共同推动企业成长壮大和浙江经济转型升级,还有待于进一步探索。

(二)产业基金政策性目标与社会资本赢利性目标的矛盾

根据财政部《政府投资基金暂行管理办法》,政府产业基金的目标为推动重点产业发展、发挥财政资金带动社会投资的作用、培育市场需求、促进企业创业成长、提高资源配置效率和财政资金使用效益,加快经济结构调整和发展方式转变。政府产业基金应聚焦重点产业,并解决好产业发展的瓶颈制约。

社会资本天然具有逐利性,往往将盈利与否和盈利能力大小作为投资项目的首要参考因素。而政府产业基金则将实现政府目标作为投资项目的首要参考因素,盈利不是其最终目标。因此,政府产业基金非营利性和社会资本逐利性的矛盾,导致政府产业基金与社会资本投向的交集区域缩小。一些政府看好但可能盈利能力不强的项目,社会资本的参与积极性并不高,从而影响了政府产业基金撬动社会资本的能力。以新兴产业的中小企业为例，一方面，其得到资金和管理支持，能够促进高新科技和新兴产业的发展，进而推动科技创新和技术进步；但另一方面，新兴产业所固有的信息不对称性、投资风险不确定性以及投资期间长等因素将导致社会资本趋利避害，出现所谓的"市场失灵"。

(三)更好发挥政府作用和市场在资源配置中决定作用的矛盾

由于政府产业基金发展的时间较短，缺乏顶层设计和清晰明确的定位，往往面临平衡政府和市场作用的难题。从社会资本的角度来看，投资项目可选择范围较广；但作为政府产业基金，其投资领域受到一定限制，对风险的承受能力也较低，符合政策导向、风险低、回报稳定的优质项目十分有限。就浙江而言，目前杭州市和宁波市由于新兴业态和创新型企业较多，政府产业基金进一步发展的空间相对较大，但也已显现出优质投资项目不足的状况，而其他经济创新程度较低的地方则较难找到好的项目。一个好项目往往省级、市级和区级都将其纳入基金支持范围，好项目多家争抢，导致项目估值抬高，催生行业泡沫风险。

产业基金可选择项目少、运营效率低的另一个原因在于行政干预。政府引导基金在基金管理和投资决策中，容易受到行政方面的影响，虽然我国政府相关文件在定义政府引导基金时提出需要用市场化的方式来运作基金，但我国现有的政府引导基金往往在其参股投资条款中将对投资阶段的要求与投资地域、投资行业以及企业的科技化程度等要求捆绑在一起规定，即更加重视子基金是否在该政府引导基金所辖的行政区域内投资，而不是将促进行业转型升级作为首要目的。对行业和项目方面的限制，反映了地方政府引导地方产业发展和升级的意图，从政府角度来看其具有一定的合理性。然而，各种限制却阻碍了产业基金的市场化运作，同时为社会资本设置了障碍。如果当地缺少可供投资的优良项目，过大比例投于本地的限制可能会引发"投不出去"的不利效应，很可能影响产业基金的投资效率。

(四)健全政府资金退出机制与退出渠道单一的矛盾

根据财政部《政府投资基金暂行管理办法》(财预〔2015〕210号)的规定,政府投资基金一般应当在存续期满后终止。确需延长存续期限的,应当报经同级政府批准后,与其他出资方按章程约定的程序办理。政府投资基金终止后,应当在出资人监督下组织清算,将政府出资额和归属政府的收益,按照财政国库管理制度有关规定及时足额上缴国库。依据《浙江省政府产业基金投资退出管理暂行办法》(浙财企〔2016〕93号),政府产业基金退出主要采取股权转让、份额转让、股票减持、减少资本、清算等方式。

在投资退出的具体操作方面,子基金项目的退出方式有以下几类:份额转让,即向子基金的其他投资人或外部投资者转让全部或部分子基金份额;收益分配,即子基金对新兴产业引导基金进行收益分配;清算分配,即子基金存续期届满进行清算。直投项目退出渠道主要包括:优先通过目标企业上市时直接退出、出售给合适的收购者以及目标公司原有股东回购。

上市和并购作为成熟的市场化退出策略,是PE实现资本退出的重要方式。在引导基金的市场化过程中,上市和并购也应成为引导基金重要的退出策略组成部分。我国股权投资行业更为依赖内地A股、美股和港股市场IPO上市退出,退出渠道较为单一,这点和资本市场较为成熟的国家相比有较大差距。以美国和以色列为例,在退出机制方面,美国和以色列YOZMA基金所投资的项目既有通过IPO上市退出的,也有通过收购兼并和场外OTC市场退出的,且在IPO上市市场上有欧美多个资本市场可供选择,退出渠道较为通畅。

(五)产业基金国际化发展趋势与外汇管制政策的矛盾

从2005年到2015年10年间,中国企业跨国收购从每年150次上升到每年678次,翻了4倍。2016年上半年,中国企业的境外并购金额已达1337亿美元,打破了2015年创造的全年交易额记录,居全球各国之首。海外并购的推动因素主要是国家政策的推动以及产业自身转型升级的布局和资金避险需求。"一带一路"政策的提出,更加推动了国内企业的跨国并购投资。2014

年年底,国家投资400亿美元成立丝路基金,为"一带一路"沿线国家互联互通项目提供投融资支持。2015年,中国企业共对"一带一路"相关的49个国家进行了直接投资,投资额合计148.2亿美元,同比增长18.2%。截至2015年年末,浙江省经备案、核准的境外企业和机构760家,对外直接投资额达到了908.32亿人民币,同比增长1.5倍。2016年上半年,全省境外并购项目93个,涉及资金74亿美元,同比增长了7.38倍。

产业转型升级以及企业做大做强的意愿是海外并购的另一推动力。海外并购对于提高浙江省国际产能合作水平、推动"四换三名"及供给侧改革有着积极的作用。近年来,浙江的大型龙头民营企业根据企业自身发展需要,不断推进公司全球化布局。正泰太阳能收购欧洲最大的太阳能集团——德国Conergy、巨星科技收购美国建筑工具领域顶级品牌Goldblatt等4家公司、卧龙控股收购欧洲三大电机生产商之一的奥地利ATB、万丰奥特收购镁合金行业的全球领导者——加拿大Meridian(镁瑞丁),都是为了产业整合、产品转型升级、产业链延伸发展的战略布局。此外,油价持续下跌、中国经济放缓、人民币汇率贬值等多重因素也推动了资金的避险需求,海外并购成为资金的避险模式之一。

虽然海外并购对于倡议转型升级有着积极的作用,但却面临外汇管制的制约。2016年第四季度以来,外管局对跨境投资、大额对外支付、境外人民币贷款和个人购汇申报等方面的监管已经明显升级。2017年1月6日,外管局召开2017年工作会议,强调2017年外管局工作总基调是稳中求进,防范跨境资本流动风险,服务实体经济发展。重点工作包括:加强真实性合规性审核、加大对外汇违规违法行为的检查力度和惩处强度,维护外汇市场健康稳定;加强事中、事后管理,提升跨境资金流动非现场监测能力和分析预警水平;完善宏观审慎跨境资本流动管理框架;完善外汇储备经营管理,保障外汇储备安全、流动和保值增值等。外管局2017年工作会议提出"维护外汇市场健康稳定",相对于2016年的"加快外汇市场发展"有所变化,意味着在外汇市场日益呈现出风险的情况下,过去几年推行的"有序推进资本项目可兑换""人民币国际化"等政策或将战术性地暂缓。

(六)产业基金分块分级管理与统筹安排的矛盾

市、县级政府根据各地区情况创新政府产业基金管理模式有其合理性和优越性,但也存在着问题和矛盾,如宁波市采用"统分结合"的管理模式,着力于发挥行业主管部门的行业优势,调动其工作积极性,但也容易出现条块分割使用的弊端,甚至可能重新回到财政专项资金分块使用的老路上。因此,基金管理上,如何既发挥财政主体的主导作用,又充分调动行业主管部门的积极性,确保基金的统筹安排,成为当前急需解决的一个矛盾。

此外,区域基金招商引资是地方政府推动经济发展的一项工作,其分区管理也带来了招商引资中税收恶性竞争等一系列问题。为了吸引资金,各区域以税收等优惠政策为条件,往往会引发恶性竞争,带来资金的无序流动,扭曲市场竞争环境,不利于政府产业基金的市场化运作,降低产业基金的使用效率和引导效应。

对于地方政府而言,其经济职能主要体现在提供公共产品和服务以及市场监管。用财政资金补贴投资机构的做法,直接或间接参与了微观市场活动,影响了公平竞争的市场秩序,违背了服务型政府的职能。从公共财政角度来说,这也与公共财政旨在为市场提供公共产品和服务,满足社会公共需要的支出理念不符。

(七)产业基金快速发展与管理力量相对薄弱的矛盾

截至2016年年底,浙江省级政府产业基金规模已经达到1202亿元,区域基金数量也达到了13支。产业基金规模日益扩大,与之不相适应的则是专业人才的不足。一方面是政府内部本身缺乏专业人才,尤其是县级层面更是人才匮乏,管理力量薄弱,跟不上基金发展壮大的步伐;另一方面是基金管理缺乏市场化基金的激励机制,也影响了高端专业人才加盟的积极性。其具体表现在:对于浙江省内二、三线城市和县级的区域基金而言,普遍缺乏政府引导基金的专业管理人员,很多成员来自政府其他职能部门,对VC/PE基金的运作并不熟悉。监督管理机构的主要职责是对基金管理公司的日常工作进行监督和管理,由于缺乏专业的管理经验,区域基金只能委托金控投资管理公司代为行使监督管理工作，从而造成投资管理公司任务繁重，管理力量无法满足需求的局面。

实现有效的监管是产业基金成功运作的重要保障。目前我国缺乏对专业的政府引导基金监管机构进行规范的政策文件，因此大多数政府引导基金的监管工作是由政府部门设立的监督管理部门来负责，只有极少数的政府引导基金是通过与专业的第三方监管机构的合作来实施对引导基金运营的监管。采取由政府设立监管部门对基金管理人进行监管方式虽然降低了政府对基金监管的成本，但监管机构毕竟是政府部门的下属单位，监管机构的工作人员薪酬待遇、福利保障等较为固定，缺乏可变的激励性薪酬制度和有效工作绩效考核方法。因此，完全依靠政府部门下设的监管机构的方式，从本质上就有一定的缺陷。

（八）体制机制创新需求与配套机制不够完善之间的矛盾

目前，国家顶层制度设计与相关政策法规都处于探索完善的过程，其他兄弟省市多数也还未出台相关制度，缺乏可学习借鉴的成功案例和经验做法。浙江省政府产业基金管理机制、实施办法、退出让利等制度虽已相继出台，但政府产业基金的分类管理、激励约束、考核评价、容错纠错等配套机制尚需建立和完善，以避免政策缺位导致政府产业基金出现不敢投、怕担责的现象。

此外，吸引集聚优质机构与资本的政策体系尚未形成。省内外的知名专业投资机构反映，政府要吸引更多的资本、机构等要素，还须制定出台更加优惠的财税优惠政策，特别是所得税政策。同时，要适当降低政府出资的放大倍数要求，通过考核激励措施给专业投资机构更多的让利举措；另外也应为国有投资机构引入更多的市场化机制，方能吸引更多专业人才参与到政府产业基金工作中来。

五、完善浙江省政府产业基金发展的建议

(一)加强政府产业基金的顶层设计

中央和各级地方政府相关管理部门、财政部门要围绕充分发挥政府产业基金的重要作用,加强顶层设计和统筹规划,支持探索多种引导基金运作模式。在政府产业基金未来资金来源方面,顶层设计也有助于各级政府做出明确规划、形成吸纳社会资本的长效机制。

财政部财政科学研究所研究员赵全厚认为,引导基金实际上是撬动了产业转型升级的趋势。另外,战略性新兴产业属于上游产业,而且其发展的辐射性很强,属于有益于地区和全国发展的产业。政府参与投入,甚至只是做到保本都可以,主要目的是扶持产业成长起来,把社会资本吸引到这个领域。

中国社会科学院财经战略研究院研究员杨志勇认为,国家基金规模有限,不可能支持所有企业,所以要重点支持那些转型期和成长型中小企业的发展。国家基金应更多地发挥市场资金的引导作用,让有限的基金发挥最大效力。

各地经济水平、产业基础、企业实力差异较大,推进政府产业基金要因地制宜。顶层设计一是限定作用范围,政府基金应作用于具有一定竞争性、存在市场失灵、外溢性明显的重点领域和薄弱环节。二是聚焦重点产业,主要支持外部性强、基础性、战略性特征明显的产业领域。三是面向企业发展薄弱环节,主要支持中小企业创新创业和行业龙头企业做大做强。

顶层设计有助于完善政府引导基金发展的协同机制,加强相关部门和单位之间的合作,推动建立政府投资基金支持产业发展的多部门工作协调机制。尤其是要发挥中央层面政府引导基金的作用,加强中央级政府引导基金间的协同互动,以及中央级政府引导基金与地方政府引导基金的上下联动,以资本为纽带,整合各级政府引导基金和各类社会资本的力量,持续推进经济转型升级,支持大众创业、万众创新。

在我国,作为政策性基金,政府引导基金主要的作用主要体现在以下3

个方面：第一，政府引导基金的政策导向性较强，设立的目的是扶持处于转型期和初创期企业的发展，支持高新技术企业的创业和技术创新；第二，政府引导基金不是直接向创业企业进行股权投资，而是通过财政资金的放大效应来聚集社会资金投资创业企业；第三，政府引导基金按照市场化运作意味着政府运用市场化的运作方式来提高其运作效率，以避免政府引导基金的行政化阻碍其政策目标的实现。

顶层设计也有助于建立吸纳社会资本的长效机制。政府引导基金的资金来源主要包括财政性专项资金、引导基金的投资收益与担保收益、闲置资金放存银行或购买国债所得的利息收益、个人、企业或社会机构无偿捐赠。尽管政府引导基金属于政策性基金，并不以盈利为主要目的，但是只要政府引导基金推动了产业的发展，竞争性领域市场内在的规律决定，政府引导基金将最终会实现盈利并成功退出。这也是政府引导基金实现可持续发展的保障。

（二）构建政府产业基金的创新组织架构

构建资金来源"财政资金＋社会资本"、运营模式"政府引导＋市场运作"、管理机制"统分结合"的政府产业基金组织架构。其中，"财政资金＋社会资本"在浙江省政府产业基金已开展成功实践并取得显著杠杆效应，可进一步深化推进，扩大成果；"政府引导＋市场运作"也在省级基金开始尝试，但地方基金层面的运作仍存在难点；"统分结合"的基本思路是："基金募集＋投后管理"在市、县，以充分市场化为导向；"管理团队＋退出安排"在省级，投资决策共同参与，切实实施督导职责，以破解当前分块分级管理面临的问题。

1. 财政资金＋社会资本

从发达国家的经验来看，在创业投资领域的资金来源，除了政府引导基金，还包括多种其他渠道，资金来源多样化。在创业投资业最发达的美国，其创业投资基金的资金主要来源于养老基金、保险基金、银行资金、私人资本、政府资本等。根据SBA统计，2013财政年度内，来自担保债券的杠杆资金有32.563亿美元，占93.08%，美国政府引导基金杠杆放大作用非常明显。

另一个政府引导基金发展成果显著的国家以色列,则采用"政府＋民间资本＋海外资本"的模式,使三者相融合成立股权投资基金。由于以色列政府只允许退休基金持有风险基金5%的股份,因此,除了政府资金和少量民间资本外,大部分资金来源于海外资金。仅1998—2003年5年时间,以色列就从国外引入82亿美元的风险资本。凭借引入的资本,以色列的风险投资额度对GDP贡献一度超过2%,居世界第一。

在我国的股权投资市场,无论是资金规模,还是LP数量和占比,政府引导基金都只占很小的比例。作为财政专项资金,政府引导基金主要是实现引导产业方向和撬动社会资本的功能。根据清科研究中心的调研结果,目前中国股权投资市场的LP共有19类。富有家族及个人、企业以及投资公司位列前三名,这3类LP数量总和占中国股权投资市场总量超七成份额。可见政府引导基金无论从数量还是规模,都远低于社会资本,其作用也只是实现政策范围内的历史使命:即发挥政府信用与公共财政的效应,克服仅仅通过市场配置带来的"市场失灵"问题,带动社会资本的理性投资,为产业转型升级和创业资本市场输送大量资本,形成资本集聚效应。

2. 政府引导＋市场运作

"政府引导＋市场运作"的模式,关键在于建立健全政府产业基金的市场化运行机制。政府产业基金主管部门,应按照相关政策及合作协议,确保子基金的市场化运作。在子基金的审批决策过程中,简化审批流程,提高审批效率,着重发挥市场化专业机构以及同行专家作用,减少对子基金的干预;对子基金设立后的日常管理,不做过多干预,为子基金创造良好的发展环境。

产业基金实行市场化运作、专业化管理,有利于提高投资效率,也大大减少了权力寻租空间。另外,与项目补助等传统投入方式比较,政府产业基金有助于实现财政资金分配管理从直接到间接、分散到集中、无偿到有偿的转变,有利于发挥财政资金杠杆效应和引导作用,提高财政资金使用效益。省产业基金市场化运作过程主要包括募资、投资和决策市场化。

(1)募资、投资市场化

募资市场化是指产业基金的出资主体多元化,如未来可以考虑引入市场化的资金共同设立母基金,使得产业基金的杠杆作用加倍放大;也可以引入海外资本等多种形式的资本模式,形成资本集聚效应。

投资市场化方面,由于新兴产业的发展是一个动态的过程,随着产业基金效应的逐渐发挥,创新创业投资领域以及新兴产业行业的整体发展水平会越来越高,未来可逐步减少对于投资对象和资金比例的限制,逐渐放宽产业基金的投资渠道。这样同时也分散了产业基金的投资风险,有利于政府引导基金的安全退出。

(2)决策市场化

除了政府基金参股子基金的模式,探索多种产业基金运作模式也是决策市场化的有效途径。政府设立引导基金的目的就是发挥政府对经济的调控职能,发挥财政资金的引导效能。根据所投资行业的具体发展状况来适时地进行角色的转变,通过改变调控方式,从而避免政府调控职能的过度发挥。

除了参股子基金之外,省产业基金可以借鉴美国SBIC计划的先进经验,未来可以考虑以可转换债券和融资担保的形式为创投基金提供融资。可转换债券使得产业基金未来在创投基金股权和债权之间做出自由选择,既避免了政府对于子基金决策的过度干预,又有利于政府资金的退出,提高了财政资金使用效率。融资担保模式在美国等信用体系较为健全的西方国家被广泛地采用。融资担保模式只需要政府部门利用政府信用和政府资金对创投基金的融资提供担保,具有更高的引导效率。目前,浙江的信用体系建设走在全国的前列,浙江可以逐渐尝试通过引入融资担保模式设立子基金进行试点工作,以缓解政府与社会资本的利益冲突问题,逐步减少政府干预带来的不利影响。

鉴于短期内引导方式难以得到改进的问题,政府可以通过相关政策法规的完善,对于政府在投资决策中的权力范围进行严格限制,协调好政府与市场的关系,促进政府产业基金的市场化运作。

3. 统分结合

浙江省政府产业基金近两年飞速发展,资金规模迅速扩大。作为省产业基金的管理机构,省金控的人员和管理力量相对有限,因此可以考虑设计"基金募集＋投后管理"在地方,"管理团队＋退出安排"在金控的管理模式,将政府和市场的力量有机结合,充分发挥双方优势,实现省产业基金管理的统分结合。

（1）"基金募集＋投后管理"在地方

募资市场化是指产业基金的出资主体多元化,未来可以考虑引入市场化的资金共同设立母基金,使得产业基金的杠杆作用加倍放大。如国创开元母基金、上海闵行区创业投资引导基金,其出资人都是由财政资金和社会资本共同构成。

在机制设计上,规定政府基金只作有限合伙人,在子基金中参股不控股,不独资发起设立股权投资企业,从企业治理角度建立起防范不当行政干预的"防火墙",使私募基金专业化管理团队能够完全依照公司章程或合伙协议约定,独立进行投资、管理,充分发挥专业化管理机构独立决策和法人治理结构制衡作用。

（2）"管理团队＋退出安排"在省级

省级层面履行产业基金管理和督导职责,同时帮助甄别潜在风险、优化项目方案、对接知名投资机构、挑选优秀的基金管理人建立合作关系、提出意见建议。

在投资退出方面,省级层面实施督导职能。通过第三方评估机构或者基金管理团队对子基金、直投项目的动态跟踪和实时评审,确定退出时机是否成熟,保证基金流动性和赢利性,同时可以采取灵活多样的方式实现所投子基金、直投项目的退出。

（3）协调全省统筹安排与区域分区管理

统分结合的模式同时有助于协调省产业基金统筹安排之间与区域基金分区管理的矛盾,不但能够促进各区域协同发展,同时也能有效减少招商引资中的恶性竞争等问题。

全省统筹安排是指通过顶层设计,从战略高度统筹规划全省及各区域的发展方向,建立系统化\科学化的管理体系,按照顶层设计的思路,明确区域优势,引导资金流向。在招商引资领域,通过全省统筹安排建立招商引资管理体系。各区域要依托本地主导产业,制定产业发展规划,围绕龙头企业、重大项目,瞄准现有产业链条引入资金,以促进产业转型升级的统一目标。从全省统筹规划的角度,统一完善现行偏重GDP、税收收入等经济指标的绩效考核机制。淡化对地方政府 GDP、税收收入的考核,强化对经济社会协调发展、推动产业转型升级、政府职能转变等方面的考核。

(三)优化政府产业基金治理结构

1. 避免政府越位干预

政府产业基金与生俱来的"国有"标签,使得其在运作过程中很难褪掉国资的行政色彩,但是如果要建立政府产业基金的长效发展机制,市场化是其必由之路。政府资金与社会资本共同组建投资基金,其运作效率的高低直接影响产业基金的政策及经济效应。政府产业基金的目的在于扶持那些处于产业转型升级期或初创期的新兴产业,政府基金与社会资本的矛盾因此产生。资本的本质就在于追逐利润,因此解决政府与社会资本矛盾的关键就在于怎样满足社会资本获取利润的期望。

政府产业基金投资限制条件较多,主要用于市场失灵领域,而不是市场上已存在充分竞争的领域,投资地域和对象都会受到限制。出于保证资金安全的目标,产业基金决策程序比普通基金更为复杂,进而在一定程度上影响了基金的运行效率以及决策的科学性,同时考核机制不合理,人才流失的情况不断凸显。

因此需要建立健全政府引导基金的市场化运行机制。政府引导基金主管部门应确保子基金的市场化运作,在决策审批过程中,简化审批流程,提高审批效率,着重发挥市场化专业机构以及同行专家作用,减少对子基金的干预;对子基金设立后的日常管理,不做过多干预,为子基金创造良好的发展环境。

还需实现政府引导基金考核激励机制的市场化。政府管理部门应出台相关政策,将政府引导基金纳入公共财政考核评价体系,而不是将其作为经营性国有资产进行管理;对于参股设立的子基金所投资企业上市的,政府引导基金按比例所持股权可豁免国有股转持义务。同时,适当提高产业基金从业人员的薪酬待遇,给予必要的奖励或补贴等,吸引、培养、留住高水平的专业人才。

2. 建立考核评价责任追究机制

完善产业基金评价体系的建设工作,有利于及时发现基金运作过程中出现的问题,并采取适当手段纠偏。同时,通过绩效评价,可以辨识出基金团队的专业性、基金目标设定的合理性,进而采取对应的激励或淘汰手段,确保产业基金整体稳健运作。

省级层面有必要根据基金投资方向和政策目标,运用差异化绩效评价指标和评价方法,积极引入第三方评价机构,对产业的运作绩效进行客观、公正评价。同时,注重加强绩效评价结果运用,有针对性地实施激励约束措施。对投资进度快、综合效益好的参股子基金,除给予基金管理机构奖励外,以后年度还将继续增加母基金的出资额度;对投资进度慢、综合效益差的参股子基金,则相应削减母基金出资额度;对规定期限内未能实现投资或实际投资比例较低的参股子基金,母基金今后原则上不再对该基金给予滚动参股扶持,并且不再与其基金管理团队进行投资合作。对参股子基金管理机构在投资运作中存在弄虚作假、骗取挪用母基金等失信、失范行为的,一经审计或财政监督检查机构查实认定,将纳入省级专项资金信用负面清单管理,按照有关规定给予违规和失信惩戒。

3. 建立激励机制、容错机制

省产业基金在"不以营利"为目标的驱使下,缺乏有效的激励机制会使得基金管理团队成长空间有限。建立基金管理人与产业基金管理团队的激励机制是吸引人才的有效途径。

政府产业基金的政策导向明显,投资周期长,通常投资得以顺利退出后,才能对基金经理和管理团队的工作绩效进行评价,这就导致了报酬激励制度设计不够合理。究其原因,主要是缺乏对基金经理和管理团队进行激励薪酬制度设计的充分依据,即绩效评价体系。因此,可以通过构建合理的绩效评价体系来改变这一现状。衡量基金经理工作绩效的主要指标之一是所投资企业的价值变动情况。可以通过委托专业的评估机构对所投企业的价值增长情况进行定期评估,获取评估报告,并根据评估报告对基金经理的工作绩效进行合理评定。除此之外,所投企业的发展还可以通过其创造的就业岗位和税收等数据形成量化指标,据这些指标设计基金经理和管理团队的薪酬制度,这能够提高产业基金的投资效率。

基金管理公司和管理团队是产业基金成败的关键。要依据综合实力选出满足产业基金要求的绩优团队,同时设定合理的激励约束机制,促使其提高管理水平。总体而言,相对普通私募基金,政府产业基金募资难度、风险程度要略低一些,其管理费、绩效奖励可低于市场平均水平,但不应差距过大。约束机制方面,主要是强化资本约束,要求子基金管理团队对所投项目适当出资,与政府产业基金风险、收益进一步绑定。在建立完善的基金监管机制、信息披露制度以及风险防范机制的前提下,考虑审慎地建立容错机制。

对于社会资本,可以建立某种激励机制,以解决政府产业基金非营利性与社会资本逐利性的矛盾。在与社会资本合作时,可根据具体情况实行一定程度的让利,比如在社会资本不愿进入的领域,政府可以尝试允许子基金中的社会资本在一段时期后以事先确定的较低价格购买政府在子基金中的份额。这样政府在引导产业发展方向的同时,也能保证国有资本的安全退出。这种让利方式也是政府引导基金发展最为成功的国家——以色列的成功经验:社会资本可在5年内以本金＋利息的优惠价格买断政府在基金中的权益(最终10支基金中有8支行使了该项权利)。

制度创新是对于社会资本的另一种激励机制。鉴于我国的资本市场不够发达完善,政府可以通过制度创新来为小企业的发展保驾护航,助其摆脱融资困境。比如完善和出台符合风险投资行业特点的风险投资税收优惠政策,对风险投资基金的管理机构以及管理机构的个人股东给予所得税优惠;或者尝试"股权投资＋投资补偿"或"股权投资＋贷款担保"的模式,通过打造融资平台,引入风险补助模式以解决风险投资企业的后顾之忧,引导社会资本进入符合政府产业发展规划的投资领域。

4. 建立信息披露机制

产业基金中,母基金管理人受政府委托来选择与合适的社会资本合作组建子基金,这一过程的信息透明度决定了母基金管理人行为的合规性。在信息透明、行为合规的前提下,畏难情绪会大幅缓解。因此,可以通过加强信息披露制度,坚持公开透明。在选择子基金管理机构环节,组织投资、财务、法律等相关领域专家,组成评审委员会进行独立评审,并委托第三方机构开展尽职调查和入股谈判,让专业的人做专业的事。在资金托管环节,无论是政府基金还是子基金均要通过公开招标选择确定托管银行,保证资金管理安全。对子基金的组建过程进行详细、及时的信息披露,对社会资本的招投标过程面向全社会公布,尤其是向参与招投标的社会资本进行详细披露,充分发挥社会监督的效应。

(四)强化政府产业基金管理能力

建立科学合理的省产业基金运作机制,强化政府产业基金管理能力。一是选准基金运作方式,结合基金政策定位,采取适宜的基金运作方式。比如浙江省产业基金目前已经在使用的,运用母基金参股基金的方式就很好地发挥了杠杆作用,促进点多、面广的中小企业加快发展;运用产业投资基金直接参股特定产业项目有利于保持政策穿透力,发挥引导作用。二是设立企业形式的基金实体,结合基金定位、社会出资人意愿等,设立公司制或合伙制基金实体,坚持所有权、管理权、托管权分离。三是将风险识别、防范、控制、化解纳入省产业基金管理运作流程,健全管理架构和运作机制。在现有组织框架下,建议在省产业基金管委会下面专门设置政策委员会和考核委员会,进一步加强政策研究、方向引导和绩效考核。政策委员会着重研究制定基金重大政策、目标导向、投资原则和绩效考评原则,指导各级政府产业基金的运作管理、政府服务及考核评价工作。

1.　决策机制市场化

决策机制市场化是子基金运行效率的重要保证之一。在合作机构的选择方面,应在国内有影响力的媒体上面向全国发布征集或招标子基金申请者,在严格履行评审委员会独立评审、尽职调查等规范程序基础上,由政策委员会择优做出引导基金投资参股决策,真正做到"好中选优"。子基金的审批决策过程应着重发挥市场化专业机构以及同行专家作用;对子基金设立后的日常管理,不做过多干预,为子基金创造良好的发展环境。在备选项目储备上,发挥部门专业优势,动员当地行政力量,精心组织备选项目库建设。在合规的前提下,政府部门提供的项目库只是投资备选项目,投资与否完全由子基金管理机构按照企业内部管理程序自主决策,让市场在资源配置中发挥决定性作用。

政府产业基金投资的地域限制虽然有利于当地税收,但却不利于其长期发展。逐渐突破地域限制,将为其吸引更多优质投资机构,也会有更多的优质项目可供选择。这对于省政府产业基金分散投资风险、提升资本回流速度、保证整体的运作成效起到积极的作用。与此同时,加强对市场的了解、提升专业的项目价值判断、明确跟进投资意向,以及增强与子基金在优质项目上出让份额的谈判能力等,都将成为政府产业基金投资市场化的主要路径。

2. 专业机构委托管理

针对管理力量薄弱的问题,省产业基金也可以采用市场化的解决方式。目前国内已经有政府引导基金采用委托外部专业管理机构负责引导基金管理工作的经验。上海市政府的思路比较市场化,如本土市场化FOFs盛世投资成功地与上海闵行区古美街道和金山区政府合作受托管理引导基金;外资市场化FOFs机构熠美投资目前正在托管上海市闵行区创业投资引导基金;杨浦区政府引导基金委托美国硅谷银行管理。此外,2009年成立的安徽省创业(风险)投资引导基金、2012年成立的荆州市创业(产业)投资引导基金均曾委托浦东科投作为其管理机构,这也是委托专业机构管理的典型代表。另外,部分引导基金决策机构通常会招标或指定一家境内商业银行,作为引导基金的资金托管银行,具体负责资金保管、拨付、结算等日常工作,并对基金运作负有一定的监管职责。

就浙江省政府产业基金而言,尝试运用市场化的委托管理模式,或者通过与专业的第三方监管机构的合作来实施对引导基金运营的监管和评估,不仅可以解决产业基金管理力量薄弱的问题,也是减少政府对产业基金的行政干预、进一步推进产业基金市场化、提高产业基金运营效率的重要途径之一。

3. 出资结构多元化

根据清科研究中心的调研结果,目前国内股权投资市场的有限合伙人多达19种类型,政府引导基金无论从数量还是从出资规模上,都只占很小的比例。为了保证政府产业基金的可持续发展,产业基金应建立多元化出资结构,结合省产业基金政策目标,充分吸引社保基金、险资、甚至国际资本等机构性资金,吸引国企、民企等出资,为基金优化内部治理结构、协同发展等打下基础。

4. 风险管控机制

(1)采用利益约束和声誉约束相结合的方法,防范道德风险。

作为子基金运作的关键环节,基金管理人对企业投资行为的安全性直接关系到基金运作的风险。设置对于基金经理的有效约束机制,可以显著降低基金的运作风险。比如聘用基金经理的时候,首先可以要求基金经理本人购买一定份额的被投资企业股份,利用加大利益关联度的方式来约束基金经理的行为。其次,可以充分借鉴我国其他投资基金的约束方式,定期或不定期地将基金经理的违约记录及时对外公布,运用声誉约束的方式来有效降低产业基金的运作风险。

(2)减少对投资对象的限制,分散投资风险。

创投行业的发展是一个动态的过程,随着产业基金政策效应的逐渐发挥以及创业企业的发展壮大,可以逐步减少对于政策扶持的初创期中小企业的资金比例,以降低投资风险。此外,也可以逐渐放宽投资地域范围的限制,以分散投资风险。

(3)严格执行合规运作、建立投资止损机制。

在省产业基金方案制定、政策设计过程中,坚持按既定规程办事,对母基金出资占比、社会出资人比例等重要指标,严格按规定把握。强化监督管理,实行子基金运行情况定期报告制度,密切跟踪子基金经营和财务状况。建立政府基金投资止损机制,对存在未按章程约定投资等违规行为的子基金,政府基金可提前退出,切实强化对基金运作的风险防控。

(五)优化政府产业基金运营环境

1. 完善基金监管机制,加快第三方监管市场的建设

加快第三方监管市场的建设,有助于提高监管效率。目前金控管理公司承担产业基金的监督管理工作。这种监管方式虽然降低了监管成本,但由于监管任务繁重、管理力量有限,随着产业基金的发展,监管部门效率无法得到保证。

长期来看,引入第三方监管机构可以提高监管效率,解决管理力薄弱的

问题。首先政府部门应当出台相关政策，鼓励引入会计师事务所等审计监督机构。同时，为第三方监管机构营造良好的自由竞争环境，促进第三方监管机构之间的相互竞争，不仅可以有效降低成本，而且有利于构建有效的薪酬激励体系，以提高基金监管效率。

2. 设立风险补偿基金，增强产业基金风险防范能力

面对宏观经济运行周期变动带来的风险，可以考虑建立一种稳定健全的风险补助模式。风险补偿基金是一种较为有效、可行的制度设计。政府通过财政出资设立风险补偿基金，为产业基金提供一定的风险补偿，可以充分发挥财政资金的杠杆放大效应。目前，成都市政府引导基金已经采用了建立风险补偿基金的模式，浙江省政府产业基金可以借鉴成都模式，尝试建立风险补偿基金，以降低产业基金面临的宏观经济风险。

3. 信息化基础设施建设

逐步建立完善的管理信息系统有助于按照"制度化、痕迹化、信息化"的要求对于省产业基金实施监管。目前，省金控已经初步建立了投后管理系统，未来投后管理将形成标准化、程序化的操作模式。在某种程度上，信息透明度决定了母基金和子基金管理人行为的合规性。因此，完善的管理信息系统有助于信息披露制度的建设，促进信息透明与行为合规。

完善的管理信息系统还有助于改善某些子基金重投轻管的倾向，实现实时对被投企业进行跟踪引导、参与重大决策、提供咨询及其他服务。依托管理信息系统，管理团队可以健全业务台账，动态监控在管基金投前投后的运行，防控项目重大风险。

4. 有效对接区域股权交易、并购市场

由于国内的资本市场发展不够完善，提高政府产业基金退出效率是产业基金目前面临的重要问题之一。省产业基金可以采用阶段参股以及对接区域股权交易、并购市场等模式，提高政府资金退出效率。

（1）加强阶段参股模式的运用力度

推广阶段参股模式是政府产业基金退出的一种有效途径。依据这种模式，在政府基金与社会资本合作组建子基金时，在相关合同文件中对政府的投资期限进行约定，通常约定政府资金在几年之内退出，由子基金中的社会资本

所有者优先购买政府所占股份。阶段参股模式的运用可以极大地提高子基金中政府资金的退出效率,因此,应该加强产业基金中这种模式的运用力度,甚至可以对这种模式进行适当的改进设计,例如可以根据退出期限前子基金的运作情况来确定是否提前退出政府资金,这样不仅充分发挥了政府资金的引导效应,也提高了政府资金的退出效率,有利于政府资金的循环再投资。

(2)采取"固定+浮动"期限的方式,增强政府资金退出的灵活性

政府基金的退出时间,还可以参考子基金的实际投资绩效来确定。比如可以引入"固定+浮动"期限的方式,即首先在子基金组建过程中,根据社会资本的出资比例高低来确定出一个固定的退出期限,社会资本出资比例越高,固定退出期限越短;其次根据子基金的投资绩效来确定一个浮动的退出期限,确定时间可以定在固定期限到期之前。

(3)给予认购股权优惠,促进跟进投资的顺利退出

为了用于跟进投资的资金能顺利退出,母基金管理部门在进行股份转让时,同等条件下可以规定合作的机构及所投资企业的股东有优先购买权,这样不仅提高了财政资金的退出效率,也降低了其退出成本。此外,对于跟进投资退出股份的转让,可以通过给予受让方一定优惠的方式来实现,这样有利于促进股份转让的顺利完成。

(4)加快退出渠道建设,有效对接区域股权交易、并购市场

在退出的操作层面上,应强化投资的存续期限和强制清算制度。在项目监控和投后管理的过程中,一旦发现所投资企业陷入困境且失去了发展的可能性时,就应当通过拍卖、清算等方式来实现资金的退出,以减少子基金的损失。

对于产业基金中政府出资部分的受让方,从安全性和控制成本的角度看,首先应当考虑子基金中的社会资本,如果社会资本无法完成受让,可以对接区域股权交易、并购市场,通过市场化的方式进行转让。相对于资本市场较为发达的国家,国内产业基金的退出渠道较为单一,因此加快多层次资本市场建设对于产业基金的顺利退出意义重大。

(本报告由浙江省金融业发展促进会提供)

第八章　2016年度浙江省小额贷款公司发展报告

自2016年以来,在省政府和市、县(市、区)政府的支持以及全省金融办系统的监管引领下,面对严峻复杂的经济金融形势,我省小额贷款公司坚持合规与创新并举,在支持小微企业、"三农"以及地方经济发展中继续发挥积极作用,但同时也面临一些问题和困难。

一、2016年度浙江省小额贷款公司运行基本情况

截至2016年,我省341家小贷公司资产总额达799.12亿元,贷款余额达725.50亿元,全年实现净利润9.19亿元,缴纳各类税收6.49亿元,服务客户数为6.53万户。从全年运行情况来看,主要有以下3个特点。

(一)风险总体稳定且基本可控。受政策性的瓶颈叠加、宏观经济形势影响,我省小贷行业也进入调整期,累积性的经营风险逐步暴露。账面上不良贷款率较高的原因除了自身经营不善之外,还包括银行抽贷、股东减资两个因素,但逾期90天以上贷款与不良贷款的比率控制在100%以内,基本接近于真实的风险状况。小贷公司作为非吸储类金融业态,风险外溢性弱,因此风险总体可控,运行总体平稳。

(二)存在一定的风险集中度。一是区域风险集中度,个别地区的不良贷款率位居前列,但大部分地区经营比较平稳。二是单体机构风险集中度,存在一些因重大违规埋下风险隐患,处于停业或半停业状态的"僵尸小贷"。这些区域以及小贷公司将是下一步风险处置与化解的重点。

(三)贷款利率进一步下降。受央行基准利率下调、小贷差异化风险定

价能力提升、小微市场竞争加剧、监管部门持续引导等多重因素的影响,小贷利率已逐步进入下降通道。在2015年贷款利率15.51%的基础上,2016年下降到13.78%又下降了1.73百分点。该利率水平较2011年最高点时的19.35%共下降了5.57百分点。

二、浙江省小额贷款公司发展存在的主要问题

(一)财税扶持政策尚未明确,外部发展环境亟待改善。近年来,浙江省级层面在推动解决抵(质)押登记确权、司法待遇、征信管理等方面做了一些努力,也取得了一些进展。但是,呼吁多年的财税扶持政策仍无法突破,目前小贷公司尚无专门的财税扶持政策,无法形成正向激励机制,加上缺乏明确的法律定位,其服务于小微企业、"三农"等领域的业务无法享受与金融机构同等的财税扶持,日常经营面临较重的税收负担。特别在"营改增"后,小贷公司整体税负"不降反升",反响较大。此外,新三板将小贷公司归类为具有金融属性的企业,已暂不受理挂牌申请,对已挂牌的小贷公司也不允许定增,导致小贷公司利用新三板融资渠道遇到了一些障碍。

(二)行业立法缺失,经营和监管缺乏有力的制度依据。小贷行业目前仅有《关于小额贷款公司试点的指导意见》(银监发〔2008〕23号)这一全国层面的管理规定,法律效力不足以设立行政许可、行政强制措施和必要的行政处罚手段,行业定性的尚不明确制约了可持续商业模式的建立,监管手段的不足影响了监管工作的开展和监管责任的落实。此外,互联网环境下小额信贷模式指引性路径、边界以及方向的探索也相对缺乏。

(三)缺乏有效的风险处置机制,风险化解任重道远。一是各地缺乏统一的贷款损失准备计提、税前列支的标准。小贷公司通过计提贷款损失准备抵御风险的内生动力不足,风险自我化解的能力较弱。二是缺乏持续的可贷资金补充机制。小贷公司不同于商业银行,无法以增量化解存量风险,以时间换取空间,其可持续"造血"能力和抵御、化解风险的能力进一步减弱。三是缺乏市场化处置不良的渠道。单个小贷公司由于不良资产数量有限以及质量良莠不齐,导致打包处置不良资产受到诸多限制,也缺乏专门市

场化处置小贷公司的资产管理机构。

(四)专注小微的专业化经营体系尚未有效形成,发展信心与动力明显减弱。针对缺少抵押物、缺少规范可信的会计账目、缺少信用记录的小微企业群体,需要建立符合自身发展特色的管理模式、员工队伍、信贷风控技术以及征信体系。在宏观经济下行、小贷行业整体盈利能力下降的背景下,部分小贷公司准备不充分,对未来发展信心不足。

三、浙江省小额贷款公司未来发展政策建议

(一)尽快推动行业立法(规)。作为具有金融属性的放贷组织,小贷公司具有较强的专业性与特殊性,但也区别于一般的非存款类放贷组织,因此亟须通过立法"补齐"在机构属性、风控原则、监管依据等方面的"短板",推动行业规范持续运营。同时,也建议加快出台网络小贷公司的规范管理统一意见。

(二)出台差异化的行业引领政策。建议在国家层面统一出台差异化的行业引领政策,对于内控机制完善、风险管控到位、经营优势明显的小贷公司,在税收优惠、财政补助、准备金计提、挂牌上市等方面给予差别化对待,享受同质同类金融机构的同等待遇。

(三)创新机制推进风险化解。支持地方探索建立行业性、专业性的资产管理公司,推进小贷公司批量化不良转让;支持地方参照银行业的做法,在确保账销、案存、权在的前提下,积极争取简化核销程序,加大呆账核销力度。确保小贷公司在法律诉讼、执行等方面享受与金融机构同等待遇;鼓励金融机构与小贷行业充分对接,除银行融资外,积极推动双方在支付结算、供应链金融、个人理财等领域的深度合作,提升整体金融服务体系的效率。

(本报告由浙江省人民政府金融工作办公室提供)

第九章 2016年度浙江省股权投资行业发展报告

一、2016年度浙江省股权投资市场发展概况

(一)浙江省股权投资行业发展特点

1. "块状经济"推动省内各地区产业投资差异化发展

浙江是我国市场经济最为发达的省份之一,在过去的20多年时间里,数以万计的中小企业在浙江形成了近500个工业产值在5亿元以上的"产业集群"。"块状经济"分布于浙江全省各地,在地理版图上形成块状明显的"经济马赛克",区域分布包括宁波电气机械、温州服装、上虞化工、临海机械电子等。尽管已有的块状经济在产业分布上多属于传统行业,在近几年的发展中面临盈利能力和发展速度下降,但是新兴的创新型产业在很多地区的发展依旧要与地区现有的产业发展特性相适应,利用本地的优势资源,也有助于创新型企业加速成长。在股权投资机构对浙江省企业的投资过程中,除杭州、宁波等地在投资的产业分布上类似于国内其他大中城市以外,省内其他中小城市企业创业投资具有一定的本地化特色,特别是在非互联网项目上,许多投资机构对于能够利用本地已有的优势产业资源、实现较快发展和创造盈利的企业更加青睐。

2. 科技与金融结合促进金融创新发展

党的十八大提出,科技创新是提高社会生产力和综合国力的战略支撑,必须摆在国家发展全局的核心位置。"十三五"规划纲要指出,要发挥科技创

新在全面创新中的引领作用。在此时代背景下，浙江省近年来充分发挥金融创新对技术创新的助推作用，引导金融资本加大对企业技术创新的支持力度，降低科技企业融资成本和门槛。

一是开展国家科技金融结合试点工作。2011年10月，"杭温湖甬"国家科技金融结合试点正式启动，试点工作主要包括创新财政科技投入方式，在发展创业风险投资、科技担保、知识产权质押贷款、科技金融合作试点支行及科技小额贷款公司等多个方面提供大力支持，引导科技企业开展多种形式的融资，帮助解决融资难问题。

二是加强本地区银行对金融的支持。针对浙江经济创业创新活跃的特点，浙江银行业近年来积极贯彻银监会相关工作部署和浙江省委创新驱动发展战略，把科技金融作为业务转型的重要方向。截至2016年10月末，全省科技型中小企业和高新技术企业贷款余额分别为2774亿元和2724亿元，信用证和银行承兑汇票等表外用信余额分别为975亿元和1405亿元。在不断加强信贷保障的同时，银行业着力从组织体系、管理机制、信贷产品、服务模式等4个方面提升科技金融服务的专业化水平。

三是深化财政科技经费管理改革。浙江省科技、财政部门探索了引导基金、投资补助、风险补偿、费用补助、资本金注入等多种财政资金使用方式，出台了《浙江省省级科技型中小企业扶持和科技发展专项资金管理办法》，专项预算每年达3亿元。

四是加强民间资本参与，强化科技金融服务体系建设。浙江省以阿里系的蚂蚁金服为代表的民营金融机构为本地区股权投资提供了重要支撑。

（二）2016年浙江省股权投资市场发展分析

1. 浙江省股权投资机构现状概述

据统计，截至2016年年底，总部位于浙江省的私募基金管理机构已经超过3000家，其中总部在杭州的管理机构约1500家，总部位于宁波的管理机构数量约500家，已在中国证券投资基金业协会（以下简称基金业协会）注册的浙江省私募基金管理人已经超过1200家，仅次于北京、深圳、上海，排名第4位。浙江省管理机构合计管理基金数超过5500支，合计管理规模超过1万亿元人民币。基金业协会显示,浙江所有机构在管基金数超过3700支,基金实缴规模达到4500亿元人民币。2016年,浙江省内私募股权投资机构进一步分散化。股权投资行业从杭州逐渐扩大到宁波、温州、绍兴、嘉兴等多个城市,基金小镇吸引更多股权投资机构入驻。

早期投资、创业投资(VC)、私募股权投资(PE)是浙江省私募股权投资市场的重要组成部分,2016年这三类投资机构合计数量超过1200家,占浙江省整体投资机构数量的比例约4成,其中仅杭州地区数量就达到约600家。除以上三类投资机构外,浙江省股权投资数据中还由部分房地产基金、定向增发基金、财富管理机构等构成。

整体来看,2016年浙江省早期投资、创业投资(VC)、私募股权投资(PE)合计发生募资177起,其中披露金额的87起募资合计完成资金募集282.45亿元。投资方面,浙江省各类投资机构合计发生投资731起,其中披露投资金额的703起案例合计投资858.97亿元。在退出方面,浙江省各类投资机构在2016年合计发生退出399起。

2. 2016年浙江省地区早期投资发展

(1)2016年浙江省地区早期投资基金募资分析

根据国务院在2016年《促进创业投资持续健康发展的若干意见》中的提法,往年报告中的天使投资更名为早期投资。据统计,2016年浙江省早期投资机构发生募资15起,较2015年增加2起,仅次于北京、上海,在全国排名第三,占比11.8%。其中披露金额募资9起,合计完成募资7.52亿元,较2015年下降超过100%。浙江早期投资机构募资规模仅次于北京、上海、深圳,在全国排名第四,占比4.4%(见表9-1)。

互联网泡沫和资本荒给浙江地区早期投资机构带来了一定的影响,部分投资机构明显放缓了募资和投资速度。与此同时,相比于中后期投资,许多早期投资机构管理资本量通常较小,机构的稳定性相对较差,在市场景气度降低的背景下部分小机构也出现了暂停募资、投资或转业的情况,因此2016年在募资方面出现了较大幅度下降。不过浙江省内如暾澜资本、银杏谷、天使湾等知名早期机构依旧大力推动了省内的早期投资发展,帮助新技术、新业态、新模式、新产业得到更多的资本支持。

表9-1　2016年浙江省早期投资机构募集总量与国内其他主要省市比较

地域	新募资基金数（总数）（支）	比例（%）	新募资基金数（披露金额）（支）	募资金额（亿元人民币）	比例（%）	平均新增资本量（亿元人民币）
浙江	15	11.8	9	7.52	4.4	0.84
北京	57	44.9	42	92.11	54.3	2.19
上海	27	21.3	26	34.97	20.6	1.34
深圳	9	7.1	6	14.13	8.3	2.35
江苏	6	4.7	5	7.00	4.1	1.40
国内其他地区	13	10.2	10	13.89	8.2	1.39
合计	127	100.0	98	169.62	100.0	1.73

资料来源：私募通，2017-02。www.pedata.cn

就募集币种来看，2016年浙江省新募集基金均为人民币基金，共计15支，新募集资本量达7.52亿人民币，无新增外币基金。此外，就近几年情况来看，浙江省外币基金的募集一直处于空缺状态（根据历年浙江省股权投资发展报告数据），这也是浙江省机构和企业国际化程度尚不高的一个重要反映（见表9-2）。

表9-2　2016年浙江省早期投资机构募集总量按币种分布

币种	新募基金数（总数）（支）	比例（%）	新募基金数（披露金额）（支）	新增资本量（亿元人民币）	比例（%）	平均新增资本量（亿元人民币）
人民币	15	100.0	9	7.52	100.0	0.84
外币	0	0	0	0	0	0
合计	15	100.0	9	7.52	100.0	0.84

资料来源：私募通，2017-02。www.pedata.cn

（2）2016年浙江省地区早期投资基金投资分析

2016年浙江省企业合计发生早期投资145起（即全国各地区机构投资浙江地区企业），较2015年减少41起，仅次于北京、上海、深圳，在全国排名第四，占比7.1%。其中披露金额投资案例142起，合计投资金额11亿元，较2015年基本持平，仅次于北京、上海，在全国排名第三，占比9.0%。相比而言，北京作为创新创业优势地区受政策和资源等各方面的支持，在早期投资案例数和规模方面都处于第一梯队，上海在2016年是我国GDP第一大市，在金融资源方面也享受了丰富的资源,除此之外的浙江、江苏、深圳地区在国内早期投资均处于第三梯队(见表9-3)。

表9-3　2016年浙江省早期投资总量与国内其他主要省市比较

地域	投资案例数 (总数)(起)	比例 (%)	投资案例数 (披露金额)(起)	投资金额 (亿元人民币)	比例 (%)
浙江	145	7.1	142	11.00	9.0
北京	819	39.9	772	45.59	37.2
上海	339	16.5	329	25.47	20.8
深圳	189	9.2	186	9.44	7.7
湖北	116	5.7	115	3.08	2.5
国内其他地区	443	21.6	426	27.82	22.7
合计	2051	100.0	1970	122.40	100.0

资料来源:私募通,2017-02。www.pedata.cn

2016年浙江省早期投资被投企业行业分布在15个一级行业中。互联网行业被投案例最多,达到50起,占比34.5%,涉及总投资额达3.84亿元人民币,占比34.9%;其次为金融行业,被投案例达到23起,占比15.9%,涉及总投资额达到1.21亿元人民币,占比11.0%;再次为IT行业,被投案例达到18起,占比12.4%,涉及总投资额达到2.26亿元人民币,占比20.6%。相较于其他投资阶段,早期投资仍然专注于TMT及金融行业,这也侧面反映了初创型企业目前在相关行业仍占有较大的比重(见表9-4)。

表9-4　2016年浙江省早期投资行业分布

行业	投资案例数 (总数)(起)	比例 (%)	投资案例数 (披露金额)(起)	投资金额 (亿元人民币)	比例 (%)
互联网	50	34.5	50	3.84	34.9
金融	23	15.9	21	1.21	11.0
IT	18	12.4	18	2.26	20.6
电信及增值业务	12	8.3	12	0.98	8.9
娱乐传媒	12	8.3	12	0.72	6.6
其他	7	4.8	6	1.14	10.4
未披露	6	4.1	6	0.20	1.8
生物技术/医疗健康	4	2.8	4	0.11	1.0
教育与培训	4	2.8	4	0.15	1.3

续表

行业	投资案例数（总数）（起）	比例（%）	投资案例数（披露金额）（起）	投资金额（亿元人民币）	比例（%）
物流	2	1.4	2	0.06	0.6
电子及光电设备	2	1.4	2	0.12	1.1
建筑/工程	2	1.4	2	0.07	0.7
纺织及服装	1	0.7	1	0.05	0.5
连锁及零售	1	0.7	1	0.04	0.4
机械制造	1	0.7	1	0.04	0.3
合计	145	100.0	142	11.00	100.0

资料来源：私募通，2017-02。www.pedata.cn

（3）2016年浙江省地区早期投资基金退出分析

退出方面，2016年浙江地区早期投资发生退出21起（即总部在浙江的投资机构曾投资的全国各地企业发生退出情况），仅次于北京和上海，在全国排名第三，占比9.5%，与2015年相比提高了2.2百分点。与投资情况类似，北京和上海具有较多的优质投资机构和资源，稳居前两位；第三梯队中浙江地区投资机构退出情况处于优势位置（见表9-5）。

表9-5　2016年浙江省早期投资退出总量与国内其他主要省市比较

地域	退出案例数（起）	比例（%）
浙江	21	9.5
北京	82	37.1
上海	43	19.5
广东（除深圳）	15	6.8
江苏	11	5.0
国内其他地区	49	22.2
合计	221	100.0

资料来源：私募通，2017-02。www.pedata.cn

在退出方式方面，新三板是主要退出渠道，2016年浙江省早期投资通过新三板退出14起，占比66.7%；股权转让退出5起，占比23.8%；并购退出1起，占比4.8%。新三板退出较2015年（3起）增加了11起。随着新三板进一步扩容，国内新三板挂牌企业数量已经超过万家，如果新三板市场的流动性在未来有所改善,创投资本退出渠道将会更加通畅,资金利用效率将会更高(见表9-6)。

表9-6　2016年浙江省早期投资退出总量按退出方式分布

退出方式	起数(起)	比例(%)
新三板	14	66.7
股权转让	5	23.8
并购	1	4.8
管理层收购	1	4.8
合计	21	100.0

资料来源:私募通,2017-02。www.pedata.cn

在退出行业方面,退出案例最多的行业仍为互联网行业,共计5起,占比23.8%;其次为IT行业,分别有4起退出。互联网行业中退出企业多为互联网营销等方面的企业,而传统的互联网电商、O2O等项目由于存在较长的运营和亏损期,退出期也相对较长(见表9-7)。

表9-7　2016年浙江省早期投资退出总量按退出行业分布

行业	起数(起)	比例(%)
互联网	5	23.8
IT	4	19.0
电信及增值业务	4	19.0
金融	2	9.5
其他	2	9.5
机械制造	2	9.5
生物技术/医疗健康	1	4.8
清洁技术	1	4.8
合计	21	100.0

资料来源:私募通,2017-02。www.pedata.cn

3. 2016年浙江省地区创业投资(VC)发展分析

(1)2016年浙江省地区创业投资(VC)基金募资分析

2016年浙江省创业投资(VC)机构发生募资38起,在全国排名第五,占比6.0%。其中披露交易金额案例数32起,合计完成募资104.50亿元,在全国排名第六,占比2.9%。与早期投资不同,在创业投资募资方面,北京、上海的差距缩小,同时深圳跻身第一梯队(在早期投资中深圳募资案例数和规模都不及浙江)。江苏和浙江在创业投资案例数方面基本持平,但在规模方面要领先于浙江,浙江地区在创业投资募资方面还有一定的成长空间(见表9-8)。

表9-8　2016年浙江省创业投资机构募集总量与国内其他主要省市比较

地域	募资案例数（总数）（起）	比例（%）	募资案例数（披露金额）（起）	募资金额（亿元人民币）	比例（%）	平均新增资本量（亿元人民币）
浙江	38	6.0	32	104.50	2.9	3.27
北京	156	24.5	137	1337.78	37.3	9.76
上海	128	20.1	114	569.77	15.9	5.00
深圳	105	16.5	100	870.11	24.3	8.70
江苏	39	6.1	31	203.55	5.7	6.57
国内其他地区	170	26.7	120	496.24	13.9	4.14
合计	636	100.0	534	3581.94	100.0	6.71

资料来源:私募通,2017-02。www.pedata.cn

与2015年相比,尽管2016年浙江省创业投资在募资案例数方面稍有下降,但在完成募资规模方面同比增长超过50%。典型机构中,浙商创投股份有限公司、浙江赛伯乐投资、浙江华睿控股有限公司等机构都是2016年浙江省的主要募资机构。部分有披露投资策略和投资方向的基金显示,由于互联网泡沫破裂,行业洗牌加剧,许多投资机构都减少了对互联网领域的投资,加强投资大健康、先进技术等领域基金的资金募集。

就募集币种来看,2016年浙江省新募集基金均为人民币基金,共计38支,新募集资本量达104.50亿元人民币,无新增外币基金(见表9-9)。

表9-9　2016年浙江省创业投资机构募集总量按币种分布表

币种	新募基金数（总数）（支）	比例（%）	新募基金数（披露金额）（支）	新增资本量（亿元人民币）	比例（%）	平均新增资本量（亿元人民币）
人民币	38	100.0	32	104.50	100.0	3.27
外币	0	0	0	0	0	0
合计	38	100.0	32	104.50	100.0	3.27

资料来源:私募通,2017-02。www.pedata.cn

（2）2016年浙江省地区创业投资（VC）基金投资分析

投资方面,浙江省企业共发生创业投资324起(即全国各地区机构投资浙江地区企业),较2015年增加35起,在全国排名第四,占比8.8%。其中披露交易金额的投资案例314起,合计发生投资金额111.67亿元人民币,同比增加12.7%,在全国排名第四,占比8.5%。深圳地区尽管在募资案例数和规模方面相比于浙江地区有较大优势,但在实际投资方面浙江与深圳保持在了同一水平。就平均投资额来看,浙江省创业投资平均投资额达到3556.46万元人民币,与国内创业投资平均投资额3825.10万元人民币基本相当(见表9-10)。

表9-10　2016年浙江省创业投资机构投资情况表

地域	投资案例数（总数）（起）	比例（%）	投资案例数（披露金额）（起）	投资金额（亿元人民币）	比例（%）
浙江	324	8.8	314	111.67	8.5
北京	1106	30.0	996	458.78	35.0
上海	620	16.8	574	227.15	17.3
深圳	376	10.2	359	113.69	8.7
江苏	249	6.8	235	78.44	6.0
国内其他地区	1008	27.4	941	322.83	24.6
合计	3683	100.0	3,419	1,312.57	100.0

资料来源:私募通,2017-02。www.pedata.cn

2016年浙江省创业投资被投企业行业分布在21个一级行业中。互联网行业被投案例最多,达到96起,占比29.6%,涉及总投资额达到23.5亿元人民币,占比21.1%;其次为IT行业,被投案例达到54起,占比16.7%,涉及总投资额达到14.43亿元人民币,占比12.9%;TMT产业是目前浙江地区最受欢迎的投资领域,合计案例数占比达到46.3%,较TMT在全国创业投资中的占比(38.2%)领先约8百分点;再次为生物技术/医疗健康行业,被投案例达到37起,占比11.4%,涉及总投资额达到23.67亿元人民币,占比12.9%(见表9-11)。

浙江省在阿里巴巴的影响下,有着较强的互联网金融产业文化氛围,同时还培养了大批行业精英。近两年部分阿里系高管离职创业,也进一步助推浙江省互联网金融产业走在全国前列,省内众多优秀互联网金融企业标的成为许多知名创业投资机构竞相投资的对象。

表9-11　2016年浙江省创业投资机构投资行业分布

行业	投资案例数（总数）（起）	比例（%）	投资案例数（披露金额）（起）	投资金额（亿元人民币）	比例（%）
互联网	96	29.6	93	23.51	21.1
IT	54	16.7	52	14.43	12.9
生物技术/医疗健康	37	11.4	37	23.67	21.2
电信及增值业务	26	8.0	24	5.87	5.3
金融	21	6.5	20	16.35	14.6
娱乐传媒	18	5.6	17	4.25	3.8
电子及光电设备	15	4.6	15	3.93	3.5
机械制造	11	3.4	11	1.73	1.5
清洁技术	10	3.1	9	4.44	4.0
物流	5	1.5	5	4.88	4.4
汽车	5	1.5	5	2.98	2.7
其他	5	1.5	5	0.82	0.7
教育与培训	4	1.2	4	0.26	0.2
化工原料及加工	4	1.2	4	0.65	0.6
食品和饮料	3	0.9	3	0.60	0.5
建筑/工程	2	0.6	2	0.41	0.4
未披露	2	0.6	2	0.47	0.4
连锁及零售	2	0.6	2	0.13	0.1
纺织及服装	2	0.6	2	2.10	1.9
房地产	1	0.3	1	0.10	0.1
能源及矿产	1	0.3	1	0.09	0.1
合计	324	100.0	314	111.67	100.0

资料来源：私募通，2017-02。www.pedata.cn

按投资轮次来看，2016年浙江省创业投资主要分布在A轮、Pre-A轮及早期投资，这一阶段的投资案例数合计有218起，占比达到73.1%，合计投资金额43.57亿元，占比也超过4成。与国内其他省市呈现的投资轮次分布态势基本相同，浙江省创业投资轮次大多集中在A轮及早期投资，且随着投资轮次的后移，平均投资额逐渐增大。

在投资阶段方面，浙江省创业投资在初创期及扩张期较多，初创期共计138起，占比42.6%；扩张期投资企业87起，占比26.9%，合计达到69.5%。相较于2015年，初创期企业的投资案例占比从33.2%增长至42.6%，但投资金额占比从44.1%下降至31.5%,互联网泡沫的破裂使得部分企业估值有所回落,特别是初创期企业,这也使得更多的投资机构加强了这一阶段企业的投资布局(见表9-12)。

表9-12　2016年浙江省创业投资按投资阶段分布

投资阶段	投资案例数(总数)(起)	比例(%)	投资案例数(披露金额)(起)	投资金额(亿元人民币)	比例(%)	平均投资金额(亿元人民币)
成熟期	40	12.3	40	30.34	27.2	0.76
初创期	138	42.6	131	35.16	31.5	0.27
扩张期	87	26.9	85	31.46	28.2	0.37
种子期	50	15.4	49	10.19	9.1	0.21
未披露	9	2.8	9	4.54	4.1	0.50
合计	324	100.0	314	111.67	100.0	0.36

资料来源:私募通,2017-02。www.pedata.cn

(3)2016年浙江省地区创业投资(VC)基金退出分析

2016年度,浙江省创业投资退出案例为163起,占全国创业投资退出总案例数的8.1%,位于全国第五。尽管浙江省2016年的退出案例数与北上深苏相比仍有一定差距,但同比仍增加了16起(见表9-13)。

表9-13　2016年浙江省创业投资退出总量与国内其他主要省(市)比较

地域	退出案例数(起)	比例(%)
浙江	163	8.1
北京	390	19.5
江苏	277	13.8
上海	252	12.6
深圳	200	10.0
国内其他地区	719	35.9
合计	2001	100.0

资料来源:私募通,2017-02。www.pedata.cn

在退出方式方面,新三板是主要退出渠道,通过新三板退出106起,占比65.0%;IPO退出28起,占比17.2%。与国内大趋势相同,2016年度各省市退出案例中,新三板成了重要的退出渠道。2016年新三板分层方案启动,依据三套标准将新三板挂牌企业分为基础层、创新层,新三板越来越成为中国多层次市场的中坚力量(见表9-14)。

表9-14 2016年浙江省创业投资退出按退出方式分布

退出方式	起数(起)	比例(%)
新三板	106	65.0
IPO	28	17.2
并购	12	7.4
股权转让	10	6.1
管理层收购	1	0.6
回购	1	0.6
借壳上市	1	0.6
未披露	4	2.5
合计	163	100.0

资料来源:私募通,2017-02。www.pedata.cn

在退出行业方面,退出案例最多的行业为机械制造行业,共计23起,占比14.1%;其次为IT、生物技术/医疗健康、互联网等行业。与早期投资中TMT及电信增值业务占比61.9%相比,创业投资中机械制造和生物技术等相对偏后期和传统的项目在退出中的占比大幅提高(见表9-15)。

表9-15 2016年浙江省创业投资退出行业与国内其他主要省市比较

退出行业	起数(起)	比例(%)
机械制造	23	14.1
IT	21	12.9
生物技术/医疗健康	19	11.7
互联网	18	11.0
化工原料及加工	14	8.6
电子及光电设备	11	6.7
娱乐传媒	10	6.1
建筑/工程	10	6.1
清洁技术	7	4.3
汽车	6	3.7
物流	5	3.1
连锁及零售	5	3.1
金融	5	3.1
其他	3	1.8
电信及增值业务	3	1.8

续表

退出行业	起数（起）	比例（%）
半导体	1	0.6
能源及矿产	1	0.6
食品和饮料	1	0.6
合计	163	100.0

资料来源：私募通，2017-02。www.pedata.cn

4. 2016年浙江省地区私募股权投资（PE）发展分析

（1）2016年浙江省地区私募股权投资（PE）基金投资募资分析

2016年浙江省私募股权投资（PE）机构发生募资64起，在全国排名第四，占比3.8%，较2015年保持了相近的水平，但是在实际募资案例数方面下降了39起。其中披露金额募资46起，合计完成募资170.43亿元，在全国排名第八，占比1.7%。募资金额方面较2015年上涨了14.6%，但是排名下降了四位。募资方面浙江地区机构较北京、上海、深圳无论在募资案例数还是规模方面都存在一定差距，与目前发展迅速的湖北处于同一水平线（见表9-16）。

表9-16 2016年浙江省私募股权投资（PE）机构募集总量与国内其他主要省市比较

地域	募资案例数（总数）（起）	比例（%）	募资案例数（披露金额）（起）	新增资本量（亿元人民币）	比例（%）	平均新增资本量（亿元人民币）
浙江	64	3.8	46	170.43	1.7	3.70
北京	642	38.3	581	3258.41	32.7	5.61
上海	309	18.4	264	1816.50	18.2	6.88
深圳	235	14.0	190	1375.84	13.8	7.24
湖北	64	3.8	56	130.94	1.3	2.34
国内其他地区	361	21.6	221	3208.37	32.2	14.52
合计	1675	100.0	1358	9960.49	100.0	7.33

资料来源：私募通，2017-02。www.pedata.cn

就募集币种来看，2016年浙江省新募集基金均为人民币基金，共计64支，新募集资本量达170.43亿元人民币，无新增外币基金（见表9-17）。

表9-17 2016年浙江省私募股权投资机构（PE）募集总量按币种分布

币类	新募基金数（总数）（支）	比例（%）	新募基金数（披露金额）（支）	新增资本量（亿元人民币）	比例（%）	平均新增资本量（亿元人民币）
人民币	64	100.0	46	170.43	100.0	3.70
外币	0	0	0	0	0	0
合计	64	100.0	46	170.43	100.0	3.70

资料来源：私募通，2017-02。www.pedata.cn

（2）2016年浙江省地区私募股权投资（PE）基金投资分析

投资方面，浙江省企业合计发生私募股权投资262起（即全国各地区机构投资浙江地区企业），较2015年提高了88起。其中披露金额投资案例数247起，合计投资金额736.30亿元，较2015年上升超过100%，在全国排名第三，占比12.2%。浙江地区在私募股权投资案例数方面与深圳、广东（除深圳）处于同一水平，但投资规模方面在国内占比超过10%，与上海基本持平，说明接受私募股权投资的浙江省企业平均被投资金额较高，企业估值在全国处于领先位置（见表9-18）。

表9-18 2016年浙江省私募股权投资机构（PE）投资总量与国内其他主要省（市）比较

地域	投资案例数（总数）（起）	比例（%）	投资案例数（披露金额）（起）	投资金额（亿元人民币）	比例（%）
浙江	262	7.7	247	736.30	12.2
北京	938	27.7	865	1989.00	33.1
上海	550	16.2	507	761.73	12.7
深圳	266	7.8	253	434.04	7.2
广东（除深圳）	233	6.9	213	232.19	3.9
国内其他地区	1141	33.7	1,052	1860.87	30.9
合计	1675	100.0	1,358	6014.13	100.0

资料来源：私募通，2017-02。www.pedata.cn

2016年浙江省私募股权投资被投企业行业分布在22个一级行业中。互联网行业被投案例最多，达到61起，占比23.3%，涉及总投资额达21.28亿元人民币，占比2.9%。互联网行业的主要投资板块是网络服务和电子商务，主要得益于浙江地区以阿里巴巴和网易为代表的大型互联网公司，为上下游产业链的发展提供了一定的人才基础和其他资源优势。其次为娱乐传媒行业,被投案例达到27起,占比10.3%,涉及总投资额达到16.79亿人民币,占比2.3%,这主要由于浙江省是国内影视娱乐大省,拥有宋城、横店、浙江卫视等多类影视类资源。再次为金融行业,被投案例达到25起,占比9.5%,涉及总投资额达到374.67亿元人民币,占比高达50.9%,金融企业规模优势凸显(见表9-19)。

在平均投资额方面,浙江省平均投资额高达2.98亿元人民币,远远超过北京、上海、广东(除深圳)及深圳地区,且超过全国平均水平1.92亿元人民币,凸显浙江成熟期企业的投资价值优势。

表9-19 浙江省PE投资机构投资行业分布

行业	投资案例数(总数)(起)	比例(%)	投资案例数(披露金额)(起)	投资金额(亿元人民币)	比例(%)	平均投资金额(亿元人民币)
互联网	61	23.3	56	21.28	2.9	0.38
娱乐传媒	27	10.3	25	16.79	2.3	0.67
金融	25	9.5	24	374.67	50.9	15.61
IT	24	9.2	24	14.63	2.0	0.61
电信及增值业务	21	8.0	20	8.32	1.1	0.42
电子及光电设备	14	5.3	14	32.38	4.4	2.31
房地产	14	5.3	12	65.88	8.9	5.49
生物技术/医疗健康	13	5.0	12	29.35	4.0	2.45
机械制造	10	3.8	10	16.86	2.3	1.69
化工原料及加工	8	3.1	8	17.43	2.4	2.18
其他	7	2.7	7	28.18	3.8	4.03
清洁技术	6	2.3	6	7.21	1.0	1.20
汽车	5	1.9	5	3.41	0.5	0.68
农/林/牧/渔	4	1.5	3	3.80	0.5	1.27
纺织及服装	4	1.5	3	1.94	0.3	0.65
教育与培训	4	1.5	4	0.31	0.0	0.08
物流	3	1.1	3	75.88	10.3	25.29
食品/饮料	3	1.1	3	6.80	0.9	2.27
能源及矿产	3	1.1	3	1.80	0.2	0.60
连锁及零售	3	1.1	2	0.51	0.1	0.26
建筑/工程	2	0.8	2	4.57	0.6	2.28
广播电视及数字电视	1	0.4	1	4.30	0.6	4.30
合计	262	100.0	247	736.30	100.0	2.98

资料来源:私募通,2017-02。www.pedata.cn

　　按投资类型分析,浙江省私募股权案例主要以成长资本及PIPE投资为主,投资比例分别占到84.4%、9.9%。其中,PIPE投资的比例略高于全国平均水平9.7%,但同时浙江省A股上市公司无论在数量方面还是在市值方面都可以排到全国前五位,因此相较之下PE投资机构直接投资浙江省上市公司的热情还有待进一步发掘(见表9-20)。

表9-20　2016年浙江省私募股权投资(PE)投资按投资类型分布

投资类型	投资案例数（总数）（起）	比例（%）	投资案例数（披露金额）（起）	投资金额（亿元人民币）	比例（%）	平均投资金额（亿元人民币）
成长资本	221	84.4	206	558.44	75.8	2.71
PIPE	26	9.9	26	131.23	17.8	5.05
并购投资	13	5.0	13	35.93	4.9	2.76
房地产投资	2	0.8	2	10.69	1.5	5.35
合计	262	100.1	247	736.29	100.0	2.98

资料来源:私募通,2017-02。www.pedata.cn

　　(3)2016年浙江省地区私募股权投资(PE)基金退出分析

　　退出方面,浙江地区私募股权投资发生退出155起,相比2015年增加28起,在全国排名第六,占比5.9%(见表9-21)。

表9-21　2016年浙江省私募股权投资(PE)退出总量与国内其他主要省(市)比较

地域	退出案例数（起）	比例（%）
浙江	155	5.9
北京	532	20.3
上海	358	13.6
深圳	257	9.8
江苏	232	8.8
广东(除深圳)	177	6.7
国内其他地区	914	34.8
合计	2625	100.0

资料来源:私募通,2017-02。www.pedata.cn

　　在退出方式方面,新三板是主要退出渠道,通过新三板退出103起,占比66.5%;IPO退出18起,占比11.6%;并购退出13起,占比8.4%;股权转让退出10起,占比6.5%;清算退出1起,占比0.6%;管理层收购5起,占比3.2%。相较于2015年,2016年浙江私募股权投资机构通过新三板退出的案例数量大幅提高,但通过IPO退出的案例有一定减少。这一情况与政策环境有关,尽管2015年股灾之后IPO经历了4个月左右的暂停,但是2016年绝大多数时间IPO发审节奏较为缓慢(见表9-22)。

表9-22 2016年浙江省私募股权投资(PE)退出按退出方式分布

退出方式	起数(起)	比例(%)
新三板	103	66.5
IPO	18	11.6
并购	13	8.4
股权转让	10	6.5
管理层收购	5	3.2
其他	5	3.2
清算	1	0.6
合计	155	100.0

资料来源:私募通,2017-02。www.pedata.cn

在退出行业方面,退出数量排名前三的行业为机械制造、互联网和IT行业。机械制造行业退出案例共计22起,占比14.2%。相比而言,私募股权投资的投资阶段偏后期,对企业的持续盈利能力和成熟度有更高的要求,先进制造业企业更受到浙江PE投资机构的青睐(见表9-23)。

表9-23 2016年浙江省私募股权投资(PE)退出行业分布

行业	起数(起)	比例(%)
机械制造	22	14.2
互联网	21	13.5
IT	19	12.3
娱乐传媒	17	11.0
化工原料及加工	11	7.1
建筑/工程	10	6.5
汽车	7	4.5
连锁及零售	7	4.5
生物技术/医疗健康	6	3.9
食品和饮料	5	3.2
清洁技术	5	3.2

续表

行业	起数(起)	比例(%)
房地产	5	3.2
物流	5	3.2
电子及光电设备	5	3.2
金融	5	3.2
农/林/牧/渔	2	1.3
其他	1	0.6
能源及矿产	1	0.6
未披露	1	0.6
合计	155	100.0

资料来源:私募通,2017-02。www.pedata.cn

(三)2016年浙江省私募股权投资市场LP研究

2016年浙江省内股权投资LP数量和规模保持了快速发展,有力地支持了省内外的股权投资市场。但同时,浙江省的区域经济环境和产业特点也使得省内LP相较于国内其他地区存在一些差异,主要体现在大中型企业、高净值家族及个人、银行及理财资金以及政府引导基金4个方面。

1. 浙江省大中型企业

浙江省作为我国民营经济的重要组成部分,省内诞生了一大批优质的民营企业,如阿里巴巴、盾安集团、银江集团等大型企业都设立了自主运营投资机构,阿里资本、如山汇金、银江投资等均成为全国知名的投资企业。

除公司或实际控制人直接设立股权投资机构外,大量的大中型企业也通过LP的形式直接投资省内外优质的基金。目前实体经济还有待提振,二级市场境况不佳,许多大中型企业都将更多的资产投入一级市场以实现保值增值,同时这样的资产配置也有利于上下游产业链的布局,为企业未来可能发生的产业链整合和市值管理手段进行前期筹备。对于股权投资基金而言,有产业背景与融资渠道,同时对股权投资也有过切身体会的大中型企业,特别是上市公司,已经成为国内GP青睐的候选。

2. 浙江高净值家族及个人

浙江地区自古以来属国内富庶地区,浙商也有长远的发展历史,近几年经济的快速发展也在浙江地区创造了大批高净值家族及个人。在2017年福布斯中国大陆地区排行榜中，丁磊、喻渭蛟、宗庆后、徐传化、鲁冠球等浙江籍企业家在全国名列前茅，浙江已经形成了相较于全国其他绝大多数省份更强的财富聚集效应。同时，与国内其他地区相比，浙江省的企业家有着更前卫的投资理念，所处行业也多属于互联网、先进制造业等新兴行业。在财富累积的情况下，更多的个人也愿意将资产配置的一部分进入一级市场，从而成为浙江省甚至是全国私募股权投资基金的重要资金来源。

3. 浙江省银行及理财资金

随着创新创业的发展，作为金融市场重要参与者的银行，也将更多相关资金通过LP投放到股权投资市场，例如2016年杭州联合银行就与清科集团联合发布了5亿元规模的股权投资母基金，其设立与运作充分利用了银行在区域市场多年耕耘和积淀的资源及股权投资机构在投资方面的专业经验。

2016年中国银监会、科技部、中国人民银行发布《关于支持银行业金融机构加大创新力度开展科创企业投贷联动试点的指导意见》，进一步推动银行金融机构"信贷投放"和"股权投资"相结合，通过相关制度安排，由投资收益抵补信贷风险，力求实现科创企业信贷风险和收益的匹配。此外，如诺亚财富旗下歌斐资产、宜信母基金等民间理财资金也成为国内及浙江地区股权投资机构重要的资金来源。

4. 浙江省政府引导基金

2016年，浙江省全省政府产业基金总规模为1123亿元，已到位资金617亿元。各级政府产业基金与社会资本合作设立市场化子基金354支，总规模为2285亿元，其中：政府产业基金出资375亿元，社会资本出资1910亿元，政府资金一级放大逾6倍。所设子基金已投资实体项目2239个，总投资额为3581亿元，其中：子基金投资646亿元，社会资本投资2935亿元。政府产业基金参与直投项目213个，总投资额286亿元，其中：政府产业基金投资79亿元，社会资本投资207亿元。政府产业基金共撬动社会资本5052亿元（政府产业基金发展概况详见第七章）。

浙江省在政府引导基金扶持政策方面给予了较大的支持，尤其在退出让利及分红方面，给予了适当的让利举措。在一定条件下，政府引导基金对于社会资本的投资回报要求仅相当于低息贷款的回报要求。2016年浙江省多个地级市、县级市、区也出台了一系列的政府引导基金管理办法。2016年7月，温州市政府印发《温州市科技创新创业投资基金管理办法（试行）》，设立规模10亿元的科技创投基金。2016年8月台州市政府印发《台州市基础设施与政府产业发展基金管理办法（试行）》，2016年5月，衢州市政府印发《衢州市科技创新引导基金实施细则（试行）》等（见表9-24）。

表9-24　浙江省政府引导基金管理办法对比

基金管理办法	规模	参股比例	投资本地比例	投资领域限制	让利及收益分红
国家新兴产业创投计划参股创业投资基金	–	中央财政参股比例不超过20%	–	节能环保、信息、生物与新医药、新能源、新材料、航空航天、海洋、先进装备制造、新能源汽车、高技术服务业（包括信息技术、生物技术、研发设计、检验检测、科技成果转化服务等）等战略性新兴产业和高新技术改造提升传统产业领域	（1）除对参股基金管理机构支付1.5%～2.5%的管理费外，业绩奖励采取"先回本后分利"的原则，原则上将参股基金增值收益（回收资金扣减参股基金出资）的20%奖励参股基金管理机构，剩余部分由中央财政、地方政府和其他出资人按照出资比例进行分配（2）对投资于初创期创新型企业的资金比例超过基金注册资本或承诺出资额70%的参股基金，中央财政资金可给予更大的让利幅度
北京创造战略性新兴产业产业创业投资引导基金	首期10亿元总额30亿元	引导基金与国家以及区级政府资金共同参股设立创业投资企业中，政府资金合计出资比例不得高于创业投资企业资金总规模的40%	投资于明确战略性新兴产业领域的资金额度不低于80%，投资于北京地区的资金额度不低于70%，投资于创业早中期阶段企业的资金额度不低于60%	北京市战略性新兴产业中处于创业早中期阶段的非上市企业	引导基金可将不超过投资收益的50%作为被跟进投资创业投资机构的效益奖励，剩余投资收益由引导基金收回

基金管理办法	规模	参股比例	投资本地比例	投资领域限制	让利及收益分红
浙江省转型升级母基金	目标规模100亿元	省转型升级基金与市、县政府合作设立的子基金，省转型升级基金出资比例不超过子基金设立规模的40%；省转型升级基金与社会资本合作设立的子基金，省转型升级基金的出资比例不超过30%	子基金及其管理机构受托管理的其他基金投资省内项目的资金总额不得低于省转型升级基金出资金额的3倍。	重点投向信息经济、环保、健康、旅游、时尚、金融、高端装备制造等七大产业，推进重点领域转型升级和开展对外投资合作，并适时做出调整	对初创期、中早期创业投资和其他具有外部性的投资以及各类创新业务，省转型升级基金可以采取一定期限收益让渡、约定退出期限和回报率、按同期银行贷款基准利率收取一定的收益等方式给予适当让利
浙江省创业风险投资引导基金管理办法	5亿元	最高不超过创业投资企业实收资本（或出资额）的25%	不低于80%	电子信息、生物医药、先进制造、新能源、新材料、环保节能、高效农业、现代服务业等符合浙江省高新技术产业发展规划的领域	3年内，转让价格按不低于引导基金原始投资额确定；超过3年的，转让价格按不低于引导基金原始投资额与按照转让时中国人民银行公布的同期贷款基准利率计算的收益之和确定
浙江省创新强省产业基金管理办法	20亿元	市场化子基金参股比例最高不超过基金规模的30%，参股区域基金最高不超过区域基金设立规模的40%	不超过区域基金设立规模的40%	浙江省内具有产业和技术优势的战略性新兴产业、高新技术产业、高效农业和现代服务业等领域项目	对投资效益特别好的项目，经基金公司申请、省财政厅批准，基金公司可以就该项目的增值收益对基金管理公司进行一定比例的业绩奖励

续表

基金管理办法	规模	参股比例	投资本地比例	投资领域限制	让利及收益分红
杭州市蒲公英天使投资引导基金管理办法(试行)	7500万元	参股比例最高不超过天使投资企业实收资本的30%	不得低于创新基金出资金额的2倍	杭州市域内电子信息、生物医药、新能源、新材料、环保节能、知识型服务业、高效农业、工业自动化、高端装备业等符合杭州市高新技术产业发展规划领域的企业	其他出资人在自引导基金投入后3年内购买的,如参股天使投资企业对外投资达到实收资本80%的,其转让价格按不低于引导基金原始投资额确定;其他情况的,转让价格按不低于引导基金原始投资额与按照转让时中国人民银行公布的同期贷款基准利率计算的收益之和确定。引导基金出资中同股同权部分按出资比例分配收益。如参股天使投资企业亏损,引导基金出资中让利性出资部分先于其他出资人承担亏损;同股同权出资部分按出资比例承担亏损
杭州市创业投资引导基金管理办法	10亿元	其参股比例最高不超过创业投资企业实收资本的25%	资金规模在2亿元(不含)以下的,投资本地不低于70%;资金规模在2亿元(含)以上的,投资本地不低于65%	杭州市域内电子信息、生物医药、新能源、新材料、环保节能、知识型服务业、高效农业等符合杭州市高新技术产业发展规划领域的企业	其转让价格可以按不低于引导基金原始投资额与按照转让时中国人民银行公布的同期贷款基准利率计算的收益之和确定。同等条件下被跟进创业投资企业有优先受让权
嘉兴市政府产业基金管理办法	未指定	最高不超过子基金总规模的25%	不低于50%	信息经济、环保、健康、旅游、时尚、金融、高端装备制造	被跟进创业投资企业、创业企业其他股东购买引导基金跟进投资形成的股权,其转让价格可以按不低于引导基金原始投资额与按照转让时中国人民银行公布的同期贷款基准利率计算的收益之和确定。同等条件下被跟进创业投资企业有优先受让权

续表

基金管理办法	规模	参股比例	投资本地比例	投资领域限制	让利及收益分红
义乌市创业投资引导基金管理办法（试行）	5亿元	最高不超过创业投资企业实收资本（出资额）的25%	不低于基金实收资本（出资额）的30%	优先投向义乌市内创业企业或项目	（1）3年内，投资义乌市资金占创业投资实收资本（出资额）比例达到50%以上的（含），自引导基金投入3年内购买引导基金持有的股权，转让价格按不低于引导基金原始投资额确定；超过3年的，转让价格按不低于引导基金原始投资额与转让时中国人民银行公布的同期贷款基准利率计算的收益之和确定（收益从满3年的次日起计算）（2）投资义乌市比例达30%（含）以上的、50%以下的，转让价格按不低于引导基金原始投资额与转让时中国人民银行公布的同期贷款基准利率计算的收益之和确定
宁波市创业投资引导基金管理办法	10亿元，首期启动2.5亿元	最高不超过创业投资企业实收资本（或出资额）的35%	投资于宁波市不低于50%；投资于宁波市初创期企业的资金不低于15%	新材料、新装备、新能源、新一代通信技术、海洋高技术、节能环保、生命健康、创意设计	被跟进创业投资企业、创业企业其他股东购买引导基金跟进投资形成的股权，转让价格可以按不低于引导基金原始投资额与按照转让时中国人民银行公布的同期贷款基准利率计算的收益之和确定

续表

基金管理办法	规模	参股比例	投资本地比例	投资领域限制	让利及收益分红
衢州市科技创新引导基金实施细则（试行）	—	引导基金对子基金的出资比例最高不超过子基金总额的30%，且始终不作为第一大股东或最大出资人	投资衢州市级范围内注册企业的资金不低于子基金总额的50%	新技术、新工艺、新装置、新产品、新材料等创新成果的转化应用，重点投资于电子信息、生物与新医药、资源与环境、高端装备制造、新能源及节能、新材料等高新技术领域以及传统产业的升级改造等。子基金应优先投资市科技成果转化项目库中的项目	子基金存续期结束后，子基金出资各方按照出资比例或相关协议约定获得投资收益
台州市基础设施与政府产业发展基金管理办法（试行）	首期总规模不低于2亿元	市基础设施与政府产业发展基金出资比例不超过子基金设立规模的40%	子基金及其管理机构受托管理的其他基金投资市内项目的资金总额不得低于市基础设施与政府产业发展基金出资金额的1倍	加快农业、工业、现代服务业、科技、教育文化、旅游业和各项社会事业发展，着力解决城乡区域发展的不平衡问题	产业发展基金各出资方应当按照"利益共享、风险共担"的原则，明确约定收益处理和亏损负担方式。对于归属政府的投资收益和利息等，除明确约定继续用于投资基金滚动使用外，应按照财政国库管理制度有关规定及时足额上缴国库。投资基金的亏损应由出资方共同承担，政府应以出资额为限承担有限责任

续表

基金管理办法	规模	参股比例	投资本地比例	投资领域限制	让利及收益分红
绍兴市创业投资引导基金管理暂行办法	引导基金总规模为2亿元人民币，其中：50%用于阶段参股，30%用于跟进投资，20%用于风险补助。资金规模在以后年度可根据实际进行调整	引导基金的参股比例最高不超过创业投资企业实收资本（或出资额）的25%，且不能成为第一大股东	投资对象原则上应当是在绍兴市区范围内注册设立的创业企业，投资绍兴市区范围企业的资金不低于70%	不得投资于流动性证券、期货、房地产业以及国家政策限制类行业。引导基金的重点支持对象为在绍兴市区范围内注册设立的投资电子信息、生物医药、新能源、新材料和高效农业等符合绍兴市高新技术产业发展规划领域的创业投资企业	引导基金按照投资收益的50%向共同投资的创业投资企业支付管理费和效益奖励，剩余收益由引导基金收回
温州市科技创新创业投资基金管理办法（试行）	科技创投基金规划总规模10亿元，根据资金投资安排按计划逐步分期到位	科技创投基金参股比例最高不超过创业投资企业（或天使投资企业）实收资本的30%，且不能成为第一大股东	投资温州市范围内企业的资金不低于50%	科技创投基金主要投向温州市域内新一代信息技术、医疗健康与生命科学、高端装备制造、激光与光电、新能源、新材料、节能环保等符合温州产业发展规划和政策的重点领域	被跟进的创业投资企业、被投资企业其他股东购买科技创投基金跟进投资形成的股权，转让价格可以按不低于科技创投基金原始投资额与按照转让时中国人民银行公布的同期贷款基准利率计算的收益之和确定。同等条件下被跟进创业投资企业有优先受让权

资料来源：清科研究中心根据公开资料整理，2017-02。

二、2016年度股权投资协会会员单位发展状况

为更好地分析浙江省股权投资行业协会会员单位在私募资产管理方面发展现状，根据定向调研问卷反馈数据和各机构在2016年的突出表现，梳理过去一年来会员单位的发展成绩。

(一)会员单位募资市场分析

本部分所指的募资基金包含私募股权基金、并购基金、母基金、房地产基金、定增基金等多种基金。根据协会定向调研有效反馈问卷进行统计,2016年会员单位新增各类基金总募资基金数量为83支,所有投资基金注册地均在浙江,披露实际已募集到的资金总金额107.05亿元。

从平均募资金额来看,浙商创投股份有限公司(以下简称浙商创投)平均募资金额最高,达到4.75亿元;在发布基金数超过5支的投资机构中,凯银投资管理有限公司(以下简称凯银投资)部分基金涉及房地产投资,平均投资金额也高达1.98亿元。

从基金类别来看,除定增、房地产基金、资管计划外,成长期及创业期投资基金依旧是会员机构的主要募资基金类型,同时并购基金和母基金成为浙江省主流机构设立的重要机构类型。在国内国企改制、供给侧改革等重大经济改革动力的推动下,并购基金在国内迅速火热起来;浙江省作为我国民营经济的重要组成部分,并购基金也迅速发展起来,这也是机构设立并购基金的主要原因。

(二)会员单位投资市场分析

调研数据显示,本次调研的机构2016年度共计投资案例达到115笔,总投资额为106.04亿元人民币。

从投资地域来看,投资地域在浙江省内有82起,占会员投资案例数71.3%;投资金额84.02亿元,占会员投资案例数79.2%,会员机构对于省内企业青睐度更高(见图9-1)。

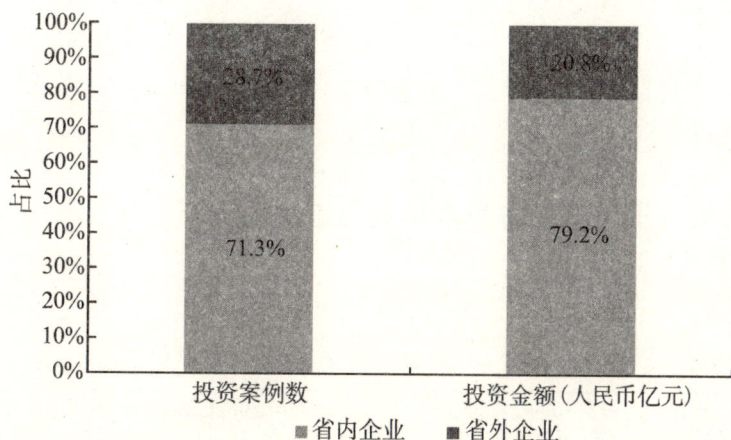

图9-1　2016年浙江省协会会员单位投资地域比较

从投资机构来看,浙江华睿控股有限公司(以下简称华睿控股)2016年度的投资案例最多,达到18起,总投资额为1.55亿元人民币,此外浙商创投和浙江天使湾创业投资有限公司(以下简称天使湾创投)等投资机构也较为活跃;投资规模位居前两位的是凯银投资和浙江天堂硅谷资产管理集团有限公司(以下简称天堂硅谷),投资金额均超过40亿元,房地产投资和定增投资的特殊性也使得两家投资机构的平均投资金额要大幅高于其他投资机构。

(三)会员单位退出市场分析

2016年浙江会员单位实现退出70起,其中IPO退出有23起,成为退出最主要的方式。除上述退出外,2016年浙江会员单位投资的企业有超过30家实现新三板挂牌,不过绝大多数新三板挂牌企业都未能通过新三板市场实现股权转让和退出(见图9-2)。

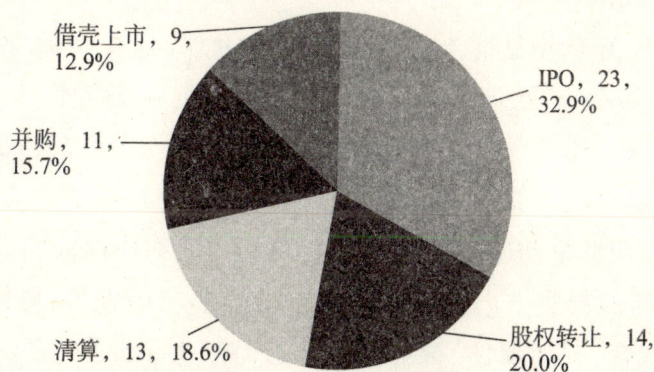

图9-2　2016年浙江省协会会员单位投资案例退出方式分析

三、2016年度浙江省股权投资市场典型案例分析

（一）2016年度浙江省早期投资典型案例分析

1. 案例一：创新工场投资卖好车

表9-25　案例一：创新工场投资卖好车

投资时间	投资方	投资币种	投资金额（亿元人民币）	被投公司中文名称	被投公司所在行业
2016-10	创新工场	美元	0.43	杭州一骑轻尘信息技术有限公司	互联网

2016年10月，卖好车宣布完成2000万美元A+轮融资，投资方为茂信资本、创新工场和北极光。卖好车主打汽车经销商B2B服务，不过在此之前以B2C模式的"买好车"为外界所知，在具体模式上，主要希望通过"卖好车"线上平台、"好车物联""好车金融"等服务来帮助经销商一站式解决车源、钱、流转的问题，通过信息流、资金流、物流效率全面提升的方式，帮助全国汽车经销商改善经营效率和利润率，降低经营成本，打造新车流通平台。卖好车母公司杭州一骑轻尘信息技术有限公司成立于2014年8月，同年9月获创新工场300万美元天使投资；2015年7月获北极光和创新工场亿元级A轮投资。卖好车CEO李研珠称此轮融资后，卖好车团队一方面将继续升级供应链服务，拓宽金融产品，为经销商提供更好的服务；另一方面将致力于打造更强大的服务团队。

投资方简介：

创新工场由李开复博士创办于2009年9月，旨在帮助中国青年成功创业。创新工场是一家早期投资机构，同时为创业者提供全方位的创业服务。作为国内一流的创业平台，创新工场不仅提供创业所需的资金，还针对早期创业所需要的商业、技术、产品、市场、人力、法务、财务等提供一揽子创业服务，旨在帮助早期阶段的创业公司顺利启动和快速成长。

创新工场的投资方向立足于信息产业最热门的领域：移动互联网，数字娱乐、在线教育、智能硬件、智能商务、云计算、电子商务；主要涉足的投资阶

段为:种子轮、天使轮和A轮,B轮会有选择地进行跟投。创新工场的基金来自全球投资者,其中既包括顶尖的专业投资机构和战略性投资者,也包括知名家族和个人。

2. 案例二:暾澜投资投资百子尖1亿人民币

表9-26　案例二:暾澜投资投资百子尖1亿元人民币

投资时间	投资方	投资币种	投资金额(亿元)	被投公司中文名称	被投公司所在行业
2016-07	暾澜投资	人民币	1.00	杭州百子尖科技有限公司	互联网

2016年7月,物产暾澜新兴产业基金与杭州百子尖科技有限公司(以下简称"百子尖")达成投资协议。此次投资由物产暾澜新兴产业基金领投,临安暾澜金控、置地暾澜等多支产业基金进行联合投资,持续注入总投资额1亿元,主要用于百子尖VR应用的研发及相应配套设备的采购。

百子尖基于近几年在仿真教学软件、硬件、内容方面沉淀与积累的技术优势以及在企业用户和高校端建立的市场渠道,不断刷新着自身的行业地位。同时,作为物产暾澜新兴产业基金的落地项目,未来公司将与参与此次投资的世界500强企业——物产中大集团展开多方面合作,依托上市公司强大的市场资源和品牌优势助推自身的跨越式发展;此外,百子尖还得到了临安市委、市政府的大力支持,规划在杭州城西科创大走廊的重要"站点"——临安青山湖科技城内筹建高端研发中心,整合海内外前沿科技,进一步提高自主研发能力;而暾澜投资也将通过百子尖这个平台,通过系列并购与重组,聚合全球范围内VR领域的优质标的,创造整合价值。……多方协同,合力将百子尖打造成为一个面向工业、教育、培训等多元化、综合性的行业应用级VR标杆企业。

投资方简介:

杭州暾澜投资管理有限公司,是国内迅速崛起并独具风格的专业创投管理公司。管理团队以成功企业家、世界500强企业、阿里巴巴集团高管为主,拥有资深的专业背景及创业投资管理经验。公司集聚海内外政府、资本、行业、技术和人才资源,致力于为优秀创业企业提供发展所需资本及成熟的管理经验,持续帮助企业成长,建立领先优势。

公司成立以来,管理资产规模超过200亿人民币,陆续投资企业超过60家。发起设立的基金包括"风云浙商"天使基金(VC)、区域产业振兴基金、PE&并购基金以及海外并购基金。

3. 案例三:动域资本投资狂战贸易4000万人民币

表9-27 案例三:动域资本投资狂战贸易4000万人民币

投资时间	投资方	投资币种	投资金额(亿元)	被投公司中文名称	被投公司所在行业
2016-02	动域资本	人民币	0.4	杭州狂战贸易有限公司	娱乐传媒

狂战贸易是由前Dota世界冠军伍声2009年创办的一家公司,2016年2月其获得了来自动域资本4000万人民币的A轮融资。在狂战贸易主要的三条业务线主播电商代运营、主播经纪和游戏联运中,伍声也是自家公司签约的主播,需要去维持视频内容的更新,自己的淘宝店也由公司进行运营。

投资方简介:

动域资本成立于2015年,由贵人鸟股份(603555)、虎扑体育和景林资本管理有限公司共同发起成立,专注于体育产业投资。动域资本相信体育产业正成为中国经济增长的核心动力,相信民众消费力提升,互联网科技的崛起和改革红利构成了体育产业爆发的契机。

4. 案例四:齐一投资投资优腾教育500万元

表9-28 案例四:齐一投资投资优腾教育500万元

投资时间	投资方	投资币种	投资金额(亿人民币)	被投公司中文名称	被投公司所在行业
2016-08	杭州齐一投资管理有限公司	人民币	0.05	杭州优腾教育咨询有限公司	娱乐传媒

2016年8月,优腾教育获得500万元天使轮融资,由齐一天使投资。优腾教育的主营业务是帮蓝领人群进行手机维修培训,具体做法是与浙江科技学院合作,租赁教学场地和宿舍等,招募培训老师和学员。"优腾教育"创始人黄雷拥有10年教育培训行业工作经验,先后在南富士(中国)、武汉颂大教育科技股份有限公司(新三板)等企业担任过教务经理、教学总监职位,并且还是"闪修侠"的企业培训顾问。

投资方简介：

杭州齐一投资管理有限公司成立于2015年12月，注册资本117.65万人民币。齐一天使是一家关注互联网、消费升级的早期天使基金，目前已投资的项目包括finger、纸箱哥传媒、远征游戏等。

（二）2016年浙江省创业投资（VC）典型案例分析

数据显示，2016年浙江省企业共发生创业投资324起（即全国各地区机构投资浙江地区企业），其中披露交易金额的投资案例314起，合计发生投资金额111.67亿元。

1. 案例一：链东投资投资易港金融6000万人民币

表9-29　案例一：链东投资投资易港金融6000万人民币

投资时间	投资方	投资币种	投资金额（亿人民币）	被投公司中文名称	被投公司所在行业
2016-06	浙江如山汇金资本管理有限公司	人民币	0.6	杭州易港诚互联网金融服务有限公司	金融

2016年6月，全品类汽配供应链移动电商平台神汽在线获得盈动资本和如山资本数千万元Pre-A轮投资。神汽在线总部位于杭州，隶属于浙江神汽电子商务有限公司，目前主要产品形态集中在移动端，有终端门店版与车主版。面向C端车主的移动APP，主要为车主提供基于LBS的预约、查询养车、修车等服务；面向B端主要以汽配供应链服务为主，建有移动电商平台，主要向汽修终端门店提供全品类、一站式汽车配件供应链服务。同时其在线下建立有自营仓储物流体系，期望通过移动终端帮助门店进行数据化管理、提高运营效率。目前，其主要以浙江为中心，在上海、江苏、安徽、广东、福建等多个城市地区建有10余个线下仓储中心。

自2015年10月27日成立至2015年年末，神汽在线在不到半年的时间内已连续拿到两轮融资。第一次融资在2015年10月份完成，由盈动资本投资；第二次融资在2015年12月底完成，由如山资本投资。神汽在线方面表示，两轮Pre-A融资主要用于打造一站式、全品类汽车配件供应链，以及用于人才储备、全国仓储物流布局、移动端技术运营、服务提升等方面。

投资方简介：

浙江如山汇金资本管理有限公司成立于2007年7月，是盾安集团旗下的投资管理公司。如山投资专业从事高科技、成长性企业股权投资，涉及先进装备制造、安防、新能源、新材料、物流、精细化工、影视文化等领域，是浙江省创业风险投资行业协会副会长单位、中国投资协会创业投资专业委员会常务理事单位。

2. 案例二：银江资本投资数牛金服3000万人民币

表9-30　案例二：银江资本投资数牛金服3000万人民币

投资时间	投资方	投资币种	投资金额（亿人民币）	被投公司中文名称	被投公司所在行业
2016-08	银江资本	人民币	0.30	浙江数牛金融信息服务有限公司	金融

数牛金服的A轮融资发生在2016年8月末，融资金额3000万元，投资方为上市公司银江股份旗下的智慧产业投资基金，本轮融资主要用于团队建设、技术开发以及市场推广等方面。浙江数牛金融信息服务有限公司（简称"数牛金服"）是定位"科技型投行"的金融科技公司。数牛投行专注为"新型城镇化""投资、融资、建设、运营"领域提供专业的投行服务；整合社会资本，参与民生建设相关的PPP投资及管理；发现稳健的基础资产并致力于此类资产的ABS。数牛金服自成立以来，已服务超过24家地方政府旗下核心国有企业，累计为新型城镇化项目实现融资超过30亿人民币，服务区域辐射浙江、贵州、山西、湖南、四川等地区，支持当地经济的发展。

数牛金服目前合作的交易所有20多家，基本能够覆盖项目所在地。数牛科技还帮助一些地方企业打造互金平台，为其提供系统建设以及运维业务外包技术支持等。公司和山西股权交易中心达成合作并成为战略合作会员，和贵州、内蒙古、天津、宁夏等省（区、市）股权金融资产交易中心以及上海市锦天城律师事务所等成为战略合作伙伴。

投资方简介：

浙江银江股权投资管理有限公司是由银江科技集团发起设立的专业风险投资管理机构，公司旗下现拥有两支基金，分别是浙江浙科银江创业投资有限公司和浙江银江辉皓创业投资合伙企业。公司重点关注城市信息化、物联网、新能源、新材料、教育、医疗健康和环境等领域内的潜力企业,打造"产业支撑"＋"投行服务"模式,以创业投资为主营业务,辅以创业投资咨询、管理咨询、财务顾问等增值服务,投资资本覆盖初创期、成长期、成熟期、Pre-IPO等各个阶段,致力于推动中国高新技术产业的战略性发展。

3. 案例三:浙商创投投资联川生物2000万人民币

表9-31 案例三:浙商创投投资联川生物2000万人民币

投资时间	投资方	投资币种	投资金额(亿人民币)	被投公司中文名称	被投公司所在行业
2016-05	浙商创投股份有限公司	人民币	0.20	杭州联川生物技术有限公司	生物技术/医疗健康

2016年5月,杭州联川生物技术有限公司(LC-Bio Technologies Co., LTD)成功获得数千万元天使轮融资,该资金由浙商创投投资。依靠本轮融资,联川生物将加速在医学检测和精准医疗领域的布局。联川生物成立于2006年6月,是一家提供全方位组学服务产品的生物技术公司,已在微流体芯片、高通量测序等领域获得数十项发明专利以及软件著作权。经过10年的高速发展,联川生物已形成了以医学基因检测和科研技术服务为主体的长期发展战略。

近几年,联川生物在精准医疗方面进行各项技术的战略储备,将利用掌握核心技术与二代基因测序,积极布局精准医疗。未来,联川生物将专注于快速基因靶向技术的开发,为精准医疗提供个性化技术平台。

投资方简介:

浙商创投股份有限公司(简称"浙商创投")以创业投资为主线,发展财富管理,加大资产管理布局,致力于打造创业投资和财富管理的浙商品牌,现已发展成为浙江省管理资金规模最大、投资项目最多、投资业绩最佳、实力最强的资产管理平台之一。

浙商创投的LP队伍汇集了传化集团、喜临门集团、滨江集团、红石梁集团、惠康集团、浙江省二轻集团、杭州市金融投资集团、万事利集团、青春宝集团、春风集团、美好控股集团、杭实集团、华立集团、万马集团等数十家著名企业和上百位成功浙商,融合本土民营资本的力量,以"传承浙商精神,助力民族产业"为宗旨,植根浙江,拓展全国,通过股权投资的方式,扶持一批有自主创新能力的高成长性企业在创业阶段快速突破发展瓶颈,促进民族企业做大、做强。

4. 案例四:君润投资、道得投资等投资爱柯迪股份

表9-32 案例四:君润投资、道得投资等投资爱柯迪股份

投资时间	投资方	投资币种	投资金额(亿人民币)	被投公司中文名称	被投公司所在行业
2016-02	宁波君润创业投资管理有限公司、上海道得投资管理合伙企业(有限合伙)	人民币	1.35	爱柯迪股份有限公司	汽车

2016年年初,爱柯迪在新三板挂牌,转让方式为协议转让。2016年2月,爱柯迪在新三板定向发行2720万股,募集资金1.80亿元,发行对象包括道得资管、天巽柏智、君润科胜三家机构投资者。

爱柯迪股份有限公司,简称IKD,成立于2003年12月,坐落在现代化国际港口城市宁波,是一家专业生产铝合金精密压铸件的股份制企业。公司拥有压铸行业先进、高效的设计理念,具备自主研发,精益化生产和管理能力,并建有一套符合现代化汽车零部件生产要求的项目、生产管理体系,质量、风险控制体系。公司主要产品包括汽车雨刮系统、汽车传动系统、汽车转向系统、汽车发动机系统、汽车制动系统等适应汽车轻量化、节能环保需求的铝合金精密压铸零部件。

投资方简介:

君润资本专业从事股权投资、风险投资、企业并购业务,是国内投资成功率和资本收益率较高的专业投资机构之一,是宁波市规模最大的私募股权资本管理机构之一,浙江省股权投资行业协会副会长单位。

君润资本致力于成为中国有影响力的受人尊重的股权投资和资本管理机构,为客户提供长期、全方位的专业服务,使企业价值、资本价值、社会价值共同提升。君润资本的核心团队拥有不同的专业和产业背景,完整经历了中国创投业的盛衰周期,经手成功案例数十宗,在行业研究、实体企业核心能力识别、项目运行、投后管理等方面具备丰厚经验。区别于传统的股权投资基金,君润资本除为被投资企业注入资金外,还为被投资企业提供专业的行业研究、企业发展战略规划、激励制度建设和管理咨询、资本业务咨询

等增值服务。

君润资本管理的资产规模已逾40亿元,旗下有多支股权投资基金,主要投资新材料、节能环保、先进装备制造、生物制药、农业及移动互联网等其他新兴经济形态等产业领域和成长性企业。

(三)2016年浙江省私募股权投资(PE)典型案例分析

数据显示,2016年浙江省企业合计发生私募股权投资262起(即全国各地区机构投资浙江地区企业),其中披露金额投资案例数247起,合计投资金额736.30亿元。

1. 案例一:阿里资本投资闪电购2.67亿人民币

表9-33　案例一:阿里资本投资闪电购2.67亿人民币

投资时间	投资方	投资币种	投资金额(亿人民币)	被投公司中文名称	被投公司所在行业
2016-08	阿里资本	人民币	2.67	杭州鲜趣闪购网络科技有限公司	互联网

主打"掌上便利店"的闪电购正式宣布完成2.67亿人民币的C轮融资,领投者为阿里巴巴。同时,阿里已经成为其管理团队之外的单一最大股东。闪电购CEO王永森和COO邬强强都在阿里任职10年以上,曾领导聚划算等平台业务,是阿里上市后第一波离职创业的中高管。

闪电购成立于2014年,主打一小时送达,模式是与周围的便利店、水果店等合作。店铺进驻闪电购平台,用户在APP上下单,而后商家进行配送。融资完成后,闪电购将获得多项阿里资源支持,包括:手淘里"手淘便利店"的流量入口、菜鸟的仓储物流、阿里巴巴大数据的分析能力等。同时,闪电购将补齐阿里巴巴最后一公里运营的短板,与天猫超市次日达服务互为补充。

投资方简介:

阿里资本成立于2008年年中,隶属于阿里巴巴集团。公司通过投资、并购和业务拓展,创造战略和长远财富价值,成为繁荣电子商务生态圈的一支核心力量。阿里资本专注于电子商务及相关行业的投资,积极寻找和挖掘最有潜力的创业型公司,实现少数股权投资或战略并购。阿里巴巴战略投资总部位于杭州,同时在北京和上海设立办公室。

2. 案例二：金控资本投资网娱大师1亿人民币

表9-34　案例二：金控资本投资网娱大师1亿人民币

投资时间	投资方	投资币种	投资金额（亿人民币）	被投公司中文名称	被投公司所在行业
2016-08	浙江金控投资管理有限公司	人民币	1.00	浙江网竞网络科技有限公司	互联网

2016年8月，网娱大师宣布成功完成1.5亿人民币A轮融资，本轮由深圳市创新投资集团联合浙江金控资本、米趣科技旗下的米硕基金完成，将主要用于电竞赛事引擎的开发、电竞全产业链的布局及中国电子竞技嘉年华等全国性电竞赛事的筹办。网娱大师最早是一款针对网吧用户推出的移动端APP，用户可以通过该产品进行网吧订座、约战等功能，同时产品还打通网吧支付系统，支持在网吧进行消费。

投资方简介：

浙江省金融控股有限公司于2012年9月成立，注册资本120亿元，是浙江省政府的金融投资管理平台。公司为省直属国有企业，由浙江省政府授权浙江省财政厅进行监督管理，主要开展金融类股权投资、政府性股权投资基金管理及资产管理等业务，现已有全资、控股或参股企业共20多家，涵盖银行、证券、期货、信托、基金、保险、金融租赁等7大类主要金融业务。截至2015年年末，公司合并总资产1281亿元，净资产555亿元，其中归属于母公司净资产457亿元。公司按照浙江建设"金融强省"的战略部署，根据财政金融改革和国资国企改革的总体要求，紧紧围绕浙江省委、省政府的中心工作，着力打造省级金融股权投资平台、政府基金管理平台、金融创新服务平台等"三大平台"，为地方金融发展和全省经济转型升级提供助力。

3. 案例三：小咖投资投资南派投资1亿人民币

表9-35　案例三：小咖投资投资南派投资1亿人民币

投资时间	投资方	投资币种	投资金额（亿人民币）	被投公司中文名称	被投公司所在行业
2016-08	浙江小咖投资管理有限公司	人民币	1.00	杭州南派投资管理有限公司	娱乐传媒

2016年8月,南派投资获小咖投资1亿人民币的融资,估值翻5倍达15亿人民币。杭州南派投资管理有限公司(以下简称"南派投资")成立于2014年初,主要从事IP生态的开发与运营,秉承"IP生态"的理念,致力于推动IP内容和品牌自然有机结合,打造完整的IP生态系统,已知的超级IP有《盗墓笔记》系列、《老九门》系列等。据了解,未来3~5年内,南派投资还将持续打造2~3个全新的超级IP生态系统。成立不到一年,南派投资已先后完成由乐视、小米、顺为投资的A轮和A+轮天使投资近1亿人民币。

投资方简介:

浙江小咖投资管理有限公司(小咖资本)成立于2015年3月,公司核心成员在资本市场深耕近10年,拥有丰富的投资经验和深厚的行业资源,其关注投资领域主要包括影视文化、体育及以VR、AI为代表的新科技行业。截至2016年年中,小咖资本及其团队成员已投资近30个项目,主要包括:新丽传媒、南派泛娱、乐相科技、云端传媒、黑奥影业、至初无限、礼多多、奇虎360、浙江华数等。

4. 案例四:华策影视投资游趣网络

表9-36　案例四:华策影视投资游趣网络

投资时间	投资方	投资币种	投资金额（亿人民币）	被投公司中文名称	被投公司所在行业
2016-08	浙江华策影视股份有限公司	人民币	0.50	杭州游趣网络有限公司	互联网

2016年8月,A股公司华策影视(300133.SZ)与A站达成意向协议,公司向A站增资5000万元,投资完成后持股比例不低于2.7%,成为A站重要的战略性股东,进一步拓展二次元领域。以此计算,A站估值达18.51亿元(约2.84亿美元)。2015年8月A站曾宣布获优酷土豆5000万美元A轮融资;2016年1月,A站宣布完成6000万A+轮融资,投资方为软银中国。

投资方简介:

浙江华策影视股份有限公司成立于2005年10月,2010年10月上市,年产精品电视剧上千集,精品电影3~5部,是一家以影视剧制作、发行为核心,形成了影视基地建设、影城院线、新媒体、广告开发、产业投资等多元化发展格局的全产业链型影视企业，旗下拥有20多家子公司，创作规模、产业布局、公司市值、营收税利、品牌影响力均居全国影视企业领先地位。

（四）2016年浙江省政府引导基金典型案例分析

截至2016年，浙江省各级政府产业基金与社会资本合作设立市场化子基金354支，总规模为2285亿元，省内政府引导基金产业依旧保持了较快的发展和增长，为推动浙江省产业升级做出了重大贡献，典型代表有浙江省旅游产业投资基金、台州市基础设施与政府产业发展基金、温州市科技创新创业投资基金等。

1. 浙江省旅游产业投资基金

浙江省旅游产业投资基金成立于2016年，目标规模100亿人民币，由浙江省旅游局、浙江省旅游集团、新希望集团、浙江长龙航空公司及国家开发银行金融公司共同发起设立，由浙江省旅游产业投资基金负责管理。

基金将以母子基金投资、直接股权投资、重组并购投资等方式投向具有较高成长潜力、带动效应显著的旅游及相关新兴业态项目，包括优质旅游目的地资源的并购整合，具有重大牵引力的国家级、省级旅游度假区项目，特色小镇、旅游风情小镇项目，主题特色度假酒店、高等级客栈和精品民宿项目，自驾车房车营地、邮轮游艇、旅游演艺、运动休闲项目，养老养生、医疗康复等健康旅游项目以及计划在3～5年内上市的优质旅游企业等。

基金将有效发挥国有资本的激励引导示范作用和杠杆放大效应，以市场化手段和专业化运作促进社会资本投资旅游业。…力争通过5年左右时间的努力，着力培育5家旅游类上市企业，撬动社会资本投资1000亿元以上，参与建设100个旅游项目，有力推进浙江旅游产业供给侧改革，带动浙江相关产业发展，成为浙江万亿旅游产业"511"行动计划的重要引擎。为确保浙江旅游业发展继续走在全国前列，把浙江建设成为我国旅游改革创新先行区、转型升级引领区、全域发展示范区、惠民富民样板区和国际知名的旅游目的地做出了应有的贡献。

浙江旅游产业基金目前已经与6个浙江省旅游产业投资基金首期投资项目签约，分别是与天台县人民政府签署《天台县全域旅游投资合作项目协议》；与遂昌县人民政府签署《遂昌县旅游产业子基金投资合作项目协议》；与开化县人民政府签署《开化县根缘特色小镇旅游投资项目协议》；与新昌县人民政府签署《大佛寺景区射雕村开发合作项目协议》；与淳安县千岛湖旅游集团签署《千岛湖旅游集团拟上市平台股权投资项目协议》；与浙江卓锐科技股份有限公司签署《互联网智慧旅游合作项目协议》。

2. 台州市基础设施与政府产业发展基金

台州市基础设施与政府产业发展基金重点投向信息经济、环保、健康、旅游、时尚、金融、高端装备制造、农业农村、教育文化、基础设施与公共服务等产业，推进重点领域转型升级和开展对外投资合作，并适时做出调整，不得投向高污染、高能耗、落后产能等限制行业。

基础设施与政府产业发展基金和社会资本合作设立的子基金，台州市基础设施与政府产业发展基金的出资比例不超过30%（出资"天使基金""种子基金"的比例可适当提高），且子基金及其管理机构受托管理的其他基金投资市内项目的资金总额不得低于市基础设施与政府产业发展基金出资金额的1倍。

截至2016年年底，和度投资、安芙兰投资、谱润投资等成功申请到了子基金，拟设立台州市和度创业投资合伙企业、台州安芙兰创业投资合伙企业、台州绩优创业投资合伙企业等6支子基金，子基金合计管理规模40亿元。

3. 温州市科技创新创业投资基金

2016年7月，浙江省温州市发布《温州市科技创新创业投资基金管理办法（试行）》。根据该办法，温州市将设立一支总规模达10亿元的政策性基金——温州市科技创新创业投资，搭建一条引导温州民间资本进入创投领域的新通道，促进优质的科技项目、人才等创新要素集聚温州，为该市产业转型升级注入新动能。

科技创投基金主要投向温州市域内新一代信息技术、医疗健康与生命科学、高端装备制造、激光与光电、新能源、新材料、节能环保等符合温州产业发展规划和政策的重点领域。参股设立的创业投资企业的资金规模最低为1亿人民币（天使投资企业最低为3000万人民币）。科技创投基金参股比例最高不超过创业投资企业（或天使投资企业）实收资本的30%，且不能成为第一大股东,参股期限一般不超过5年,退出清算期一般不超过2年。

2016年年底,优势投资、逐鹿投资、维度投资等投资机构成功申请子基金,拟设立浙南科技创新投资基金(有限合伙)、浙江创业家基金(有限合伙)、温州逐鹿投资中心基金(有限合伙)、温州维度科创投资中心(有限合伙)4支子基金,子基金合计规模合计3.6亿元。

(五)浙江省特色基金小镇典型案例分析和经验总结

基金小镇是浙江省股权投资市场的独特产品,也是促进省内创新创业发展的优势资源。项目启动以来各省级、市级、区(县、市)级基金小镇快速发展,吸引了大批金融机构聚集。

1. 玉皇山南基金小镇

(1)基金小镇基本情况

山南水北,财富高地。基金小镇坐落于杭州上城南宋皇城遗址核心区,处于上风上水、文化积淀深厚的玉皇山南,钱塘江北。小镇规划总占地面积5平方公里,核心区域3平方公里,用于办公的建筑面积达70万平方米。小镇依托长三角高度的资本财富集聚和深厚浓郁的金融历史文化底蕴,以美国格林威治小镇为标杆,重点打造私募股权投资基金产业链,是浙江省推进供给侧改革、促进经济转型和建设财富管理中心的重要平台。

截至2016年年底,小镇集聚入驻企业1090家,其中股权类企业705家、证券类企业354家、期货类企业31家,相较于2014年年初增长了10倍以上。资金管理规模突破5900亿元,投向实体经济项目805个,达到1800亿元,扶持85家公司上市,受益企业600余家,实现税收10.77亿元。

小镇的快速发展主要得益于:一是强强联合,打造新金融产业重要集聚地。小镇借助浙江省雄厚的民营资本,大力吸引股权投资、证券期货、财富管理类机构入驻,构建新金融产业生态圈。同时,与浙江财经大学签订战略合作协议,成立中国金融研究院上城分院,共同打造协同发展的新金融产业链。二是对照标杆,打造中国版格林威治小镇。小镇充分利用"后峰会时期"的效应和红利,加强与格林威治小镇的联系,初步建立了合作意向。诚邀各方才俊,着力将全球私募基金峰会办成为汇聚全球精英、具有国际视野的顶级论坛。吸收上海国际化金融中心的先进经验,大力建设国际化配套设施,提升小镇在教育、医疗、居住等方面的国际化水平,为入驻的金融人才提供优质服务。三是夯实基础,打造全省金融改革试点平台。小镇于2016年成立了投资公司和运营公司,分别负责小镇投资建设和运营管理工作。通过公开招聘、购买服务等方式,打造一支市场化、专业化的招商团队。目前,国信国控、中金等一批"中字头"基金已落户小镇,永安期货、财通证券等纷纷在小镇成立资管机构,交通银行成立山南对冲基金支行专门服务小镇企业。这些企业的入驻进一步夯实了小镇财富管理示范基地的基础。小镇还积极打造金融人才管理改革试验区,累计吸引国内外高端金融人才逾2000名,其中海归人才200余人,国内领军人才30余人。王铁飞、王昌南等一大批业内领军人物纷纷入驻小镇,定期对小镇建设发展进行专题研究,提供市场化的咨询服务。

(2)基金小镇企业涉税服务情况

一是部门联动。在服务小镇企业时,加强与小镇管委会、区财政局、区金融办、区市场监管局等部门的联系,建立信息共享机制,定期交换信息,完善相关工作机制。二是政策直通。结合便民办税春风行动,上城地税部门举办多场"税收政策直通车进小镇"活动,邀请省局、市局的税政专家和分局业务骨干深入小镇,现场为企业答疑解惑,帮助企业了解并用好用足财税优惠政策,并将"税收政策直通车活动"作为企业与地税分局"一对一"的政策服务对接平台予以机制化。三是精准服务。上城地税部门秉持"企业需要时马上出现,企业不需要时不胡乱打扰"的服务理念,以纳税人需求调查为起点,通过问卷调查、座谈会、上门走访等形式倾听意见,梳理需求,研究服务措施。通过开辟"绿色通道",建立"预约制度",采取上门服务等方式,节省纳税人办事时间,及时解决了企业的重大涉税需求,为企业的经营发展保驾护航。

2016年度,小镇由地税部门征收的税收收入近7.72亿元,同比增长133.09%,其中营业税7846万元,同比增长65.88%,企业所得税3.16亿元,同比增长223.75%,个人所得税3.55亿元,同比增长102.18%,其他税收收入2132万元,同比增长108.61%。从流转税征收入库情况看,2016年1—4月,营业税入库7846万元，国税部门征收的2016年度增值税12209万元，其中5—12月由最后一批实施营改增企业入库数为4040万。

2015年至2016年基金小镇企业已经享受各项税费优惠2010.85万元。其中研发费加计扣除1325.45万元，高新技术企业优惠365.57万元，小微企业优惠191万元（营业税优惠133万元，企业所得税优惠58万元），水利建设基金优惠128.83万元。另外，为帮助小镇企业加快发展，各级财政也加大了对小镇企业的扶持力度。2015年，共对12家企业发放了4965万元的扶持资金。2016年度目前正在受理中。奖励金融人才17人，金额129万多元。在服务小镇纳税人的过程中，上城地税部门始终以纳税人需求为导向，坚持点面结合、精准服务，努力扮演好"店小二"的角色。

2. 南湖基金小镇

南湖基金小镇自2015年6月入选首批省级特色小镇创建名单以来，在省委、省政府的大力关心支持下，在省特镇办的具体指导下，通过科学规划、完善政策、整合资源、优化服务等举措，大力发展基金产业，为区域产业转型升级提供强大的金融引擎，已成为南湖区乃至嘉兴市赶超发展的新增长领域。2016年，坚持创新发展、狠抓有效投资、注重招才引智，基金小镇创建取得一定成效，实现了"一年打基础，两年出形象，三年基本建成"的时序进度目标要求。

南湖基金小镇是全国率先提出打造私募股权投资产业集聚的基金小镇。小镇的发展思路是：着眼金融产业链布局，将基金小镇作为经济发展的重要战略平台，以建设小镇为基础，以集聚金融机构为核心，以服务实体经济为动力，创新发展互联网金融、融资租赁和商业保理等新型金融业态，打造新金融业态集聚高地。截至2016年年底，基金小镇已累计引进投资类企业2748户（其中2016年新增887户），其中基金管理公司369户，注册基金79.5亿元；基金合伙企业2379户，认缴资金3500亿元（2016年新增2000亿元），实缴资金1324亿元（2016年新增650亿元）。红杉资本、蓝驰创投、赛伯乐投资、赛富投资、策源创投、启赋资本、启迪金控、华睿投资、天图资本、领庆创投等国内知名投资机构陆续入驻，成为省内资本密集度最高的区域之一。

2016年,小镇实现税收3.98亿元,同比增长26.35%。小镇依托嘉兴科技城,深化浙江民企科技金融双对接活动,推动股权投资基金进入本地科创型企业,不少基金加大了对全市乃至全省科技类中小企业的支持力度。基金小镇引进的基金投资了全省108个项目,实际投资额为108亿元,其中,嘉兴市41个项目获得了58.2亿元的资金支持。四通车轮、凯实生物等科创型企业获得战略支持,青莲食品、和达科技、亚锦电子、艺能传媒等企业已挂牌新三板。高端要素有效集聚,2016年,小镇新增企业1212家,"国千"人才1人,高中级技术职称30人,"新四军"创业人数519人。开展技术合作的高校、省级以上研究院达2个。创新创业基地超4.7万平方米,基地数达18个,小镇正成为金融创新创业高地,集群效应日益显现,新型金融业态蓬勃发展。

(1)建立产业生态圈,促进投融资充分对接。为股权融资企业、政府融资平台、房地产企业的投融资对接,提供免费、自由的信息交流平台,企业可在平台上自由发布融资项目、投资需求,不定期举办投融对接会、提供专业金融辅导等线下服务,初步形成股权投融圈、政府平台投融圈和地产投融圈。截至2016年年底,该平台已有投融资会员1615个,累计发布融资项目550个,其中33个项目获得42.38亿元的融资额。

(2)探索智慧审批,提供高效便捷的审批服务。为入驻的有限合伙企业注册登记等行政审批程序定制开发,推出全国首个合伙企业全程电子化智慧登记平台——在线签名系统,实现"申报零纸张、电签零介质、审批零见面、领照零上门、办理零费用"的全新审批模式,为客商提供企业注册、名称核准等一条龙服务,确保小镇招商引资、创业创新工作的平稳落地,审批服务前置后投资项目审批节约至少50%的时间,在入驻客商中形成了良好的口碑。

(3)注重平台建设,成立金融科技研究学会。成立了全国首个金融科技前沿研究的非营利性学术学会——嘉兴市南湖互联网金融学会。学会由南湖互联网金融学院发起成立,面向全国互联网金融行业,为与金融科技相关的经济、技术、信息、管理、融资、法律法规、决策咨询等广大会员提供一个交流见解、探讨实际问题的平台。

(4)延伸产业链条,互联网金融蓬勃发展。先后新设融资租赁公司8家,京东金融、36氪、蚂蚁达客等125家国内顶尖互联网金融企业相继落户小镇，南湖环球金融中心正式对外招商，目前已签订办公正式入驻协议27家，意向入驻50家，入驻率60%。

南湖基金小镇在建设发展过程中，以培育壮大基金产业为核心，重点打造3个"金"品牌：优化基金入驻环境，创新打造"保姆式"服务金品牌；加快小镇实体建设，创新打造"定制式"办公金品质；加强金融行业规范，创新打造"立体式"监管金标签。

3. 梅山海洋金融小镇

梅山海洋金融小镇坚持"政府引导、市场主导、创新驱动、融合发展"理念，狠抓固定资产投资和优质项目引进，推动金融小镇的快速健康发展。小镇工作重心为以下几个方面：

一是不断增强组织机制保障。除管委会层面的"海洋金融小镇"项目推进工作领导小组外，成立重大项目服务工作小组，对丰盛集团等重大项目跟踪服务，提前对接，积极联系国土、规划等部门，提供考察、调研、签约、落地等一条龙服务。2016年小镇整体运作较为顺畅，小镇被宁波市发改委（市特镇办）评为考核优秀特色小镇。

二是着力推进区域规划研究。高起点、高标准、高要求，由中国领先的创业投资与私募股权投资领域综合服务及投资机构清科集团旗下的清科研究中心编制完成海洋金融小镇产业规划，明确金融小镇将坚持"现代化、多元化、国际化"发展方向，以"金融＋"和"金融创新"为中心，配合"行业发展配套"和"功能服务配套"两个功能，分阶段把小镇建设成为浙江泛海金融改革创新试验区、长三角产业金融创新试验区、国内首家海洋特色产融创新示范区。同时，小镇城市设计完成初稿，小镇湿地相关规划也已启动，这些都为小镇的下步发展指明了方向。

三是全力完善基础设施建设。小镇红线内在建项目顺利推进，七星南路、梅星河、梅山水道整治工程、三创基地一期等建设项目进展顺利，其中海洋金融创新基地一期工程，作为梅山岛上桥头堡的标志性建筑和海洋金融小镇的核心组成区块，今年主体结顶，预计明年8月份建成运营。目前，梅山玻璃钢船舶研究院等一批单位已表达了入驻意愿；三创基地二期开展前期报批,计划明年开工。宁波大学梅山校区全面开工,目前进行主体施工;海洋研究院也已全面开工。中聘互联网广场项目完成土地招拍挂,南鑫航运大厦进入前期准备阶段。

4. 鄞州四明金融小镇

为适应经济"新常态"下的产业结构转变,鄞州四明金融小镇指挥部积极规划建设产融结合、特色鲜明、兼收多种新兴金融业态的特色金融集聚中心,2016年1月28日,四明金融小镇正式被列入浙江省特色小镇名单。一年来,小镇坚持以"科技创新、制度创新"为发展思路,紧紧围绕区域经济发展目标,各项建设稳步有序推进。

(1)强规划重服务,完善政策保障

为切实推进小镇建设,确保四明金融小镇各项工作顺利推进,成立鄞州四明金融小镇指挥部,下设开发建设有限公司,主要负责财富管理总部的开发建设及入驻小镇企业的政策兑现及后勤服务;成立区产业发展投资有限公司,主要负责政府引导基金的出资及后续监管;新设"鄞州金融发展服务中心",落实人员编制,保障管理队伍。

在理顺体制机制的同时,积极明确小镇发展目标、实施步骤及具体举措等。通过走访调研、专题研讨等形式,编制小镇产业发展规划,明确发展方向和产业布局。积极推进基础工作建设,以小镇电子坐标为界,仔细排摸镇域内企业数量及金融企业,建立准确的小镇企业名录库,并根据注册地统计金融企业税收,明确小镇招商体制,完善日常管理。同时,在配套设施投入方面,以鄞州公园二期、南部商务区三、四期、新城大厦等项目为亮点的配套设施建设正在有序推进,及时跟踪31个重点项目建设进度,截至12月份,累计投资额达17亿元,其中,特色产业投资额占比82%。

在政策保障方面,积极对接财政、地税等多部门,研究并出台前期方案,通过多轮论证及横向比较,于2016年4月份出台了小镇奖励扶持政策。政策以产业和人才扶持为导向,对各类金融业态落户小镇给予开办、特殊贡献等多种形式奖励。政策优势显著,力度大、惠及面广,为促进企业集聚及金融高端人才落户提供了强有力的保障。2016年共举办了8场推荐会,参会机构达1500余家,参会人数达3000多人次。在招商工作上多管齐下,2016年新引进金融、类金融机构近230家，新增注册资本超280亿元。

（2）强创新重培育，激发规模效应

一是通过丰富产业布局激发聚集规模。小镇主要引进四大类金融业态包括：区域性、功能性金融机构、基金类企业、新型金融服务机构以及金融中介服务机构。目前，小镇内的主要项目有中钰资本（全国医药医疗行业领域最具实力的投资公司之一，将在鄞州成立规模30亿元的基金项目）、易联支付（国内大型非金融支付服务机构）、大道保理（浙江省首家商业保理试点机构）、中商投金控（中商投实业控股有限公司的全资二级子公司）、华烁资本（计划在两年内管理规模达30亿元）、中兵投资（实缴注册资本已达5亿元），此外还与陕西晋旅基金签订战略合作协议，将成立规模超过100亿元的基金项目。由产业引导基金出资的海邦才智、赛伯乐投资、同创伟业、盛世投资、中车集团等基金，资金管理规模呈几何形增长趋势。

二是通过服务引导助推企业成长。小镇金融业态日益丰富，为建立良好的金融生态链，在防控金融风险的同时，积极创新运行模式，实施企业落户"一口式"远程免费代办模式，并全程跟踪回访；召开入驻企业座谈会，及时了解企业的需求，积极帮助企业对接资源，开展各类资本相亲会及论坛，并为企业搭建沟通交流的平台。同时，充分发挥财政资金的杠杆效应，与小镇同期成立的鄞州区产业发展投资有限公司认缴出资20亿元，结合多个民间资本共同成立了多个基金，重点培育本土天使基金、量化投资等产业。目前，小镇引进的一些高成长性的项目开始崭露头角，如盛世投资，目前已募集到了10亿元民间资本和政府资本成立天使投资母基金，已投资10多家天使投资机构，目前二期母基金的募集也已完成，预计到2020年管理资产规模将突破30亿元；森浦融讯已获得由红杉领投的风投数千万美元的融资，组建了近400人的专业人才团队，业务覆盖全国97%的省份；宁波量化硅谷投资管理有限公司，在2016年金融市场的极端行情中，公司平台下的量化对冲产品显示了极大的稳定性，资产管理规模也得到了快速增长；金融企业的集聚效应促使更多的金融、类金融企业看到鄞州，看到四明金融小镇，"滚雪球效应"也逐步显现。在企业不断集聚的同时，一批高端金融人才、团队也相继落户鄞州，有省"千人计划"宋立国，市"3315计划"楼军龙、张杰平等，共集聚金融人才1000多名。

5. 海曙月湖金汇小镇

海曙月湖金汇小镇位于宁波海曙区中东部,占地面积约3.5平方公里,其中核心区约1平方公里,包括月湖西区和月湖景区。小镇着眼于服务宁波及长三角地区的实体经济,以新金融产业为核心、文化旅游为基础、众创产业为补充,形成金融、文化、旅游、社区"四位一体"融合发展格局,努力打造长三角南翼具有一定影响力的高端金融集聚中心、金融创新产业培育中心、互联网金融示范中心。小镇于2016年5月正式挂牌,同年列入市级特色小镇创建名单、省级特色小镇培育名单。

海曙计划总投资超百亿元,围绕海曙月湖金汇小镇的功能定位,着力推进核心区项目建设,并通过项目建设和产业集聚,拓宽区域实体企业融资渠道及发展空间。至2017年年底,海曙月湖金汇小镇计划引进金融龙头企业100家以上,管理资金3000亿元以上,打造长三角南翼具有一定影响力的金融中心。

(1)空间布局

根据规划,小镇为"一核三片"空间结构,其中"一核"即小镇核心区,包括月湖西区和月湖景区,面积约1平方公里,重点发展私募基金、产业基金和互联网金融等核心业态以及证券、期货、文化、旅游等业态。"三片",即三个拓展片区,东片为城隍庙·月湖盛园·莲桥第历史文化街区,重点发展私募基金、产业基金和互联网金融等核心业态;北片为秀水街·伏跗室·鼓楼沿历史文化街区,重点发展证券、期货以及法律服务、会计审计、研究咨询等共生业态;西片为宁波工程学院海蓝宝众创空间,重点发展创新经济和教育培训等业态,促进项目孵化培育。

(2)小镇核心区

海曙重点突出小镇核心区建设,着力构建"两轴四区"产业功能布局,小镇核心区的"两轴"分别为南北走向的金融产业发展轴和东西走向的文化旅游发展轴;"四区"则为金融产业集聚区、金融创新产业集聚区、文化旅游休闲集聚区和综合配套区等4个功能区。

海曙区按照《浙江省人民政府关于加快特色小镇规划建设的指导意

见》,在充分调研的基础上确定环月湖区域建设"新金融+历史街区集群特色小镇"——海曙月湖金汇小镇的基本思路,委托南方设计院完成了《海曙月湖金汇小镇概念性规划》,并在2016年上半年对规划进行了补充完善。2016年6月底,区发改局(金融办)牵头完成了小镇产业发展规划,明确了小镇产业进一步发展定位和具体推进计划,将金融和历史连接起来,利用历史街区有机更新,聚焦新金融,打造月湖金汇特色小镇,涵盖产业、文化、旅游、社区等功能,实现"产城人文"四位一体的有机融合。通过小镇建设,探索历史街区有机更新的新路径,将历史文化街区连线成片,并同步创建国家5A级景区,实现历史街区保护与新兴产业发展的融合。

(3)项目建设

海曙计划总投资超百亿元,围绕海曙月湖金汇小镇的功能定位,着力推进核心区项目建设,并通过项目建设和产业集聚,拓宽区域实体企业融资渠道及发展空间。当前小镇建设的重点是着力推进核心区6大项目建设,计划总投资94亿元,总用地面积300亩,平均投资强度达到每亩3133万元,2015—2017年计划投资68.2亿元。核心区3个重点项目:月湖西区一期、天一阁广场和月湖金贸大厦,月湖金贸大厦已投用,天一阁广场、月湖西区一期项目即将投用。

(4)招商引资

目前主要定位于引进各级产业基金和大型知名基金公司为主,在省、市政府及相关部门的大力支持下,小镇知名度进一步扩大,一批实力企业纷纷落户或者正在办理注册。中银国际、建银国际、天堂硅谷、北大青鸟、上海复兴星景资本、宁波市政府产业发展基金、宁波市金融控股有限公司、永安期货等先后入驻小镇。自2016年5月挂牌至2016年年底,累计入驻小镇企业121家,注册资金超300亿元,引进规模日益增大。

小镇牵头举办2016年中国股权投资论坛@宁波,参加第五届甬港澳台合作论坛、第十三届浙商大会、2016甬港合作论坛、罗杰斯世界风投对接峰会等重大活动,并对小镇的专题进行宣传推广,同时在全国各大媒体做广泛宣传报道。同时,积极开展各类活动,进一步打造知名度。2016年度举办行业沙龙、项目路演等品牌活动10多场,均取得良好反响;在宁波电视台、《宁波日报》《海曙通讯》、新华网浙江频道、浙江特色小镇官网等媒体平台发布小镇相关动态信息,宣传势头强劲;2016年累计接待客商、领导实地调研考察调研小镇超70批,人数超700人次。

6. 杭州西溪谷互联网金融小镇

西溪谷作为浙江大学国家大学科技园的强园扩园区域,于2011年启动。2015年,西溪谷启动特色小镇建设,计划将花坞路以东区域(3.1平方公里)打造成互联网金融小镇。目前,西溪谷先后成功申报市现代服务业集聚区、浙商总部基地,成为钱塘江金融港湾与城西科创大走廊的重要组成部分;成功入选首批市级特色小镇,成功创建杭州首个互联网金融产业集聚区,荣获"浙江十大金融创新集聚区""优秀金融集聚区"称号,并被列入省级特色小镇培育名单。

截至2016年年底,小镇已累计建成浙商财富中心、合生国贸、西溪新座、西溪和景等83万平方米楼宇。2016年在建项目总面积89万平方米,小镇已有支付宝、网商银行、网金社、芝麻信用等阿里系互联网金融龙头企业,也有了赛伯乐、浙商创投等知名创投机构,集聚了浙江大学国家大学科技园、淘员外培训基地、福地创业园等创新创业的平台。

2016年,小镇启动了互联网金融小镇的产业发展规划编制工作,举办了科技金融发展论坛,每周组织各类创新创业沙龙。重点实施了赛伯乐基金小坞、西溪新座X-WORK众创空间、乾唐筑梦空间等平台的打造,引进了口碑网、杭州蚂蚁金服、啾一啾等4家阿里系企业,完成了赛伯乐等12家基金公司的注册成立工作。全年累计引进企业150多家,小镇累计集聚企业超过了2000家。2016年小镇全年财政总收入43.21亿元,其中互联网金融机构实现财政总收入7.88亿元。小镇企业科技投入1.04亿元。固定资产投资(不包括商品住宅和商业综合体项目)15.85亿元,其中民间投资11.04亿元,占比69.65%;特色产业投资9.04亿元,占比57.03%,特色产业服务业营业收入占小镇服务业营业收入的42.36%。

根据小镇产业规划,进一步确定小镇发展思路,重点抓好小镇创建申报、小镇展示厅建设和西溪谷互联网金融创新创业指数的创建,确立小镇产业发展导向;加强与区财政、投资集团等部门的协调沟通,设立小镇产业发展基金,形成小镇产业发展引导能力;依托蚂蚁金服、赛伯乐、浙商创投等资源,汇聚互联网金融的行业协会、行业联盟、行业俱乐部等载体,搭建小镇产业发展服务平台;开展互联网金融论坛、创新创业沙龙和互联网金融、大数据、FINTECH(金融科技)培训等活动,推动人才、科技、资本、服务等要素的进一步聚集,确立话语权,推动小镇产业生态圈影响力不断扩大。

7. 杭州拱墅区运河财富小镇

2016年,运河财富小镇进入第二批省级特色小镇创建名录。一年来,小镇管委会在拱墅区委、区政府的正确领导下,主动对接钱塘江金融港湾发展规划,按照构建财富管理产业链和新金融生态圈,打造财富管理和新金融创新中心的目标要求,全力推动运河财富小镇建设,打造钱塘江金融港湾的"拱墅站"。

运河财富小镇出台的扶持政策,涵盖投资奖励、以企引企奖励等10个类别;积极开发完成小镇招商楼宇资源系统,对小镇招商楼宇进行统一信息管理;针对小镇创新金融产业特点,出台《拱墅区运河财富小镇金融风险防范机制》《运河财富小镇金融企业招商流程》等金融企业引入风险防控的相关工作机制,既确保产业欣欣向荣,又确保风险可控。

一是加快做地出让。小镇前期引进英蓝集团、远洋集团、绿地集团、万通集团等优商名企,共同参与小镇的建设及运营。2016年起,小镇的新增土地主要瞄准金融平台企业,把土地出让与产业招商有机结合。二是加快项目建设。小镇规划有100万平方米高端楼宇,目前核心区楼宇进入开工、建设、投用高峰期。

2016年小镇引进金融企业91家、文创企业68家,到位资金78亿元。引进浙科风投、海银集团、诺亚财富、投融长富、钜派投资、中新力合等金融业巨头。通过一年的努力,小镇产业集聚效应逐步显现。2016年,小镇累计完成固定资产投资22.9亿元,其中民间投资13.6亿元,投资占比59.52%;特色产业投资21.8亿元,投资占比95.20%。实现工业企业主营业务收入0.28亿元,服务业营业收入45.8亿元,其中特色产业服务业营业收入12亿元,占小镇服务业营业收入26.11%。实现税收5亿元,其中地方财政收入3.3亿元,上交省财政1.45亿元;比上年新增地方财政收入2亿元,其中上交省财政0.9

亿元。旅游接待总人数195.9万人次。

8. 义乌丝路金融小镇

2016年,丝路金融小镇各项工作大力推进,围绕金融小镇高端要素、推进机制、投入产出、功能融合、特色打造和整体进展6个方面,狠抓招商选资、项目建设和有效投资等重点工作,取得了良好的效果,在圆满完成预期创建工作的基础上实现了新的突破。

丝路金融小镇在产业定位上以金融业为主导,以贸易金融为主要特色,围绕义乌国际贸易提供金融服务。小镇总体规划面积3.8平方公里,其中建设用地2.46平方公里,主要规划布局三大功能区。金融服务功能区为核心区,规划面积0.75平方公里,重点发展金融业,主导业态包括金融机构、私募基金等专注资本运作的投资机构、国际贸易总部机构以及为国际贸易全产业链提供金融和衍生服务的创新型机构。文化会展功能区重点发展文化现代会展业,为义乌的国际贸易提供配套支撑。国际都市区重点强化城市功能,混合现代居住、生态旅游、休闲商业、国际教育等各种复合业态。

按照特色小镇创建工作方案,近3年丝路金融小镇重点建设金融服务功能核心区,加快培育金融、贸易主导产业集聚,争取通过3年的培育,着力打造浙中地区的"陆家嘴"。至2016年年底,小镇已开发建设面积0.77平方公里。目前小镇有25幢大楼开工建设,22幢大楼主体结顶,4幢大楼投入使用,2幢大楼开展前期工作。三鼎商业广场、农村合作银行金融商务综合大楼、复旦小学和国信证券综合大楼完成竣工验收;稠州商业银行金融商务综合大楼、义乌世贸中心、曙光国际大厦、曙光国际大酒店、福田银座AB座、浙商回归总部基地(义乌世界侨领商业总部大楼建设项目)、爱世港义乌国际电子商务总部大厦和文化中心二期(中国商贸博物馆、美术馆)等一批项目在建。

金融小镇自2015年创建以来累计完成有效投资36亿元,其中2015年完成有效投资14.8亿元,2016年小镇完成固定投资(不包括商品住宅和商业综合体项目)21.2亿元,同比增长43.1%,其中,民间投资18.9亿元,占总投资的89.1%。特色产业投资额13.8亿元,占比65.3%,同比增长83.3%。另外,小镇积极开展4A级旅游景区申报创建工作。招引金融机构42家;引进世界500强企业4家、中国民营企业500强3家;完成82家基金公司入驻,基金公司资产管理总规模超过100亿元。小镇被省统计局列为省特色小镇统计规范化试点单位之一。

围绕加快金融、贸易主导业态集聚、最大限度引导企业投资的目标,义乌着力在优化丝路金融小镇投资环境上狠下功夫,全力营造政策洼地、服务洼地。按照省里的扶持政策,义乌市政府专门出台了《促进丝路金融小镇发展若干意见》等优惠政策,对八类迁入义乌并注册在丝路金融小镇的金融机构给予最高2000万元的开办补贴,并在购房租房、财政奖励、人才激励等方面结合义乌实际因地制宜地制定了相应的扶持政策。其中开办补贴持牌类金融机构100万元以上甚至几千万元,私募基金、合伙企业最高100万元;购地购房采取成本价,并100%减免地方留成契税,租房补贴每年每平方米200元,补贴3～5年;财政奖励地方留成部分三免三减半;人才奖励企业高管减免个税,并在住房、社保、创业扶持方面人才引进相关政策。同时,进一步优化了从事国际贸易的企业入驻丝路金融小镇的招商政策,并针对企业投资项目采取市级领导"九联系""店小二"服务等工作措施,从市级层面加强组织协调,确保小镇建设按照省里的规范要求有序推进。

2017年小镇将进一步深化金融改革的内涵和外延,全力推进贸易金融体制和机制创新,加快构建与国贸改革相应的金融服务体系,继续全力发展总部经济,结合开展"浙商回归"工程,积极招引金融机构、国际贸易总部落户小镇,并集聚整合各类资源,拓展广泛产业生态圈,大力引进培育股权投资、证券投资基金,投资于国际贸易领域,形成"主导产业＋基金"链式创业创新模式。

四、浙江省私募股权投资机构多层次资本市场联动及"大资管"发展初探

2016年是我国多层次资本市场快速发展的一年。股灾结束后,二级市场IPO发审节奏经历了由慢到快的过程;新三板继续扩容,挂牌企业数破万家;并购市场发生案例数和交易规模突破新高,海外并购规模同比增长170%,这些市场作为私募股权的重要投资和退出渠道也对浙江省股权投资

市场产生着较大的影响。另外,浙江省内许多投资机构和会员单位也利用多层次资本市场的发展,进一步发行新的产品,拓展自有"大资管"业务。

(一)新三板对于浙江私募股权投资发展的作用分析

数据显示,2016年度全国新三板挂牌情况持续火爆,截至12月底累计挂牌企业达10163家,总股本达到5851.55亿股,流通股本2386.81亿股,总市值已达40558.11亿元。2016年度新增挂牌企业数量5034家,比去年同期新增挂牌数量增长41.5%,其背后是监管层对于新三板的一系列改革措施,使得拟挂牌企业信心增强,挂牌数量高歌猛进。

就浙江方面看,2016年浙江新增挂牌企业493家,占全国的9.7%,同比上升0.1百分点,仅次于广东、北京、江苏,位列第四。另外浙江地区有VC/PE支持的新三板挂牌数达210家,占全国的6.9%,在全国排名第五。整体来看浙江地区新三板挂牌的VC/PE支持率仅19.3%,不及全国平均的21.5%,未来还有待加强。

此外,新三板成为浙江省私募股退出的重要渠道,特别是2016年上半年IPO发审速度偏缓,同时新三板不断扩容,大批浙江省企业登陆了新三板。尽管目前少有企业能够通过新三板实现股权转让,但随着未来转板机制的推出,新三板的重要性将进一步加强。

(二)证券市场对于浙江私募股权投资发展的作用分析(IPO)

数据显示,2016年度共有291家中企在境内外资本市场上市,合计融资3125.01亿人民币,平均每家企业融资10.74亿人民币。2016年度上市数量及融资额较去年同期分别下降5.5%、11.8%。其中浙江省企业2016年上市家数31家,仅次于江苏和深圳地区,排名第三;合计筹资金额333.79亿元,仅次于北京和上海地区,排名第三。从VC/PE支持情况看,浙江省企业VC/PE支持的上市有19起,合计筹资金额268.45亿元。从上市地点来看,浙江省企业所有上市中有4起在海外市场上市,合计筹资金额155.23亿元,其余企业的上市地点均在内地。

平均融资金额方面,浙江省企业在国内外资本市场上市的平均融资额达到10.90亿人民币，略高于国内平均10.73亿元的平均融资额，但与北京、上海等地区相比还有一定差距。

证券市场退出目前仍是平均退出回报最高的退出方式，国内平均IPO回报倍数超过50%。随着2016年下半年以来IPO的加速，更多企业登陆资本市场实现了价值挖掘。如果未来政策能够保持，证券市场对于浙江省投资机构和企业的重要性也将进一步加强。

（三）浙江省并购现状对于浙江私募股权投资发展的作用分析

2016年中国并购市场共完成交易3105起，披露金额的并购案例总计2469起，共涉及交易金额1.84万亿元，平均并购金额为7.47亿元。其中浙江省企业作为并购方完成案例329起，占比10.6%，仅次于北京、广东（除深圳）、上海地区，排名第四；披露交易金额案例279起，占比10.4%，仅次于北京和上海地区，排名第三。浙江省作为被并购方完成并购案例276起，占比8.9%，仅次于北京、上海、江苏地区，排名第四；披露交易的237起案例，涉及交易金额880.60亿元，占比4.8%，排名第七。

综合上述分析可以发现，与被并购方市场相比，浙江省企业作为并购方市场，表现出了更强的并购实力。整体而言，并购是回报率仅次于IPO的退出方式。在供给侧改革进一步加速的情况下，并购有助于各类市场的产业整合和资源利用。2016年国内并购市场呈现爆发式增长，特别是海外并购，交易规模同比增长170%，并购越来越成为全国各地以及浙江企业实现跨越式增长的重要方式。

（四）浙江私募股权投资机构利用私募市场与传统金融机构合作联动的"大资管"发展现状和趋势分析

随着国内宏观经济的发展，资管行业迎来了前所未有的发展机遇。从稳增长的角度看，国家制定了保持经济中高速增长的整体发展目标。从促转型的角度看，"供给侧结构性改革"将加快经济的转型升级；稳增长，为资产管理行业的整体发展铸就了坚实的底层基础；促转型，会加速融资主体和融资工具的变化，为行业带来新的机遇。

尤其近几年,随着互联网及信息技术的发展,技术飞跃对资管行业产生了深刻影响。一是降低了信息的不对称性。由于产品信息和研究信息可以利用互联网快速传播,客户和资管机构获取的信息趋同,获取信息的成本也随之降低。二是提高了信用违约成本。互联网的发展使得信用信息在资管机构面前越来越透明且更加易得,融资方的违约成本逐渐增大。三是降低了行业壁垒。信息技术的发展,使得非传统金融机构可以凭借渠道和场景优势进入资管服务行业,加速了金融与非金融的深度融合。四是改变了生产的资源配置流程。借助互联网与大数据技术,客户需求得到更充分的体现,资管机构可以实时获取细分客户群体的偏好,无须等待市场价格信号的提醒来进行客户需求的匹配,提升了资源配置流程。

在资金来源方面,目前浙江资管客户以高净值个人为主,机构用户有待进一步开发。浙江省整体来看,以天堂硅谷为代表的管理资产规模较大的管理机构资金来源尚有一定比例的机构投资者,而一些中小规模的管理机构,资金来源主要以高净值个人为主,基本不存在机构投资者,这反映了机构本身资产管理实力需要尽快提升。从全球来看,全球资产管理市场经过多年发展,资金构成基本稳定:机构资金占比60%左右,其中养老金和保险占据最大市场份额,分别占比35%和15%;个人资金占比40%左右,主要来自公募基金、私人银行、个人养老金等。

在产品设计方面,产品种类仍较单一。在迈向大资管的发展方向上,目前浙江省资产管理机构产品较为同质化,种类单一,新型产品有待进一步开发,以便为投资人提供更多量身定制的产品。但与此同时,产品种类也在逐渐丰富。目前,浙江省资产管理机构产品主要以私募股权投资基金、证券投资基金、债权基金为主。以天堂硅谷为例,除私募股权投资基金外,基金专户、券商资管集合理财等产品也在不断发展。

就未来发展趋势来看,目前私募股权投资机构趋向于打造财富管理的平台,更大程度地实现投资人价值,主动帮助实体经济创造价值、改变价值、提升价值;开始倾向于积极的战略投资,在发现、支持、成就优秀企业家的过程中,分享价值增量;为高净值人群和机构提供资产管理服务。此外,私募股权投资机构还积极参与浙江省的国企改革,在各领域中寻找具有成长潜力的中小微企业,实现机构与实体经济双赢的局面。

(五)会员单位大资管发展分析

随着大资管时代的来临,浙江省股权投资协会的会员单位的大资管步伐也进一步加快。根据协会定向调研所提供投资项目资料进行统计,走在大资管大潮前列的代表机构募资渠道进一步拓宽,LP类型更加丰富,发行产品种类也更加多元化。

浙江省内投资机构在创投基金、股权投资基金持续活跃的同时,非私募股权投资基金比例也实现了进一步增长,如天堂硅谷在2016年利用自身在并购和产业整合方面的优势,发行了一批定向增发基金、PIPE基金和资管计划,用以进行二级市场、新三板市场、消费金融等多个领域的投资,为投资人带来更多的选择。在传统私募股权投资机构发行的基金中,母基金、并购基金、新三板基金等非直投基金得到快速发展。

华睿控股进一步加强各领域投资专业性,目前将公司细分为文化娱乐、产业互联网、新三板投资部、上市公司战略投资部等九大投资部门,强化在大资管背景下的业务流程化、精细化。

大资管模式的发展在会员单位中也体现在细分行业、投资阶段、投资模式等多方位的多元化。随着互联网泡沫的破裂,许多会员单位明显减少了对纯互联网项目的投资,在资金募集和投资上加强在互联网+以及大医疗、大消费等领域的关注度,同时在投资阶段上大型投资机构加强二级市场和一级半市场的投资,部分机构也在进一步开拓海外项目的投资。

五、浙江省股权投资业发展趋势分析及政策建议

(一)浙江省股权投资业发展趋势分析

1. 政府引导基金成为推动股权投资业发展的重要力量

近几年为促进各地区创新创业和股权投资健康发展,全国各个地区财政资金通过各种方式进入市场,政府引导基金呈现爆发式增长,巨量政府资

金涌入VC/PE,各类政府出资的政府母基金也蓬勃发展。2015年浙江省发布《浙江省人民政府关于创新财政支持经济发展方式加快设立政府产业基金的意见》,并设立了200亿元产业基金,浙江地区首支政府母基金也于2015年在宁波设立。2016年杭州市、宁波市、温州市等多个地区都有本地政府引导基金设立或筹划设立。与此同时,为进一步促进地区创新创业发展,浙江省各个市、县(市、区级)制定了多方位的优惠鼓励政策,吸引股权投资机构落户到当地或投资当地企业,进一步促进了浙江地区股权投资市场的持续活跃。

2. 文化类、技术类项目成投资机构新宠

在"双创"政策的刺激下,我国私募股权行业迎来了"第二春",但融资频繁、融资额高企和新基金的不断涌现也使得部分企业估值水涨船高,一些投资出现"泡沫化"现象。特别是在O2O、电子商务等领域,用户补贴的烧钱模式难以为继,大量的中小公司出现融资困难。浙江地区的股权投资机构在项目选择上也从传统的大互联网领域投资和商业模式投资转向对有一定技术门槛和有一定盈利能力的公司进行投资。

此外,相比于其他地区,浙江省内文化产业投资占据明显优势,私募股权类(PE)投资中娱乐传媒行业投资案例数仅次于互联网位居第二位。浙江地区在文化领域发展方面具有独特的优势,一方面杭州、东阳横店等地区对相关企业给予了大力支持和政策优惠;另一方面浙江地区拥有浙江卫视、华策影视、唐德影视、宋城演艺等大批上市公司和行业龙头企业,为行业上下游产业链的发展提供了充足的资源。预计未来技术类投资和带有地域产业优势的文化类投资将受到更多投资机构的青睐,在这一趋势下将进一步加剧创业企业的优胜劣汰。

3. 基金小镇促使私募股权投资业走向集聚发展模式

浙江省2015年全面启动特色小镇建设,截至目前共约80个特色小镇列入省级创建名单。省级政府也在2015年发布《浙江省人民政府关于加快特色小镇规划建设的指导意见》,明确基金小镇的规划、产品定位、目标,并从土地支持、政府财政补贴等多个方面促进浙江各个地区基金小镇快速发展。截至2016年年底,仅杭州玉皇山南基金小镇已累计入驻金融机构1090

余家,资管规模突破 5900 亿元,税收 10.77 亿余元,同比增长 200%左右;小镇投向实体经济已达 1800 亿元,项目 805 个,扶持 85 家公司上市。

浙江省基金小镇在近两年发展迅速,不仅促进了当地新金融的发展,成为当地经济的新增长点,也促进了金融产业聚集效应。基金小镇通过打造"精小美"软硬件环境吸引各种创业投资基金、私募股权投资基金、证券投资基金和对冲基金及相关金融机构入驻,快速形成金融产业集聚效应,成为金融市场管理财富中一支高素质力量,直接打通了资本和企业的连接,紧密对接实体经济,有效支撑地区经济结构调整和产业转型升级。

4. 私募股权监管政策监管突出规范化、降风险

2016 年以来国内私募股权监管政策突出规范化、降风险,这也使得浙江省内相关政策进一步优化调整。近年来私募基金快速发展,成为资管行业的重要力量,同时也暴露出不少问题:非法集资,兼营 P2P、民间借贷、担保等非私募业务;变相公开募集、突破合格投资者标准,将自有财产与基金财产混同、甚至挪用或侵占;有些机构信息失真,甚至长期"失联""跑路",兑付危机时有发生。这些乱象对私募基金的形象造成严重损害,影响行业健康发展。为了让私募基金行业告别"野蛮生长",朝规范化、制度化方向发展,近年来,在证监会的指导下,基金协会开始搭建私募自律管理规则体系,坚决打击私募违法违规行为。浙江地区在股权投资行业自律和政策监管上也进一步规范化,突出防范风险、降杠杆,通过注册标准明确的行业行为准则和有效的事中事后监测处罚促进行业健康发展。

(二)浙江省股权投资业发展政策建议

1. 进一步优化创新创业环境,贯彻落实"创投国十条"力促私募股权健康发展

由于一些机构热衷于追逐创业后期项目甚至上市公司定向增发项目,行业出现了结构性泡沫,有限的创业投资资本并没有用于最需要支持的创业创新领域。为应对投资过热、部分投资"泡沫化"现象,促进国内股权投资市场平稳健康发展,2016 年 9 月,国务院印发《关于促进创业投资持续健康发展的若干意见》,提出加大对创业投资政策的扶持力度,完善创业投资税

收政策,建立创业投资与政府项目对接机制,研究鼓励长期投资的政策措施;优化市场环境,实施更多的普惠性支持政策措施,创新监管方式,加强事中事后监管,严格保护知识产权,优化监管、商事、信用等方面市场环境。"创投国十条"的发布构建了符合创业投资行业特点的法制环境,落实和完善了国有创业投资管理制度,从根源上杜绝投融资过热所导致的企业估值虚高现象,力促私募股权投资行业健康发展。浙江省是除北京、上海、深圳等一线地区以外国内领先的创新创业和股权投资活跃地区,应当坚决贯彻落实"创投国十条",进一步保障本地区企业的健康良性发展。

2. 进一步建立股权投资行业信用评价体系,降低私募股权投资市场的投资风险

随着互联网投资热潮和创新创业的兴起,浙江省私募股权投资市场在近几年进入快速成长期,但与此同时部分运营问题也显现出来。在募资中,大量机构对出资LP缺乏查证其合法合规性的主动性和手段,使得LP资金来源存在一定风险,部分LP不符合关于合格投资者在净资产、投资于单支私募基金金额等方面的要求。在基金的投资运营过程中,部分投资机构出现未按照协议承诺进行LP资金利用,而进行其他行业、项目、类型的跨界投资;另外一些投资机构没有完善的托管银行和第三方监管机制,私设资金池,利用配资拉高投资杠杆进行投资,机构存在较大的系统性风险。在目前中央政府强调去杠杆、降风险的前提下,省内政策制定部门应当进一步加强信用评价体系构建和违法现象查处,保证私募股权投资市场的良性发展。

在具体政策操作中,一方面要推动建立信用评级制度。以金融机构的信用评级为依据,对金融机构的业务经营进行监管,并推动金融市场的健康发展。科学、严密的信用评级制度使中央银行有可能向全社会提供先进有效的金融服务和管理,建立良好的金融秩序。另一方面,以建立和维护金融机构的信用评级制度为基础,配套建立私募股权投资市场金融机构的相关信息披露制度,有效提高私募股权投资市场金融机构的透明度。另外,建议联合监管、监察部门进一步针对不合法合规项目进行整改和查处,进一步整顿市场秩序。

3. 推动本地区多层次资本市场的联动机制,为投资机构提供更为多元化的退出渠道

首先,浙江省可以建议相关部门,进一步明确创业板和主板市场的关系,建立有效的转板机制。转板机制能够免去企业二次上市的烦琐程序和成本支出,同时也是构建多层次资本市场以及满足企业在不同成长阶段融资需求的重要措施。世界各主要市场目前都存在不同形式的转板机制,并且采取各种措施确保企业高效率、低成本完成转板,以吸引更多优秀的企业。其次,浙江省产权交易市场是本地区多层次资本市场的重要组成部分,应冲破部门分割和区域分割,建立体制合理、规则健全、通畅有序的产权交易市场,拓宽企业的融资渠道。最后,浙江省应该进一步鼓励推动企业在新三板挂牌,同时建议政府减少对新三板的干预,形成真正市场化的证券市场。因此,要对现存的主板市场与其他市场的关系、服务对象和市场设立的位置和覆盖范围进行重新定位,使主板市场和其他市场形成一个整体,有效发挥资本市场对于本地区企业和投资机构的功能,为私募股权市场发展搭建良好的平台。

4. 联同证监会等监管部门,促进股权市场发展

目前对于股权投资市场整体影响较大的是各级证监会、财政部、税务等监管层、政府部门的政策制定和施政走向,因此可以通过向相关部门进行建议,促进本地区并购市场平稳发展。这方面建议包括:(1)明确税务方面应纳税科目,特别是可享受税务减免项目条目和应纳税项目条目;(2)拓宽企业清算、破产、股权转让的通道,保障基金部分已失败项目可进行税收抵扣,并实现高效的退出回报;(3)联同政府引导基金、母基金管理部门,建立充分的市场化考核和人才激励机制,在保证政府资本根本诉求的基础上,提高投资机构在基金各方面的灵活度,提高子基金运营管理效率。

(本报告由浙江省股权投资行业协会提供)

第十章 2016年度浙江省互联网金融发展概况

2016年是互联网金融规范发展年,政策与监管贯穿全年。伴随平台风险的陆续显现,浙江互联网金融行业与全国一样也出现了分化和洗牌。

一、监管政策环境日趋完善

2016年4月14日,国务院组织14个部委召开电视会议,在全国范围内启动为期一年的互联网金融专项整治行动。中国人民银行、银监会、证监会、保监会分别发布网络支付、网络借贷、股权众筹和互联网保险等领域的专项整治细则。浙江省政府办公厅根据《国务院办公厅关于印发互联网金融风险专项整治工作实施方案的通知》《关于促进互联网金融健康发展的指导意见》等文件精神,印发了《浙江省互联网金融风险专项整治工作实施方案》,组织力量整治各类违规行为,维护互联网金融领域健康规范发展。随后的9月,G20杭州峰会发布《二十国集团数字普惠金融高级原则》,提出了8项原则和66条行动建议,其中的核心内涵就是如何利用互联网技术来提高普惠金融水平,数字普惠金融引起社会各界的关注。

二、行业自律组织初步建立

2016年3月25日,中国互联网金融协会正式挂牌成立,浙江省有20余家单位机构成为首批会员。10月,中国互联网金融协会发布《互联网金融信息披露个体网络借贷》,定义并规范了96项披露指标,其中强制性披露指标65

项,鼓励性披露指标逾31项,分为从业机构信息、平台运营信息与项目信息等三方面。由浙江大学互联网金融研究院、蚂蚁金服和浙商银行共同发起建立的浙江互联网金融联盟,于2016年在官方信息平台发布《关于开展自查整改的通知》,携手联合理事长单位与六家理事单位签署企业信息公示及数据接入合作意向协议,推动信息披露工作。另外,2015年9月成立的杭州市互联网金融行业协会也在互联网金融行业发展的重地杭州积极引导行业自律工作。

三、运营平台总体平稳

2016年浙江省P2P网贷成交额4007.41亿元,全国排名第四;加权平均利率9.13%,全国排名第六;平均期限3.56个月,全国排名第二十六;贷款余额1169.67亿元,全国排名第四。[①]众筹平台方面,浙江正常运营平台数量32家,全国排名第五。众筹平台成功筹资金额达30.02亿元,全国排名第四,其中淘宝众筹在单体机构业务量排名位居第二,2016年成功筹资额达14.6亿元。2016年浙江省新发生停止经营、提现困难、失联跑路等情况的问题平台97家,占全国10.34%,全国排名第五。截至2016年年底,浙江省问题平台率38.64%,环比下降0.62百分点。

四、支付业务平稳发展

截至2016年年末,全省共有法人第三方支付机构14家,客户备付金规模达59.94亿元,同比增加15.03%。2016年,省内第三方法人支付机构共办理支付业务4.42亿笔、金额7494.51亿元,同比分别增长26.02%和37.23%。其中,网络支付业务3.66亿笔、金额5947.70亿元,分别同比增加29.79%和59.98%;银行卡收单业务0.48亿笔、金额1527.07亿元,分别同比减少12.69%和11.69%;预付卡受理业务0.26亿笔、金额19.74亿元,同比分别增长

---

① 数据来源:第一网贷(深圳市钱诚互联网金融研究院)发布的《2016年浙江P2P网贷指数快报》。

104.14%和44.83%。全年银行机构共办理网上支付、移动支付、电话支付等电子支付业务180.01亿笔、金额163.84万亿元，笔数同比下降10.95%，金额同比增加9.27%。其中，网上支付业务37.50亿笔、金额116.38万亿元，笔数同比下降22.23%，金额同比增长14.26%；移动支付业务51.15亿笔，金额11.40万亿元，同比分别增长71.19%和95.95%；电话支付业务75.53万笔，金额340.92亿元，同比分别下降34.26%和87.75%。

五、区块链创业企业快速崛起

近年来，区块链技术作为金融科技的中坚力量和新贵代表、互联网金融领域的底层技术和新型应用模式，受到了社会的热切关注，浙江区块链技术开发投资也明显加速。截至2016年年底，全国共有105家区块链相关企业，杭州以10家位列全国区块链企业数量最多城市的第四名，仅落后于北京（47家）、上海（16家）和深圳（12家）。杭州区块链创业企业的代表嘉楠耘智于2016年初完成2.7亿元A轮融资，成为全国区块链相关创业企业年度最大的单笔融资。全国首个区块链产业园区落户西溪谷互联网金融小镇。

六、蚂蚁金服继续走在互联网金融行业前列

作为国内发展最早、最齐全的杭州本土互联网金融平台，浙江蚂蚁小微金融服务集团有限公司（下称"蚂蚁金服"）通过"互联网推进器计划"助力金融机构和合作伙伴加速迈向"互联网＋"，为小微企业和个人消费者提供普惠金融服务。其旗下已经拥有支付宝、余额宝、招财宝、蚂蚁花呗、蚂蚁金融云、蚂蚁达客、网商银行、芝麻信用等众多子业务板块，几乎涵盖了传统金融业所有板块。2016年4月26日蚂蚁金服完成B轮融资，融资额为45亿美元，投资方包括中投海外、中国人寿、中邮集团等，公司估值达到600亿美元，并率先成为我国金融科技企业中的独角兽。截至2016年年底，蚂蚁金服累计发放8000多亿元贷款，向全球6亿消费者用户提供普惠金融服务，为数千万小微企业提供综合金融服务，覆盖线上和线下。蚂蚁金服"借呗"在推出后

的10个月的时间内用户数达到1000万,放款规模为3000亿元。2016年8月4日,蚂蚁金服旗下"花呗"消费信贷资产支持证券项目在上交所挂牌交易,成为上交所首单互联网消费金融ABS。截至2017年1月末,网商银行服务小微企业和经营者的数量达到271万户,覆盖全国23个省、自治区和直辖市;累计放款金额1151亿元,贷款余额331.93亿元,户均贷款余额1.7万元。

(本报告由中国人民银行杭州中心支行金融研究处提供)

金融热点问题研究

第十一章　台州小微企业金融服务改革创新试验区发展报告

2015年12月2日,国务院常务会议决定,建设浙江省台州市小微企业金融服务改革创新试验区。试验区获批一年来,台州认真按照中国人民银行等七部委发布的试验区总体方案,围绕"信用增进、精准服务、创新支撑",取得了一系列基础性、关键性、首创性的改革成果,有效地破解了小微企业金融服务方面的一些难题,有效地推动了大众创业、万众创新,有力地支撑了小微企业等实体经济的转型发展。

一、台州市小微企业金融服务改革创新试验区建设主要成效

(一)金融业发展态势良好

金融业对GDP贡献度不断提升。2016年度,台州市实现金融业增加值294.16亿元,占台州GDP比重的7.65%,占第三产业增加值比重的15.14%。2016年度,台州市金融业上缴税费57.96亿元,同比增长13.51%,明显高于同期财政收入增速。截至2016年年末,台州市银行业金融机构本外币存款余额7068.62亿元,同比增长12.09%,增速居全省第三;本外币贷款余额5826.03亿元,同比增长5.57%,增速居全省第五。

(二)小微金融服务能力增强

小微企业融资难、融资贵问题得到有效缓解,小微企业融资满足率不断

提高。截至 2016 年年末,台州小微企业贷款余额 2509.54 亿元,占全部贷款余额比重为 43.08%,全面完成小微企业贷款"三个不低于"要求;台州小微企业户均贷款仅为 94.32 万元,较年初减少 2.56 万元,小微企业贷款户数达27.35 万户,较年初增加 3.36 万户;台州银行业人民币贷款加权平均年利率7.1167%,比 2015 年初和 2016 年初分别下降 1.4809、0.4614 百分点。

（三）小微企业群体蓬勃发展

小微企业等市场主体始终保持较快增长态势。2016 年台州市新增市场主体 4.07 万户,同比增长 34.18%,其中,新增小微企业 17912 家。引导和支持1961 家个体工商户转型升级为企业,其中新转公司制企业 1750 家,占比89.24%;新增七大产业小微企业 8061 家,新增"科技型"小微企业 727 家。

（四）金融生态环境持续向好

银行业资产质量持续保持全省前列,截至 2016 年年末,台州市银行业金融机构不良贷款率为 1.32%,比年初下降了 0.26 百分点;关注类贷款占比1.68%,均明显低于全省的平均水平。台州已形成了"信用好—易贷款—更重信用"的良性循环,台州信用综合指数在全国 259 个地级市中名列第三。

二、台州市小微企业金融服务改革创新试验区实践做法

（一）多轮驱动,有效提升小微企业融资获得率

坚持问题导向,强化创新意识。台州市紧紧围绕小微企业融资难、融资贵问题,深入剖析、着力破解,有效提升了小微企业融资获得率,形成了可复制、可推广的做法和经验。

1. 以金融服务信用信息共享平台为抓手,破解银企之间信息不对称问题。建立了信用信息共享平台,将市场监管、国税、地税、法院、房管、国土等14 个部门 78 大类 600 多细项,覆盖 60 万家市场主体的 5933 万条信用信息进行了整合汇集。该平台信息自动采集、实时更新,具备基础信息、综合信息、

信用立方和正负面信息等四大类查询服务,并免费提供给银行使用。进一步开发小微企业信用评级、自动预警功能上线运行,为银行贷款授信提供深度参考。截至2016年年末,台州辖内银行机构已开设查询用户2114个,累计查询量已达289万次,最高月查询量超20万次,被银行列入贷前调查、贷中审批和贷后管理的必经环节,还成为银行筛选优质客户的重要来源,有效降低了银行获客成本,为小微企业节约了融资成本,缩短了融资时间。

2. 以小微企业信用保证基金为抓手,破解小微企业融资担保难问题。采取"政府出资为主、银行捐资为辅"的方式,设立了大陆首个小微企业信用保证基金,并以省、市共建方式,开展信保基金的扩容,将基金规模从5亿元扩至15亿元,可为小微企业提供150亿元的增信担保;进一步扩大区域覆盖面,在下辖县(市、区)设立分中心,将合作银行扩至市域所有银行。截至目前,信保基金已累计开立保函3772份,为2921家小微企业及个人提供56.21亿元的授信担保,在保余额26.82亿元。同时,基金担保费率控制在年0.75%以内(大大低于2%~3%的市场担保费率),且不附加收取额外费用或增加第三方担保,有效破解了小微企业"融资难、融资贵""担保难、担保累"、互保联保风险大等问题,被评为2016年"浙江省十大服务小微企业优秀项目"。

3. 以商标专用权质押融资为抓手,破解小微企业抵押物不足问题。2016年6月份,国家工商行政管理总局在台州召开注册商标质押融资工作经验交流会,在全国范围内推广台州经验和做法。截至目前,已累计办理质押融资727件,占全国同期总量的30%,质押金额达65.53亿元,累计发放贷款32.14亿元。积极筹建"商标转让交易平台",通过建立"立足台州、链接北京、面向全国"和"线上线下"的交易模式,率先建成权威高效、诚信有序的注册商标专用权流转市场。此外,台州市还积极深化开展应收账款、股权、排污权、专利权、海域使用权、承包土地经营权等各类权利质押融资。

4. 以对接多层次资本市场为抓手,破解小微企业融资渠道窄问题。出台《关于扶持企业直接融资发展的若干政策意见》,指导和推动更多企业利用境内外资本市场、债券市场、场外市场等开展直接融资。2016年台州市新增上市公司5家,总数达41家,台州A股上市企业数在全国排名第16位,初步形成了证券市场"台州板块"。鼓励引导企业利用各类债务工具,2016年完成债券融资173.4亿元。新增新三板挂牌企业20家，总数达54家。积极与浙江股交中心合作，单独分层设立"台州小微板"，加强科创型、成长型企业资源培育，累计在浙江省股权交易中心挂牌502家（其中小微板128家）。

（二）多措并举，有效提升小微金融服务精准化水平

坚持需求导向，强化服务意识。台州紧紧围绕小微企业多元化金融需求，有针对性地加快金融组织、产品和服务方式的创新，有效提升小微金融服务精准化水平，初步建立起与以民营经济为主导、小微企业为主体的实体经济相匹配的金融服务体系。

1. 以小微金融专营机构为着力点，扩大小微金融服务覆盖面。鼓励和引导金融机构下沉服务重心，大力发展各类小微企业专营机构和特色银行，提高小微服务覆盖面和专业化水平。目前，全市已设立小微企业专营机构277家、社区支行94家，认定了8家电商特色银行、7家科技特色银行、1家文化产业特色银行，成为全省首家社区支行开办人工现金业务试点。组建台州市金融投资公司，注册资本32亿元，成为推动台州市重点产业和地方法人金融机构改革发展的重要力量。

2. 以互联网技术运用为着力点，提高小微金融服务效率。推动传统软信息获取及处理方式与互联网技术融合，泰隆银行在传统"三品三表"基础上，通过"三化"即数据化、模型化、标准化方式改造信贷技术；台州银行与美国小微贷评分模型专家合作开发信用风险内部评级系统，实现在线快速授信。推动银行与互联网企业跨界合作，引进大数据公司云贷365总部进驻台州并与多家银行合作。利用互联网技术提升服务体验，泰隆银行推出全国首个小微企业智能地图，实施网格化、个性化服务策略；台州银行开发了基于移动联网技术的"移动工作站"，荣获"2016年中国金融行业最佳创新项目奖"。

3. 以产品和服务流程为着力点，满足特色差异金融服务需求。建立完善小微企业信贷产品信息查询平台，汇集台州辖内银行273款小微企业贷款特色产品，为小微企业提供一站式的信贷产品查询服务。大力推进还款方式创新，全市银行业金融机构推出还款方式创新产品78款，贷款余额269.06

亿元,惠及5万多户。深化银税互动平台建设,推进银税信息的增值利用,通过银税合作对小微企业授信余额54.02亿元,贷款余额40.76亿元。鼓励引导银行大力推进信用贷款,截至2016年年末,全市企业信用贷款余额313.50亿元,比年初增加66.8亿元,占比比年初提高2.7个百分点。支持推进小微企业境外融资,2家企业获批境外银行人民币贷款授信1.97亿元,12家企业签订外债协议8957.76万美元,上调3家城商行跨境融资风险加权余额上限,折合人民币155.6亿,实现跨境融资新的突破。

4. 以小微金融指数为着力点,加强小微企业发展趋势研判。由中国社科院和地方政府、地方院校三方共建,聘请社科院、北京大学、复旦大学、南京大学、浙江大学、淡江大学等著名院校的10名专家学者为特约研究员,设立浙江(台州)小微金融研究院,开展小微金融运行规律、发展趋势等方向的理论研究与实践总结。以金融服务信用信息共享平台的34万家市场主体为有效样本,编制了全国首个"小微金融指数(台州样本)",并与中国经济信息社、中国金融信息中心共同发布。该指数基于大数据理念,采用全样本数据分析,包括总指数和成长指数、服务指数、信用指数三个二级指数,按月采集、按季发布,为政府服务企业决策、金融机构精准服务小微企业、监测防范小微企业运行风险提供指导和参考。

(三)多方聚力,有效形成上下联动的推进合力

坚持责任导向,强化担当意识。试验区获批后,省、市两级政府高度重视、积极谋划,金融管理部门大力支持、精心指导,金融机构全方位参与、全身心投入,形成统一协调、上下联动、齐抓共管、协同推进的工作态势。

1. 省、市政府强有力推进。浙江省成立了以分管金融工作的副省长为组长的试验区工作领导小组,台州成立了以市委书记和市长为组长的工作推进领导小组。出台了"台州小微金改30条",认真细化分解试验区2016年度重点工作任务。市里抽调相关部门业务骨干,设立金改办,强化省市之间、部门之间、市县(市、区)之间、金融管理部门与金融机构之间的工作对接。

2. 金融管理部门主动作为。"一行三会"给予了大力支持和精心指导,中国人民银行研究局、省级金融管理部门全程指导试验区实施方案编制,提出

许多前瞻性、针对性的意见,给台州小微金改指明方向和突破重点。省级金融管理部门的领导均到台州实地调研,帮助解决在小微金改推进过程中存在的困难和问题,增强台州加快推进试验区建设的信心和决心。

3. 金融机构全方位参与。辖内国有银行和股份制银行以责无旁贷的担当,积极向总行及上级行申报争取试点和政策倾斜,台州辖内的银行分支机构均已成为系统内的小微金融试点行。工商银行总行董事长、邮储银行总行副行长和广发银行、民生银行、平安银行等总行小微部门负责人,专程到台州指导、把脉台州小微金改工作,商讨进一步支持试验区建设的政策措施。辖内地方法人金融机构立足自身特色和优势,充分发挥了小微金改的市场主体作用。

三、2017年台州市小微企业金融服务改革创新试验区重点工作

建设浙江省台州市小微企业金融服务改革创新试验区,是国务院赋予浙江省和台州市的重要使命。台州将继续以"打造全国小微企业金融服务改革创新示范区"为目标,切实承担好改革"试验田"重大责任,努力为全国小微金改探索和积累更多的可持续、可复制、易推广的台州经验。

(一)全力支持小微企业提质升级

整合优化市级部门资源,全面建立公益性质的市、县(市、区)两级小微企业培育辅导机构,增强小微企业培育辅导的针对性和系统性,促进小微企业整体素质的提升和存活率的提高。深入推进"小微企业三年成长计划",继续搭建好小微企业创业创新服务平台,推进科技孵化园区、众创空间、创业园(基地)、小微企业产业园建设,进一步营造"大众创业、万众创新"氛围。

(二)着力提升小微金融服务能力

完善多层次金融组织体系,引导银行业金融机构继续下沉服务重心,大力发展专营化金融机构和各类特色银行;争取引进、设立地方法人保险公

司、地方法人证券公司、资产管理公司,创造条件吸引外资银行、台资银行入驻;加快推进农村合作金融机构股份制改革。继续引导以3家城市商业银行为代表的小微企业金融服务机构,进一步深耕小微群体,做实做精小微金融;鼓励国有、股份制商业银行继续争取上级行及总行政策支持,改进小微企业信贷管理及审批机制,确保全市小微企业贷款保持合理增长。深化金融产品和还款方式创新,扩大特色产品的运用和再创新。争创国家级小微企业金融服务标准化试点,探索建立小微企业金融服务标准。

(三)竭力拓宽小微企业融资渠道

支持符合条件的创业型、创新型、科技型和成长型企业对接多层次资本市场,推动更多企业利用境内外资本市场、债券市场开展直接融资。鼓励上市企业开展兼并重组,对传统制造业和服务业中优质小微企业资源,实施整体收购或控投并购。进一步引导企业利用公司债券、小微企业私募债、短期融资券、中期票据等各类债务工具,逐步提高企业直接融资比重。继续加大政策的宣传力度,吸引各类私募股权投资基金、创业投资基金落户台州。

(四)大力推进"政银企保"合作

进一步完善和发挥信保基金功能,继续推进信保基金的扩容,加快在县(市、区)级设立分中心,创新各类专项担保产品,充分调动金融机构参与的积极性,拓展信保基金覆盖面和受益面。提升保险行业对小微企业的服务能力,在高新产业园、科技创业园等创业机构集聚区域,开展创业保险试点和小微企业成长综合保险试点。大力推进责任保险和公共安全保险,充分运用保险的风险管理功能,促进社会管理和公共服务创新。

(五)努力探索互联网金融服务新模式

积极运用"互联网＋"技术,促进传统微贷技术和现代信息技术的深度融合,加速改造传统微贷技术,推进贷款软信息的数据化、模型化;利用大数据、云计算技术,探索建立小微企业审贷评分模型与机制。鼓励支持银行与电商合作,利用大数据和互联网技术做好小微企业金融服务。积极推广"移

动工作站",突破传统金融服务的时空局限,提高金融服务效率

(六)合力优化区域金融生态环境

完善金融服务信用信息共享平台功能,继续开展好小微企业信用评级,为银行业金融机构提供数据定制服务。深化全国小微企业信用体系试验区建设,继续推广信用户、信用村(社区)、信用乡镇(街道)等区域信用创建和成果运用。加强和落实地方政府的金融监管责任,注重部门之间协同配合,强化金融机构社会责任意识,做好企业"两链"风险防范,支持银行业等金融机构加快不良资产处置。加强金融法律法规宣传,增强民众金融风险防范意识;依法严厉打击各类金融违法行为,守住区域金融风险底线。

(本报告由中国人民银行杭州中心支行提供)

第十二章　2016年丽水农村金融改革试点发展报告

2016年,丽水市农村金融改革试点工作围绕推进全国"农民住房财产权、土地承包经营权"两权抵押贷款试点,创新"绿色金融、扶贫金融、互联网金融"三项工程,深化"农村信用、农村融资担保、农村基础金融服务、农村保险"4个体系的"二三四"工作重点,协调配套、统筹组织、精心实施、全面推进并取得了阶段性成效。截至12月末,全市涉农贷款余额达到818.56亿元,占全部贷款的52.6%。

一、2016年金融改革试点工作总结

(一)坚持重点突破,推进"两权"抵押贷款试点实现新开局

1. 有效增强试点推进动力。市政府于6月份及时成立了农村"两权"抵押贷款试点工作指导小组,由分管金融副市长亲自担任组长;龙泉、缙云、青田3个试点县(市)分别建立了试点工作领导小组,形成了市、县两级联动工作推进格局。同时,3个试点县(市)均制定出台了实施方案,明确了试点工作的时间图、路线表,进一步凝聚了试点推进合力。

2. 全面完善抵押配套机制。加快推动确权登记颁证、农村产权交易、价值评估、风险缓释机制和抵押物处置等配套机制建设。截至2016年12月末,全市农村土地承包经营权确权率已达到98%,已累计发放土地流转经营权证1848本;农村宅基地使用权证46.1万本(占比达到77%)、农村住房所有权证20.5万本(占比达到38%)。市、县、乡三级农村产权交易平台累计完成

农村产权线上公开交易1798宗，成交金额3.08亿元。

3. 推进贷款实现扩面增量提质。指导各金融机构积极参与、加大贷款发放力度。截至2016年12月底，全市农房抵押贷款累计发放79.96亿元，余额37.79亿元，总量居浙江省第二，平均单笔贷款金额达30万元；土地经营权抵押贷款累计发放5.22亿元，余额3.24亿元，总量居浙江省第二，平均单笔贷款金额40万元。全市农房抵押贷款不良率仅为0.24%，土地承包经营权抵押贷款不良率为零。

4. 推动试点影响力实现进一步提升。持续强化对试点模式的总结提炼和经验宣传推广。青田县农房抵押贷款试点经验被《浙江省农村"两权"抵押贷款试点工作简报》第1期刊发，农房确权发证"青田模式"作为浙江省典型案例上报中国人民银行总行。松阳和景宁依托丽水市在全国率先出台的《关于为推进农村"三权"抵押工作提供司法保障的试行意见》，通过司法途径顺利处置全市首笔集体土地农房直接抵押不良贷款和土地承包经营权抵押不良贷款的经验被新华社刊登报道。

（二）坚持创新驱动，推进"三大工程"建设呈现新亮点

1. "绿色金融"工程创新取得新成效。一是持续深化林权抵押贷款。继续深化林权抵押贷款相关配套机制建设，加快抵押贷款产品创新。截至2016年12月末，全市林权抵押贷款累计发放量达176.07亿元，余额54.73亿元，居浙江省第一位。在总结云和、龙泉试点经验基础上，…制定了《关于推进公益林补偿收益权质押融资工作的指导意见》，全面推进公益林补偿收益权质押贷款业务，相关创新做法得到省政府领导的批示肯定。二是集群创新绿色信贷产品。先后创新推出了"农家乐贷""民宿贷"等支持生态产业发展，以及"水电开发贷""光伏贷"等支持泛瓯江流域环境保护与综合开发的多类金融产品。成功发放了全市首笔排污权抵押贷款业务。文化金融、科技金融实现从无到有。产业链融资从零起步，迅速发展。截至2016年12月末，民宿、农家乐等旅游产业贷款达到16亿元，水电开发、光伏发电等绿色能源产业贷款达33亿元，文化贷款、科技贷款余额分别达到40亿元、39亿元，企业应收账款融资达30亿元。三是加快组建绿色基金。成功设立了注

册资本为10亿元的生态经济产业基金,强化了对信息经济、环保、健康、旅游、时尚、金融、高端装备制作等产业发展的资金支持。

2."互联网金融"工程创新取得新进展。一是加大金融对农村电子商务创新发展示范区的支持力度。引导金融机构从信贷、支付、平台多维度加大对农村电子商务的支持。截至2016年12月底,加载了电子商务功能的农村金融服务站达760家,行政村覆盖面达到1/4以上,该模式被世界银行集团国际金融公司评为可在世界上大力推广的金融服务代理商模式。二是"互联网"支付工具运用范围有效扩大。大力推广网上支付业务和手机支付工具在农村地区的使用。目前全市已创建38个网上支付示范区、18个"电子支付应用示范镇、村"。三是创新食品溯源支付体系建设。依托互联网技术,创新推进支付工具在食品安全治理领域运用。截至2016年12月末,已为22个菜市场、1342家经营户安装溯源刷卡机具,累计办理溯源交易21.44万笔、金额4748.80万元。

3."扶贫金融"工程创新有新推进。一是持续深化"政银保"扶贫贷款模式。进一步发挥"政府＋银行＋保险"模式在扶贫工作中的积极作用,形成了较为成熟的财政撬动金融支农新模式的"丽水经验",相关创新做法被《改革内参》《中国保险报》等刊物刊登报道。截至2016年12月底,全市"政银保"扶贫贷款累计发放量达8083笔、3.92亿元。二是创新"征信＋扶贫"联动扶贫模式。将全市原低收入农户巩固对象信息纳入第二代农户信用信息服务平台进行动态管理,为金融机构做好精准信贷工作提供信息平台支撑。三是深化搬迁扶贫金融服务。紧密结合全市"下山脱贫"、"整村搬迁"、农村危旧房改造等需求,指导金融机构开展农民易地搬迁安置房建设项目贷款、农村综合开发贷款、移民小区建房贷款、农村自建房按揭贷款等业务。四是建立精准扶贫对接机制。成功争取将辖内7个县(市、区)纳入中国人民银行扶贫再贷款试点名单,为地方法人金融机构支持脱贫攻坚提供成本较低、期限较长的资金来源,引导金融机构加大扶贫贷款发放力度。截至12月底,全市累计发放扶贫再贷款1.675亿元。辖内农金机构全年累计发放扶贫贷款余额10.16亿元,比年初增长14.54%。

（三）坚持巩固深化，推进"四大体系"建设实现新提升

1. 持续深化农村信用体系建设，农村金融生态环境得到进一步优化。一是全面推进农村信用信息数据库开发。以世界银行集团国际金融公司先后四次至丽水指导为契机，充分吸收国际经验，围绕降低信息采集成本、提高信息采集效率、实现信息共建共享目标，启动了农村信用信息数据库开发工作。初步形成了由金融、社保、市场监管（工商、食品药品监督）、安监、质监、国土、环保、农业、林业、供排水等10个部门组成的信息共建共享机制。二是加强农村信用体系成果运用。充分发挥农村信用体系建设成果在金融和社会综合治理领域的运用，目前已组织金融机构为1946个行政村开展了"整体批发、集中授信"业务，授信和贷款总额达199亿元、133亿元。将农村信用体系建设成果创新运用于食品安全治理的做法，得到浙江省委、省政府领导的高度重视并在全省范围内发文推广。三是有序开展"信用户、信用村（社区）、信用乡（镇、街道）、信用县（市、区）"四信建设。截至2016年12月末，全市已评定信用农户41.4万户；创建信用村962个、占比达到35%；信用乡（镇、街道）39个、占比达到27%；信用县（市、区）2个。

2. 持续深化农村金融基础服务体系建设，农村金融服务便利性得到进一步提升。一是实施农村金融服务站标准化工程。持续完善全市2010家农村金融服务站功能，建成示范性农村金融服务站204家。截至2016年12月末，累计办理小额取现、代理转账业务388.19万笔，金额17.43亿元。二是优化外汇管理服务平台。截至2016年12月底，全市已建立村级外币兑换点9个，社区兑换便利店4家、货币兑换公司1家，累计办理代兑业务33.18万笔、金额11.93亿美元。个人外汇贷款累计发放量达到7140.58万美元。三是农村金融组织体系更加健全。农村信用联社股份制进程加快，辖内4家农村信用联社股改工作进入现场验收阶段。银行机构设置向小微支行和社区支行倾斜，新设立小微支行3家、社区支行2家。

3. 持续深化农村融资和担保服务体系建设，农村金融服务水平得到进一步提升。一是积极推动直接融资业务。全市首单银行间市场债券20亿元获准发行，其中首单8亿元债券于5月发行，实现"零"的突破。二是积极推

动企业上市。新增股份公司15家;新增"新三板"挂牌公司9家,总数达到24家;在浙江股权交易中心新增挂牌企业62家,总数达到255家。成功发放了全市首笔"新三板"股权质押贷款业务,企业融资渠道进一步拓宽。三是积极深化"四级"担保体系建设。目前,政策性涉农融资担保公司达3家、行业协会担保组织达9家,商业性担保公司达20家、村级互助担保组织达177家。

4. 持续深化农村保险服务体系建设,农村风险分担机制得到进一步完善。一是扩大特色农业保险产品试点。在率先开展的茶园种植保险试点、食用菌保险试点基础上,今年又成功争取到遂昌、松阳获批开展茶叶低温气象指数保险省级试点,青田获批开展杨梅采摘期气象指数保险省级试点。截至2016年12月底,全市食用菌保险试点投保户数751户,保费收入达84.24万元;茶园种植保险试点投保户数991户,保费收入达36.06万元;茶叶低温气象指数保险试点投保户数273户,保费收入达39.84万元;杨梅采摘期气象指数保险试点投保户数107户,保费收入达16.76万元。二是全面推广小额贷款保证保险业务。制定了《关于深入推进小额贷款保证保险工作的意见》,为全面推广小额贷款保证保险业务提供了政策支撑。目前,小额贷款保证保险业务贷款余额达7亿元。三是农村社会保险保障体系更加健全。实现了林木火灾、政策性农村住房等5个涉农主要险种全覆盖。以防范农民意外伤害为主的农村小额保险,参保人数已达72万。

二、2017年金融改革工作思路

2017年丽水农村金融改革工作将按照"1223"工作重点展开,即:推进一个项目——丽水市信用信息服务平台项目;创新两大金融工程——绿色金融、小微金融;推进"两权"抵押贷款试点——全国农村承包土地的经营权抵押贷款试点、全国农民住房财产权抵押贷款试点;深化三大体系建设——农村支付体系、农村金融基础服务平台体系、农村保险服务体系。

(本报告由中国人民银行杭州中心支行提供)

第十三章 浙江银行业自建电商平台的 实践、问题和相关建议

近年来,为适应经济发展新常态,浙江银行业积极推进"互联网＋"创新,充分利用辖内电商业务需求旺盛、配套完善的优势,探索自建电商平台,寻找转型升级的突破口。

一、浙江银行业自建电商平台,形成"三类平台, 四大品牌"

2014年以来,辖内工商银行浙江省分行、浙商银行、杭州银行和省农信联社4家机构结合自身优势和特点,探索自建电商平台。截至2016年3月末,已拥有客户近60万人,累计实现销售收入3000余万元,初步形成"三类平台,四大品牌"。

(一)工商银行浙江省分行、杭州银行跨境电商平台。工商银行浙江省分行抓住杭州跨境电商综试区建设的机遇,于2015年8月推出"融e购"国际频道,联合各海外分行,已上线法国、日本、澳大利亚等13个国家馆,计划于G20峰会前达到20家。此外,专门开发并上线杭州跨境电商金融支持平台,与外管局、浙江电子口岸等监管部门以及物流、仓储企业等对接,实现订单、支付单、物流单实时在线管理,优化了业务流程。杭州银行于2014年推出"e＋生活圈"网上商城,与宁波跨境电商综合平台合作,重点推进"社区＋跨境购"业务,满足社区居民对海外商品需求。截至2016年3月末,拥有注册客户5.1万人,跨境商户152家。

(二)浙商银行B2B电商平台。浙商银行于2014年3月推出B2B电子商务特色平台,包括"购销e网"和"购销通",目前已有电商客户1.3万户,中国

诚商网、网盛生意宝等合作电商平台36家。其中，"购销e网"为企业客户信息发布、交易撮合搭建平台。"购销通"为电商平台提供支付结算、监管支付、票据支付等在内综合金融服务。

（三）浙江省农信联社农村电商平台。借助在农村地区渠道广、客户多的优势，省农信联社于2015年6月上线农村电商平台"丰收购"，采取省、县（市、区）两级运营模式，联结1万多家便民服务点，为农户销售农产品以及购买生活用品提供平台。截至2016年3月末，平台注册用户51.2万人，入驻商户2998家。

二、自建电商平台是银行业探索创新发展的重要路径

（一）发展模式契合从工业时代向云时代转变的浪潮。随着云计算、大数据、移动互联网技术的广泛应用，当下的商业模式正从工业时代向云时代转变，工业化和信息化"两化融合"趋势显现。工业时代的商业运作具有线性控制、标准化、封闭化的特征；而云时代更强调商业模式的网状协同，着眼于构建更多元、多向的生态系统。如，互联网巨头积极收购各类跨业跨界企业，构建商业生态系统。推进自建电商平台是传统银行机构适应"互联网＋"和综合化经营大趋势、发挥各业务板块协同效应的重要途径。

（二）客户偏好契合从"二八效应"向"长尾效应"转变的趋势。传统的商业银行经营理念体现了"二八效应"的思想，即服务"头部客户"——带来80%利润的20%客户。而随着互联网这一工具的日益普及，对海量用户服务的单位成本快速下降，拓展长尾客户的经济效益明显提升，"长尾效应"更加显著。银行业尤其是中小银行机构更加重视个人和小微企业客户。建设银行业电商平台，正是获取这类"长尾客户"的重要渠道。

（三）风险管理契合从定性判断向定量分析转变的需求。国内外实践表明，数据已经成为金融业最重要的资源之一，但在实践中，银行业数据有不对称性，表现在数据积累多，应用分析少；金融数据多，行为数据少。银行业要提升风险管理水平，需要进一步完善数据维度，提升风险量化能力。借助自身电商平台，银行机构能够获取客户的消费习惯、支付能力、支付偏好等

数据,完善风险管理所需的数据体系。

三、银行业自建电商平台兼有3个长处和3个短板

银行业推进电商业务有3个优势,包括海量客户群体、良好的线上线下互动基础以及完善的金融服务。但银行业电商平台仍处于起步阶段,业务发展存在3个短板:

(一)定位于对传统业务的补充,获得资源相对有限。对于中小法人银行机构,发展电商业务主要是为了更好服务现有客户,增加客户黏性。因此,在组织推进上缺乏独立性,如,杭州银行的电商业务由电子银行部负责推进,现有的客户主要为银行自身客户。与独立电商平台相比,获得的资源相对有限,在营销推广、考核激励、人才储备、系统建设等方面差距较大,制约业务发展。

(二)配套体系未跟上,用户体验有待提升。消费者对电商平台"用脚投票",是检验银行业"互联网基因"和综合服务水平的重要标准。整体上,银行电商平台在服务体验上仍存在显著差距。物流、仓储、信息科技、售后服务等方面相对欠缺,存在网页更新和维护滞后、对第三方商户管理不到位等问题。同时,银行电商多处于发展初期,规模经济不显著,客户补贴力度有限,在价格竞争、商品种类等方面也存在不足。

(三)电商产业集中程度高,银行业"突围"难度大。银行业进入电商领域既是对原有电商平台的挑战,也是对消费者、经营者习惯的"再造"。从2000年发展至今,我国电商产业已经形成了相对集中的产业格局和封闭的生态圈。消费者、零售商"购、销、推广"主要围绕淘宝、京东等几大电商平台。淘宝网占据整个C2C市场95%的份额,京东在自营B2C电商市场的份额达56%。

四、引导银行业以电商业务为契机,实现转型发展

整体来看,辖内银行业金融机构发展电商业务是适应"互联网＋"趋势、寻求创新发展的大胆尝试,有利于提升综合化竞争力。但其与大型电商平台在配套体系、资源支持、业务基础等存在诸多差距,同时也面临战略定位、内控管理、行业声誉等方面风险,需引起关注,加强监管引导。

一是进一步跟踪银行业自建电商进展情况。银行业自建电商处于发展起步期,需要密切跟踪和关注发展情况、存在问题。督促银行业金融机构制度先行,建立配套的内部制度体系,充分了解可能出现的操作风险、声誉风险等因素,在风险可控前提下开展业务。

二是进一步引导银行业结合自身定位开展业务。进一步明确定位,"跳出电商做电商",借助电商平台获得金融场景入口,整合金融消费者、电商平台、生产制造企业等上下游资源。推动银行业充分发挥消费信贷、支付结算、自身信誉、客户资源、线下渠道等方面优势,扬长避短,提升差异化竞争能力。

三是进一步推动银行业深化与电商平台和企业合作。鼓励银行业探索与细分领域电商平台和电商企业合作,提供综合化金融服务。积极支持创业型电商平台和电商企业发展,实现优势互补、互利双赢,逐步探索适应"互联网＋"的发展新模式。

(本报告由中国银监会浙江监管局提供,作者为中国银监会浙江监管局党委书记、局长熊涛)

第十四章 利用资本市场推进浙江省供给侧结构性改革的思考与建议

供给侧结构性改革旨在提高供给体系质量和效率,增强经济持续增长动力,其落实关键在于完成好去产能、去库存、去杠杆、降成本和补短板五大重点任务。从理论角度看,需要通过改善劳动、资本、技术等资源的配置来提高全要素生产率,进而提高供给体系的质量和效率,而资本市场本身就致力于优化资本的高效配置,具有服务供给侧结构性改革的先天优势。本文以浙江为样本,从去杠杆、降成本和去产能的角度出发,运用定量和定性手段分析资本市场发挥的具体作用、取得的成效,并就继续发挥资本市场的作用提出建议,以期更好地服务供给侧结构性改革。

一、资本市场服务浙江省供给侧结构性改革之去杠杆

去杠杆是供给侧结构性改革的主要任务,也是浙江省经济转型升级的重要路径。实践表明,资本市场对浙江省企业降杠杆具有显著意义,且仍有较大潜力可挖。

(一)浙江省实体经济杠杆率较高

1. 浙江省实体经济整体资产负债率较高

从宏观角度看,实体经济主要由政府部门、居民部门和非金融企业部门构成(剔除金融部门)。其中,政府部门债务规模包括地方政府债务和或有负债(或有负债暂不统计)。2015年浙江省地方政府债务限额为9188.3亿元;居民债务主要是贷款,截至2015年年底,全省居民贷款规模约为

23546.47亿元;非金融企业部门债务主要有银行信贷、金融市场发债和类影子银行的信用融资(主要包括信托贷款、委托贷款、未贴现银行承兑汇票),截至2015年年末,我省非金融企业贷款52613.78亿元,债券存量6518亿元,类影子银行信用融资13154.28亿元,合计72286.06亿元。

综上,截至2015年年底,我省政府债务约为9188.3亿元、居民债务为23546.47亿元、非金融企业债务约为72286.06亿元,三者合计约为105020.83亿元①,全省GDP为42886亿元,实体经济杠杆率为244.88%(债务规模/GDP),其中我省非金融企业杠杆率达168.6%,按相同统计口径均高于全国实体经济杠杆率219.59%和非金融企业杠杆率156.1%。

2. 我省实体企业整体资产负债率较高

与全国及兄弟省份相比,我省规模以上工业以及实体企业②的整体资产负债率偏高,杠杆经营明显。从纵向比较看,2011年至2015年我省规模以上工业企业以及实体企业的资产负债率虽趋于下降,但仍维持高位(见图14-1),近5年的实体企业资产负债率和规模以上工业资产负债率分别为63.27%和59.53%。从横向比较看,2015年我省规模以上工业企业以及实体企业的资产负债率均高于全国1百分点左右。与兄弟省份相比,我省实体企业的资产负债率低于广东,但远高于山东和江苏;规模以上工业企业的资产负债率略低于广东,但高于山东、江苏。

浙江省规模以上工业和实体企业资产负债率情况(2011—2015年)
■规上工业企业资产负债率　■实体企业资产负债率

年份	规上工业企业资产负债率	实体企业资产负债率
2011	60.91%	64.11%
2012	60.33%	63.81%
2013	60.13%	63.74%
2014	59.11%	63.15%
2015	57.16%	61.55%

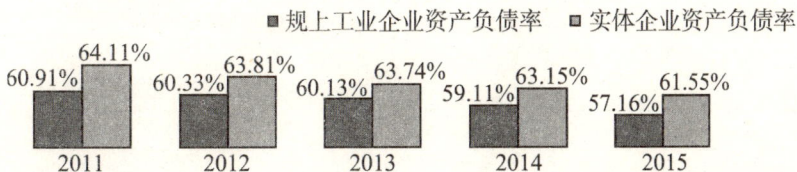

① 政府部门中的地方融资平台与非金融企业存在一定重复,由于地方融资平台占比无法获取,故暂不统计。

② 本文所指实体企业主要包括规模以上工业企业、建筑企业、限额以上批发零售贸易企业、限额以上住宿餐饮企业。

2015年山东、江苏、浙江、广东及全国规上工业和实体企业资产负债率

■规上工业企业资产负债率　□实体企业资产负债率

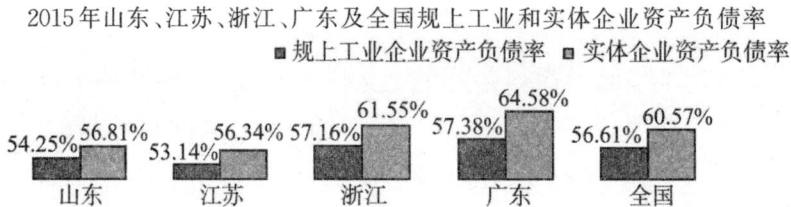

图14-1　浙江省规上工业和实体企业资产负债率情况

(二)资本市场对我省企业去杠杆作用显著

1. 资本市场股权融资降杠杆作用显著

资本市场的股权融资有着去杠杆的天然属性,且越高层级的资本市场帮助企业去杠杆的效果越明显。从整体影响来看,截至2015年年底,我省上市公司累计实现股权融资4794亿元,对我省实体企业资产负债率直接影响约为5百分点。具体来看,我省2014年新上市企业的资产负债率从上市前的41.25%迅速降至上市后的26.48%,2015年新上市企业则从50.36%降至36.64%,分别下降了约15和14百分点;而我省2014年新挂牌新三板企业的资产负债率从挂牌前的53.86%下降至50.11%,2015年新挂牌新三板的企业则从64.7%降至58.13%,分别下降了约4和7百分点。从我省各层级企业群体看,A股上市公司整体资产负债率长期保持最低,新三板挂牌企业次之,实体企业(剔除上市、挂牌企业)则最高,梯队效应明显(见表14-1)。

表14-1　我省不同层级企业资产负债率比较(2010—2015)

单位:%

类　别	2010年	2011年	2012年	2013年	2014年	2015年
A股上市公司	52.73	51.42	51.89	53.36	52.08	49.93
新三板挂牌企业	—	—	—	—	60.71	51.73
实体企业(剔除上市挂牌公司)	64.92	66.22	65.87	65.58	65.30	64.32

注:上述类别均剔除金融行业。

2. 资本市场对我省企业降杠杆效果优于全国

从全国来看,我国上市公司整体资产负债率低于实体企业,但优势并不明显,例如2015年全国上市公司资产负债率60.25%略低于全国实体企业的

60.57%。与全国不同,我省上市公司资产负债率不仅优于全国上市公司水平,近年来优势还呈逐步扩大的趋势,从2010年资产负债率低于全国水平的5百分点到2015年低于全国的10百分点。与省内实体企业相比,我省上市公司资产负债率长期低于我省实体企业近10百分点,比较优势尤为明显(见图14-2)。

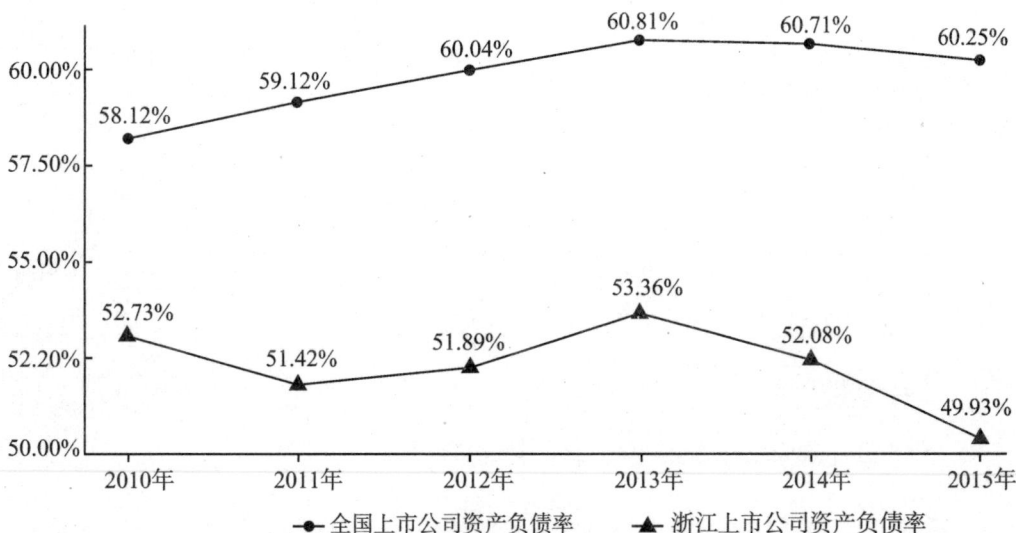

图14-2　2010—2015年我省及全国上市公司资产负债率比较

以占我省经济主导的制造业来看,对比各细分行业①的上市公司、规模以上工业的资产负债率,可以发现上述行业中我省上市公司资产负债率低于全国,而规模以上工业资产负债率则高于全国,呈现两极分化现象。从上市公司看,除医药制造业和化学纤维制造业资产负债率略高于全国水平外,其余行业均大幅低于全国水平;从规模以上工业看,除化学原料和化学制品制造业、计算机、通信和其他电子设备制造业低于全国水平外,其余各行业均不同程度高于全国水平,其中非金属矿物制品业高于全国8百分点,纺织业高于全国9百分点,去杠杆空间还较大(见表14-2)。

---

① 鉴于我国去杠杆行业主要集中在工业,而我省产业结构又以工业为主,因而主要选取我省较有代表性的几个工业细分行业,比如非金属矿物制品业、纺织业、化学原料和化学制品制造业、医药制造业、化学纤维制造业、通用设备制造业、专用设备制造业、汽车制造业、电气机械和器材制造业、计算机、通信和其他电子设备制造业等。

表14-2　2015年部分细分行业上市公司、规上企业资产负债率比较

单位：%

行　　业	全国规上企业	全国上市公司	浙江规上企业	浙江上市公司
非金属矿物制品业	52.42	52.61	60.46	50.71
纺织业	52.2	46.67	61.25	34.32
化学原料和化学制品制造业	57.02	55.91	54.51	35.82
医药制造业	41.48	36.36	42.04	39.21
化学纤维制造业	60.02	55.74	60.39	56.15
通用设备制造业	52.23	58.59	53.2	42.27
专用设备制造业	53.07	51.84	55.26	41.13
汽车制造业	57.72	57.19	59.59	48.17
电气机械和器材制造业	56.55	53.66	57.33	45.14
计算机、通信和其他电子设备制造业	57.46	49.73	49.94	38.2
平均	54.02	51.83	55.4	43.11

（三）进一步发挥资本市场去杠杆的作用

资本市场不仅能帮助企业通过股权融资直接发挥去杠杆功能，还能吸引PE/VC等民间资本进入大量未上市、未挂牌企业，帮助这些企业降低杠杆。考虑到我省杠杆水平整体偏高的客观事实，下一步我省推动实体经济去杠杆需要继续发挥资本市场的作用。

一是持续推动企业进入多层次资本市场。树立多层次资本市场思维，持续推动我省企业通过IPO、新三板挂牌、浙江股权交易中心展示挂牌等全方位对接多层次资本市场；推动有条件的企业、资产通过借壳、并购重组等方式进入资本市场，获取资本市场融资；继续推进"浙江省小微企业三年成长计划""三转一市"等基础性工作，夯实资本市场后备基础；在着力推动创新创业企业进入资本市场的同时，要更加注重引导资产负债率较高的传统制造业开展资本运作。

二是发挥私募股权融资对非上市企业的去杠杆功能。依托浙江财富管理中心以及钱塘江金融港湾建设，使用好产业引导基金，积极设立、引进股权投资机构，做大做强我省股权投资行业，逐步引导我省民间投资由储蓄存

款向股权投资转移；引导非上市企业积极对接PE/VC等股权投资机构，尽早实现股权融资；在规范的前提下，积极争取开展股权众筹试点，有序发展互联网股权融资。

三是积极鼓励企业利用新型融资工具。目前，资本市场各类新型融资工具日趋成熟，需要及时将股权融资的思维转向股债融资相结合思维。在注册制、战略新兴板等改革被推迟的情况下，当下市场上推出的永续债、可转债、可交换债、优先股等融资工具，具有股债结合的属性，并可通过附加条款约定在股、债之间转换，都具备一定降杠杆性质，建议加大对这类融资工具的宣传推广力度，鼓励企业研究并使用这些新型融资工具，逐步培养企业股权融资文化。

四是大力支持上市公司开展并购重组。与国内同行业上市公司，以及省内同行业实体企业相比，我省上市公司资产负债率较低，如我省化学原料和化学制品制造业、纺织业等行业的上市公司资产负债率只有35%，而全国同类上市公司和我省同类规上企业资产负债率高达50%。为发挥杠杆经营的最大效用，可以鼓励我省资产负债率较低的上市公司，通过并购重组等方式整合省内同行业企业资源，或通过并购省内创新创业企业，从整体上降低我省企业负债率。

二、资本市场服务我省供给侧结构性改革之降成本

降成本是供给侧结构性改革的主要任务，也是激发企业活力的有力手段。实践表明，资本市场在帮助我省企业降成本方面具有显著意义，下一步要继续推动我省企业实现融资渠道从间接向直接、从债权向股权、从贷款向债券的3个转变以及原料采购从传统模式向期现模式的转变，进一步降低企业成本，发挥资本市场在降成本方面的重要作用。

（一）我省企业运营成本相对较高

1. 我省企业运营总成本高于全国

近年来，面对不断高涨的企业生产经营成本压力，我省多管齐下助推企

业降本增效,企业减负工作取得了一定成效。但2010年至2015年,我省规模以上工业企业主营业务成本占主营业务收入的比重(以下简称"成本比重")为85.54%,仍高于全国同期平均水平84.68%近1百分点。

2. 我省企业间接融资成本高于全国

目前,企业的成本大致由制度性交易成本、工资成本、税费成本、社保费用、融资成本、要素成本、物流成本等方面构成。尽管融资成本在企业总成本中占比不高,但企业在创立、生存和发展的每一阶段都离不开资金的支持,融资难、融资贵的问题始终困扰着我省企业发展。

从银行贷款利率看,随着我国基准利率的逐步下调,贷款利率呈现持续下降趋势,但我省贷款加权利率一直略高于全国水平,2015年我省一般贷款加权平均利率6.53%,高于全国6.22%约0.31百分点。按2015年年底我省非金融企业5.26万亿元的贷款规模计算,我省企业仅2015年一年的贷款融资成本就多支付近164亿元(见图14-3)。

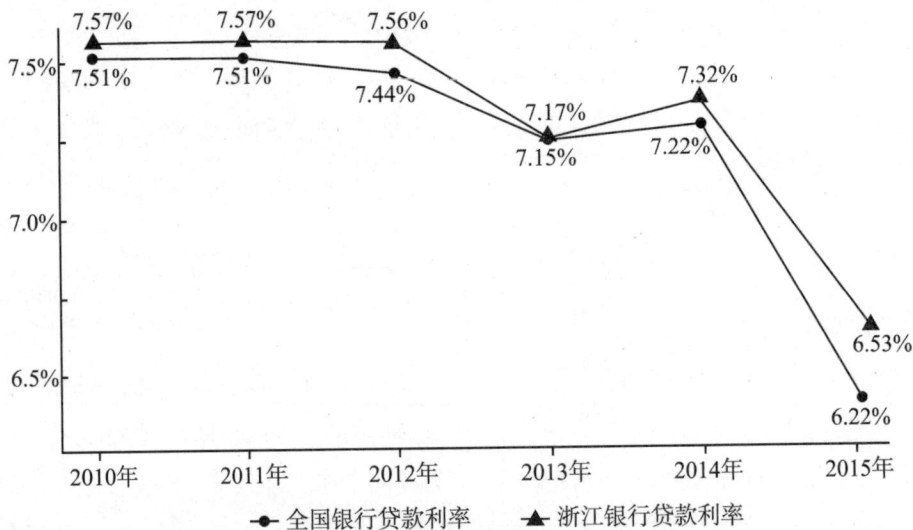

图14-3　2010—2015年我省及我国银行贷款加权利率比较

与银行贷款相比,我省还有不少企业难以获得银行贷款,但为维持企业运营不得不依赖更高成本的民间借贷。从民间借贷监测利率上看,尽管利率水平持续走低,但基本维持在20%的高位(2011—2015年分别为25.91%、24.71%、23.81%、21.61%和19.40%)。与高企的融资成本相比,2015年我省规上工业企业的主营业务收入利润率仅5.9%,近20%的融资成本与不到6%的利润率显然难以匹配。

(二)资本市场有效降低我省企业成本

不管是从全国还是我省的角度看,上市公司的成本比重长期低于规模以上工业企业。从近6年的成本比重平均数来看,我省规模以上工业企业的总成本高于全国水平,而我省上市公司的总成本却低于全国上市公司水平。我省上市公司比规模以上工业企业的成本比重低近7百分点,而全国上市公司比规模以上工业企业仅低3百分点以上,这从侧面说明我省企业利用资本市场融资更加充分,在降成本方面的效果要优于全国。而且,我省企业借助期货市场降低生产成本,提升竞争力的作用开始显现(见表14-3)。

表14-3　2010—2015年浙江及全国规模以上企业和上市公司的成本比重比较

单位:%

类　别	2010年	2011年	2012年	2013年	2014年	2015年	6年平均
全国规模以上企业	83.88	84.11	84.42	84.79	85.22	85.69	84.68
浙江规模以上企业	85.68	85.82	86.04	85.52	85.34	84.80	85.54
全国上市公司	80.09	81.14	81.86	81.92	81.57	80.68	81.21
浙江上市公司	78.61	79.11	79.41	79.03	78.21	79.77	79.02

1. 资本市场直接降低我省企业融资成本

一方面,企业利用资本市场股权融资降低融资成本效果显著。由于我国资本市场新兴加转轨的特征明显,股票市盈率高、股息率低以及股权融资无须偿还等特征导致与国外发达国家的融资啄食顺序理论不同,我国资本市场的股权融资成本远低于债权融资以及其他间接融资的成本。另一方面,资本市场债权融资有效节约企业融资成本。公司债作为资本市场债权融资的主要形式,近年来发行利率一直低于同期贷款加权利率,尤其在2015年公司债扩容后,公司债的融资优势逐步显现出来。据WIND统计,2015年我省发行的公司债券加权平均发行利率仅为4.98%,低于我省同期一般贷款加权平均利率6.53%近1.6百分点。换言之,仅2015年我省非金融企业通过交易所债券市场就节省融资成本近10亿元。

2. 资本市场间接降低我省企业融资成本,且效果优于全国

得益于资本市场有效增强企业信用,在企业报辅导成为拟上市企业后,银行对企业间接融资的支持力度大幅提高,企业从银行融资的成本降低,便利性提高。与我省整体企业相比,我省上市公司近6年的贷款加权利率①低近1.8百分点。与全国上市公司相比,在我省整体企业的贷款加权利率高于全国平均水平的背景下,我省上市公司贷款加权利率反而低于全国上市公司水平。而且与兄弟省份相比,2015年我省上市公司的贷款加权利率均低于广东、山东和江苏。可见,资本市场对降低我省企业融资成本的效果不仅优于全国,也优于江苏、山东、广东等兄弟省份(见表14-4)。

表14-4　2010—2015年浙江以及兄弟省份上市公司贷款加权利率比较

单位:%

类　别	2010年	2011年	2012年	2013年	2014年	2015年	6年平均
浙江整体企业	6.32	7.57	7.56	7.17	7.32	6.53	7.08
浙江上市公司	5.14	5.09	5.94	5.35	5.57	5.10	5.36
江苏上市公司	4.71	5.47	6.30	5.91	6.13	5.93	5.74
山东上市公司	4.55	5.50	6.77	6.54	6.78	6.95	6.18
广东上市公司	4.05	4.89	5.70	5.70	5.63	5.13	5.19
全国上市公司	4.71	5.47	6.30	5.91	6.13	5.93	5.74

3. 期现结合有助于降低我省企业生产成本

近期,通过发挥期货市场风险管理功能,我省形成了以永安资本、热联中邦为代表的期现模式。以温州地区塑料产业(主要原料为PVC)为例,与传统采购模式不同(中小企业自主判断PVC价格走势,低价囤积原料,高价消化库存,且需向PVC经销商预付全款),期现模式将期货技术、策略运用到现货贸易中,如永安资本根据PVC期货盘面为企业提供连续、低价、平稳的原料价格,其中远期点价方式仅需企业预付20%的保证金直接向永安资本购买PVC现货。通过PVC期货的实物交割,去除了PVC厂家到下游企业的中间经销环节,节约了原料成本,以5000元/吨的PVC价格为例,往往能节约50～100元/吨。同时,PVC现货存储于各大交割库中,在工业用地匮

---

① 上市公司贷款利率=利息支出/借款总和,由于部分上市公司利息支出中包含债券利息,故实际上市公司贷款加权利率低于计算所得。

乏的温州也有助于降低实体企业的仓储成本。而且,相较于传统全款预付,20%的预付款提高了企业的资金效率,无形中降低了企业的资金成本。更为重要的是,期现贸易模式利用期货市场为实体企业提供了相对平稳的原料价格,在经济下行、企业微利的背景下,降低了因原料价格剧烈波动严重侵蚀企业利润,甚至导致企业破产的风险。

(三)进一步发挥资本市场降成本的作用

资本市场不仅有助于降低企业总成本,而且在降低企业融资成本方面作用显著。在当前供给侧结构性改革的背景下,我省企业运营成本总体仍相对较高,需要继续发挥好资本市场降成本的作用。

一是间接融资转向直接融资。继续坚持大力发展直接融资的理念,持续宣传多层次资本市场体系,推动我省企业通过IPO、新三板挂牌、浙江股权交易中心展示挂牌等全方位对接多层次资本市场,积极利用资本市场降低我省企业融资成本及总成本;继续借助"三转一市",大力推进企业股改,做大股份制公司基数,丰富资本市场发展后备资源。

二是债权融资转向股权融资。依托浙江财富管理中心及钱塘江金融港湾建设,积极引进发展股权投资机构,打造浙江股权交易中心、创投机构和挂牌企业的股权融资生态圈;积极鼓励企业利用永续债、可交换债和优先股等股债属性的新型融资工具,逐步引导我省债权文化向股权文化转变。

三是贷款融资转向债券融资。与贷款融资相比,公司债具备明显的发行利率优势,企业通过低利率的公司债发行置换原来的高成本的贷款融资,有效节约企业融资成本,化解存量债务风险;继续加大公司债的宣传推广力度,推动我省企业发行公司债,并积极争取创投债、项目收益债、创新创业债等创新品种在我省的试点发行。

四是传统模式转向期现模式。相较于传统模式,期现模式有助于降低原料、仓储等生产成本,提高企业资金使用效率,帮助企业降低原料价格的波动风险,支持企业专注于生产经营,提高核心竞争力。目前,我省块状经济众多,集聚效应明显,很多块状经济区域消耗的原材料有对应的期货品种。而且,在企业微利时代,原料价格的波动风险关乎企业生存以及块状经济的健康发展。可以说,我省开展期现模式的条件和时机相对成熟,可以积极发挥我省期货公司(风险子公司)多、实力强的优势,进一步深入探索,如在永康开展有色、在诸暨开展PTA等期现试点,待成熟后推广至全省。

三、资本市场服务我省供给侧结构性改革之去产能

去产能是供给侧结构性改革的首要任务,同样离不开资本市场的服务和支持。我省是传统制造大省,产能过剩问题较突出,以银行为主体、市场为主导的去产能模式虽取得一定成效,但也导致银行业面临的压力增大,对后续推进去产能将产生一定影响,客观上要求更好地发挥资本市场在去产能中的作用。

(一)我省工业去产能任务较重

在全国产能过剩的背景下,我省作为传统制造大省,去产能任务较艰巨。直观来看,近年我省规模以上工业企业的产能利用率保持低位运行,2012—2015年产能利用率基本维持在75.5%左右,且规模越小的企业产能过剩更严重,如2015年上半年全省规模以下工业企业产能利用率仅为70.3%,远低于合理水平(欧美国家一般认为,产能利用率在79%至83%区间属于产需合理配比)。今年以来,我省大力推进去产能,2016年前三季度工业产能利用率上升为77.8%,取得了较大成效,但仍低于合理水平。间接来看,如果一个行业同时存在高负债率和低利润率的现象,存在产能过剩的概率较大。从2013年到2015年,我省工业增加值增速从8.5%降到4.4%,企业亏损面从2013年12.47%扩大到13.02%,资产负债率虽有所降低但仍保持57.16%的高位,上述指标都在不同程度上劣于2015年全国平均水平(6.10%、12.86%、56.61%)。从工业细分行业看,鉴于各细分行业在我省经济中的重要性以及行业现状,综合亏损率、资产负债率和净利润率等指标,我省重点去产能行业主要集中在纺织业、黑色金属、有色金属、非金属矿物制品业和金属制品业等,与全国略有不同(见表14-5)。

表14-5　浙江与全国近3年规模以上工业细分产业企业相关指标对比情况

单位:%

行　业	浙江(2013—2015年3年平均)				全国(2013—2015年3年平均)			
细分产业	产值占比	亏损率	资产负债率	净利润率	亏损率	资产负债率	净利润率
有色金属冶炼和压延加工业	3.76	18.96	66.85	2.76	18.56	64.21	3.29
黑色金属冶炼和压延加工业	3.89	13.16	65.23	3.04	19.34	66.97	2.04
化学纤维制造业	3.85	12.48	62.25	4.12	18.06	61.88	4.08
纺织业	9.11	9.70	62.95	5.05	10.36	53.80	5.73
金属制品业	3.78	12.22	60.85	5.14	10.72	51.77	6.09
电气机械和器材制造业	9.15	13.08	59.17	5.59	12.15	57.26	6.32
化学原料和化学制品制造业	8.60	12.68	56.34	5.64	11.97	57.67	5.61
纺织服装、服饰业	3.75	16.09	55.98	5.75	10.65	48.20	6.34
橡胶和塑料制品业	4.30	11.37	59.57	5.77	10.81	49.44	6.49
非金属矿物制品业	3.06	13.68	61.55	6.37	10.88	53.58	7.13
通用设备制造业	6.63	11.18	55.44	6.76	11.01	53.49	6.81
汽车制造业	4.54	9.96	60.28	7.64	11.55	57.36	8.88
电力、热力的生产和供应业	6.54	6.74	58.33	7.79	22.83	64.45	7.75
计算机、通信和其他电子设备制造业	4.13	14.04	50.55	9.59	16.81	58.19	4.95

(二)以银行为主导推进去产能的压力增大

目前,我省各地主要采用以银行为主体、市场为主导的去产能模式,银行在去产能过程中发挥了决定性作用。实践中,我省去产能的重要抓手是处置僵尸企业,温州、金华两地的2016年处置僵尸企业数量较多,去产能形式相对严峻,其去产能过程中形成的经验做法在全省具有代表意义。从温州做法来看,在处置僵尸企业过程中,坚持"一行一企一策"分类处置,主要通过自主协商、政府主持协商、市场化重组等方式,利用贷款平移、担保置换、分期付款、协议打折代偿、资产重组等市场化手段处置僵尸企业;金华也针对企业的不同实际情况,分类推进债务重组、兼并重组、破产重组,救助有困难但有前景的企业,兼并产能过剩但管理良好的企业,破除没价值的僵尸企业。客观看,两地推进僵尸企业出清的方式,比如贷款平移、分期付款、协议打折代偿等方式,基本以银行为主导。

但面对经济持续下行、两链风险高发和逃废债形势严峻的复杂环境,我省银行业不良贷款率趋于上升,风险处置压力较大,客观上对以银行为主导的去产能做法产生一定影响。从全省来看,近年来我省不良率持续上升,2014至2016年上半年,我省银行业不良贷款率分别为1.96%、2.37%和2.46%。同时,不良贷款的先行指标仍在高位运行,截至2016年9月底,浙江关注类贷款余额3591亿元,关注类比例4.46%;逾期贷款余额3196亿元,逾期90天以上贷款与不良贷款比例120%,高于年初13.5百分点。从地区上看,处置僵尸企业任务最重的金华、以纺织业为支柱行业的绍兴目前不良率都在3.5%左右,关注类贷款也居高不下。可以看出,我省银行业自身已面临严峻形势,继续以银行为主导推进去产能的空间变小、压力增大,迫切需要寻找新的支持。

(三)资本市场可为去产能提供支持

随着去产能工作的持续推进,并购重组、破产清算、转型升级等去产能方式将会越来越多地被混合使用,而这些方式都与资本市场密切相关。

1. 利用并购重组提高行业集中度,助力化解过剩产能

2015年中央经济工作会议明确了"多兼并重组,少破产清算"的去产能总体思路。通过并购重组提高行业集中度来化解过剩产能的重要性不言而喻。具体到我省来看,纺织业、黑色金属、有色金属、非金属矿物制品业和金属制品业将是重点并购重组行业,而这些行业中具有优质资源的困难企业将是并购重点。具体路径上,一是鼓励支持我省行业中的龙头企业通过资本市场发行高收益债券、优先股、可转换债券或其他创新融资工具,募集并购重组过程中化解负债、整合资产所需要的资金,促进兼并后的企业顺利完成"减量置换"目标;二是推动设立我省去产能重点行业的并购重组基金,引导私募基金、各类资产管理公司参与并购重组基金,并持续强化证券公司等

中介机构的财务顾问能力;三是积极利用债转股降低杠杆率和提升再融资能力,通过引入战略投资者,在深层次上实现产能过剩行业的重组,继续支持四大资产管理公司在我省展业,充分发挥我省两家地方资产管理公司的功能,通过财政注资、贴息、增信等方式,有选择地收购各地产能过剩行业中有技术、有前景但短期出现困难的企业的债务实施债转股。

2. 利用资产证券化处置不良资产,助力淘汰落后产能

从美国经验来看,资产证券化能运用结构化金融手段隔离银行不良资产风险,并获得现金注入,帮助银行业实现不良资产的批量处置并摆脱危机困境。2015年年末,我省不良贷款率2.37%,高于全国约0.45百分点;2016年上半年,我省不良贷款率为2.46%,高于全国约0.65百分点。可以预见,在我省两链风险高发及去产能的环境下,还会出现一批破产清算的企业,将继续加大我省银行业的坏账压力。为应对此状况一方面,可利用我国不良资产证券化重启的时机,积极争取我省银行业机构开展不良资产证券化试点,盘活资金存量,提高资本效率。另一方面,可引导我省私募基金参与不良资产处置市场,鼓励发展市场化不良资产投资基金,发挥其差异化的重整运营和价格发现专长,加速资产处置。

3. 利用私募基金推动新兴产业发展,助力培育新型产能

为确保我省经济的稳健发展,大力推进去产能的同时,必须要发展新兴产业,培育新型产能。其中,私募股权投资善于运用价格、交易、管理等多种方式推动新兴产业的成长和发展。相较于全国,我省在计算机、通信和其他电子设备制造业等行业产能效率较高,这也正是私募股权机构所重点支持的行业。以杭州为例,自2014年以来,各类PE/VC等股权投资机构共投资工业企业数量126例,披露的投资金额近140亿元,其中仅投资计算机、通信和其他电子设备制造业的项目达92例,披露的投资金额约91.39亿元,分别占投资工业总数的73.02%和66.31%。得益于杭州创业氛围好、股权投资机构集聚的优势,杭州工业总体发展趋缓,但转型却在持续加快。2015年,杭州的计算机、通信和其他电子设备制造业产值增长16.6%,而六大高耗能行业产值则下降6.4%。应该说,私募股权投资行业是加快资本与科技产业对接的首选。在产能去旧育新的环境下,需要我省依托浙江财富管理中心及

钱塘江金融港湾建设,积极引进发展股权投资机构,打造浙江股权交易中心、创投机构和挂牌企业的股权融资生态圈。

4. 利用期货市场推动现有产能升级,助力提升产能质量

期货市场作为资本市场的重要组成部分,其期现结合模式对提升现有产能的效率在去产能过程中同样重要。一方面,利用期现结合开展产能保值。比如我省热联中邦的"钢厂产能保值"模式,是根据钢厂实际情况,通过与钢厂签订铁矿石、钢材购销合同的方式,为钢厂提供铁矿石等原材料并负责钢材销售,帮助钢厂锁定铁矿石、钢材的价格。另一方面,利用期货交割提升产能质量。以华东的胶合板产业为例,胶合板期货推出后,浙商期货发挥设在嘉兴的胶合板交割库优势,通过仓单向生产企业订购胶合板,并由其风险子公司统一送至交割库进行交割,提高了企业开工率,而且由于交割标准较高,带动了整体行业生产品质的提升。我省是传统的制造大省,也是期货大省,两者的结合创新带动了提升现有产能效率的创新模式。而且我省块状经济众多,集聚效应明显,很多块状经济区域消耗的原材料具有对应期货品种,应该说借助期货的期现结合或是期现交割来服务产业的功能还可以进一步挖掘推广。比如可加大力度支持钢厂产能保值模式和胶合板交割模式,待模式成熟后,积极宣传推广,提升我省产能质量。

(本报告由中国证监会浙江监管局提供)

第十五章 强化政保合作机制服务浙江补短板问题研究

一、补短板工作背景

2015年年底,中央提出了供给侧结构性改革的新概念,明确2016年供给侧结构性改革的具体任务是"去产能、去库存、去杠杆、降成本、补短板"。这五大任务中,"补短板"是推进供给侧结构性改革非常关键的举措。2016年4月27日,浙江省委十三届九次全会讨论并通过了《中共浙江省委关于补短板的若干意见》,对补短板工作进行了全面的部署。这次会议将保险提到了一个非常高的高度,明确提出要注重发挥保险在公共服务供给中的重要作用。本文试图通过研究保险与补短板的关系,分析当前浙江保险业服务补短板的现状、存在的问题及原因,明确保险业服务补短板的重要领域,提出相关的政策建议。

二、保险与补短板的关系研究

(一)短板和补短板理论分析

"短板"作为一种分析工具和理论范式,源于著名的"木桶原理"或者"短板效应"。美国管理学家彼得揭示了这样一条规律:一只木桶盛水的多少,并不取决于木桶最高的那块木板,而恰恰取决于木桶最短的那块。因而,欲增加木桶盛水,补短板至关重要。这一原理应用于经济社会发展,就是指要进一步提升经济社会发展水平，找到短板、补齐短板是前提条件。

对浙江来说，补短板是"八八战略"的题中应有之义。浙江是全国范围内率先大步推进"补短板"的省份，2016年4月27日发布的《中共浙江省委关于补短板的若干意见》明确提出，浙江在建设高水平全面小康社会过程中要重点补齐科技创新、交通基础设施、生态环境、低收入农户增收致富、公共服务有效供给、改革落地六大短板。补短板是浙江全面建成高水平小康社会的发力点，体现了高质量、均衡性发展的内在要求。

（二）保险对补短板的作用分析

保险的本质内涵决定了保险业在服务国家治理体系和治理能力现代化方面可以大有作为。强化政保合作机制，充分发挥保险的功能优势，能够为我省补短板发挥积极的作用。

1. 保险能够推动经济提质增效升级，为完善现代金融体系提供支柱力量。保险与银行、证券一同构成金融业的三大支柱。从国际上看，近年来保险业占金融业总资产的比例大幅度提高，经合组织国家（OECD）中保险和养老金资产占金融总资产的比例平均达到20%。加快发展保险业，不仅可以提高保险这个高端服务业在经济中的比重，还可以带动养老、健康等产业链的发展。另外，通过发展小额贷款保证保险、出口信用保险、科技保险等手段，可以化解科技创新和产业升级风险，推进融资模式和增信机制创新，更好地推动经济转型升级。

2. 保险能够丰富社会保障层次，为完善社会保障体系提供有力支撑。金融危机以后，保险在提供非基本、补充性保障中逐步发挥重要作用。当前，我国面临较大的社会保障压力。据人口抽样调查，未来20年我国将经历快速的人口老龄化，60岁及以上人口比重将达到1/4，而且是未富先老，在未来的几年内医疗养老保障将出现缺口。近年来，我国保险业以委托管理、共保联办和保险合同等方式参与社保项目经办管理，共有10多家保险公司已经或计划投资养老社区，拉动了相关产业的就业，通过市场机制提供了范围更广、水平更高的保障。

3. 保险能够创新支农惠农方式，为完善现代农业服务体系提供有效工具。一是保障农业生产。"十二五"期间,我国农业保险年均增速达21.2%,累计为10.4亿户次农户提供风险保障6.5万亿元,自2008年起,我国农业保险的业务规模稳居世界第二。二是保障农民生活。积极推动农村小额人身保险试点,其已覆盖广西、云南、河南、安徽、湖北、青海、浙江等省区。三是支持农村信贷。加大小额信贷保险发展力度,如浙江的涉农小额贷款保证保险已在19个县(市、区)开展,累计支持9544家农户获得支农贷款14.9亿元(浙江数据不含宁波,下同)。

4. 保险能够增强防灾减灾能力,为完善灾害救助体系提供重要保障。从全球来看,近20年来,国际上自然灾害的保险赔付金额一般都占灾害直接经济损失的30%~40%。从国内来看,我国是世界上自然灾害最严重的国家之一,近15年来直接经济损失每年超过2000亿元。浙江是我国受台风、暴雨、洪涝等灾害影响最严重的地区之一。例如2013年第23号强台风"菲特"给浙江造成了巨大灾害,保险赔款超过56亿元,为受灾地区尽快恢复生产生活提供了有力支持。

5. 保险能够促进社会治理创新,为完善社会管理体系提供市场机制。一方面,保险可以辅助社会管理,帮助政府"管到位"。通过大力发展多种形式的责任保险,探索发展治安保险,参与交通治理,创新城市管理体制,能有效预防和化解社会矛盾,降低社会管理成本。另一方面,保险可以承接公共事务,帮助政府"放到位"。发达国家成功地把一部分社会养老、医疗保障、灾害救助等责任转由保险公司承担。在我国,大病保险就是一个很好的例子,创新了公共服务提供方式。

(三)补短板对保险业的要求

保险业自身也需补短板。从浙江的情况来看,相对政府和人民群众日益增长的多元化保障需求,保险业在产品供给方面存在较大差距;相对各方对保险业较高的期许,保险业在服务意识方面存在较大差距。保险业在产品和服务有效供给方面存在短板,特别是服务问题日益突出,风险管理功能未能得到有效的发挥。要补这块短板,一方面要准确把握保险的本质和功能,找准行业职能定位,锚定保障本位,结合地方实际,开发和提供符合地方需求的产品,不断提高保险产品供给质量,优化保险供给结构;另一方面,要抓好服务这个根本,深度融入国家和我省战略,进一步发挥保险在风险管理方面的核心优势。

三、当前浙江保险业服务补短板的现状分析

(一)浙江保险业补短板现状

浙江省委十三届九次全会结束后,浙江保险业研究制定《"推进政保合作,补齐保险供给侧短板"的工作方案》,成立9个重点险种项目组,开展多方对接,推动政保合作项目发展。在有关部门的支持下,保险业服务补短板的成效不断显现。

1. 责任保险实现重点突破。火灾公众责任险、安全生产责任险立法实现突破;电梯安全责任险已明确在条件成熟地区建立示范性项目;食品安全责任险通过召开工作经验交流会等方式加大宣传推广力度;自然灾害责任险已覆盖34个县(市、区)及街道;"安环险"在衢州首创试点。2016年全省责任险保费收入20.9亿元,同比增长58.2%,提供了6.6万亿元保障。

2. 涉农保险加快提质增效。推动农业保险实施10年来力度最大的政策调整,在"增品、降费、提标、扩面"各个环节加大农业保险惠农力度;鼓励共保体成员公司适度竞争,利用大数据等技术创新农业保险模式和服务。深化瑞安农村保险互助社试点,互助保险已覆盖所有的22个农业合作社,在冻害和鲇鱼台风灾害中发挥了积极的风险补偿作用。

3. 普惠保险逐步提高覆盖面。大力发展大病保险,目前商业保险机构承办的大病保险项目已覆盖近80%县(市、区)的2700余万群众;推动出台个人医保账户余额购买商业健康保险政策;在全国首创养老服务机构综合保险;大力发展小额人身保险,积极探索针对农村居民、外来务工人员、低收入人群、残疾人等群体保障的新模式。

4. 涉企保险加大有效供给。着力发挥保险融资增信作用,探索"三权"抵押贷款、建筑履约保证保险等新模式,小额贷款保证保险已累计帮助近

3.5万家小微企业获得贷款155.9亿元,助推"大众创业"。着力发挥保险化解科技创新风险的作用,联合省经信委等部门发文明确首台(套)保险财政补偿政策,继续推进专利保险试点工作,全国首家专业科技保险公司已在我省批准筹建,支持"万众创新"。

(二)存在的问题及原因分析

总体上看,我省保险补短板工作推进有序,取得了阶段性成效,但工作进展不平衡,政保合作项目仍存在各地标准不一的"碎片化"现象。究其原因,主要存在自身与需求方配套两方面问题。

1. 自身存在短板。主要体现在保险特色产品开发不够,保险产品供给与政府和人民群众的多元化保障需求存在差距。当前行业产品创新能力不足,没有很好地提供契合市场需求的保险产品,保险需求潜力较大的责任险、保证险、信用险等险种发展仍然滞后,全省尚未形成特色的区域保险产品服务体系。据调查显示,在浙江未购买也不打算购买保险产品的居民中,有20.9%的居民是由于没发现适合自己的产品。

2. 需求方配套有所不足。地方政府、有关部门的推动力度和财税、立法等配套支持力度有待进一步加强,社会公众的保险意识有待进一步提高。在服务补短板的政保合作项目,特别是涉及民生的部分准公共服务领域,保险公司在信用保证、责任及养老、健康保险等方面有参与的意愿,但这些领域往往风险集聚较大、投保对象分散且保险意识相对不高,需要政府出台配套的扶持政策予以推动。

四、保险业服务补短板的着力点和重点领域

保险业要立足服务浙江治理体系和治理能力现代化,主动对接我省供给侧结构性改革和补短板,推进政保合作,助力补齐风险管理、民生保障等短板。

（一）围绕实体经济领域，发挥保险业优化金融资源配置作用，促进经济提质增效升级

推动小额贷款保证保险提质扩面，建立完善支持政策和风险分担机制。进一步扩大出口信用保险覆盖面，加大政策支持力度，加强产品和服务创新。加大科技保险服务和产品创新，继续推进首台（套）技术装备保险补偿工作。充分发挥保险资金长期性和稳定性优势，积极引进保险资金为我省重点项目建设和产业转型升级提供中长期直接融资。支持保险业与养老、健康、护理、互联网、先进制造业等相关产业的跨界融合发展。

（二）围绕脱贫攻坚战略，发挥保险业分散"三农"风险作用，服务低收入农户增收致富

着力打造以大病保险、农业保险、小额保险等为主的保险扶贫保障体系，以小贷险、学贷险、农险保单质押贷款等为主的保险扶贫增信体系，以保险资金运用等为主的保险扶贫投资体系，全方位助力脱贫攻坚。进一步推动农业保险"扩面、提标、增品"，提升农业保险的覆盖面和保障程度。深化发展农产品价格指数、气象指数、农作物产值及收益等新型农业保险业务。积极拓展互助保险等涉农保险领域，满足农民多层次保险服务需求。

（三）围绕保障改善民生，发挥保险业促进公共服务创新作用，服务民生保障和社会治理现代化

进一步完善城乡居民大病保险制度，推进大病保险市级统筹。全面推进养老服务机构综合保险和残疾人意外险，加快推进老年人意外险，探索开展长期护理保险试点。大力发展小额人身保险，加强农村居民、老年人、未成年人、残疾人等群体的保险保障服务。推开巨灾保险试点，逐步建立符合我省区域风险特征的巨灾保险制度。大力发展与公众利益、社会民生关系密切的食品安全、电梯、火灾公众、环境污染、公共场所、安全生产等领域的责任保险。

五、保险业服务补短板的对策建议

(一)加强统筹协调,健全政保合作机制

推动省级层面以成立工作组、联席会议、指定联络员等多种形式建立工作机制,解决影响政保合作的深层次困难和问题,合力推进相关领域的补短板工作。聚焦最迫切、有影响、可操作的领域,遴选一批重点政保合作项目,建立全省重点政保合作项目库,按照增品、扩面、提标的要求,给予重点推动和支持。引导各地根据发展实际和需求,大力开展具有地方特色的政保合作项目。

(二)加强财税等政策支持力度,建立长效机制

引导各级地方政府和省级有关部门更多地运用保险工具来服务经济提质增效升级和民生保障,促进政府职能转变。充分发挥政府在立法保障、组织推动、政策制定等方面的作用,对于具有较强公益性但市场化运作无法实现盈亏平衡的保险业务,推动给予必要的启动支持、行政引导和财税优惠。对于商业保险机构运营效率更高的公共服务,鼓励委托保险机构经办或者直接购买保险产品和服务。引导财政以保费补贴、风险补偿等方式,推动政保合作项目发展,培育保险需求。

(三)加强产品创新,提升保险专业服务能力

进一步完善保险专家库制度,广泛动员行业力量,为政保合作提供政策研究、产品设计、项目实施和事后评估等技术支持。发挥保险在风险管理方面的核心优势,以补短板明确的险种为重点,以消费者需求为导向,加快发展风险保障型和长期储蓄型业务,创新开发契合浙江需求的特色险种。着力提高保险专业服务水平、协助完善"事前风险预防、事中风险控制、事后理赔服务"的公共风险管理机制,提高社会的风险管控水平。强化保险的防灾减损服务,大力推进保单通俗化、标准化和承保理赔便捷化、规范化,提升保

险机构管理水平和服务质量。

(四)加强保险宣传和知识普及,提高保险意识

加强政保合作项目的经验总结和推广复制,定期组织开展对接活动,交流经验做法,推广工作经验,发挥示范效应。依托各类传播工具,开展保险知识普及宣传系列活动,加大在各级主流媒体政保合作典型案例的宣传力度。研究建立保险进党校、行政学院的长效机制,推进保险知识进学校、进社区、进农村、进机关、进企业,不断提高社会公众的保险意识和认知水平。

(本报告由中国保监会浙江监管局提供)

第十六章　关于加强风险控制,规范发展浙江省P2P平台的思考[①]

互联网金融的本质是金融,而金融的核心是风险控制。在规范发展互联网金融的背景下,加强互联网金融特别是P2P平台的风险控制已是当务之急。据网贷之家统计,截至2016年3月,国内累计成立的P2P理财平台达3984家,已有1523家公司倒闭或者跑路,问题平台占比高达38%,引发各界关注,因此网贷平台的整治势在必行。4月14日国务院组织14个部委召开会议,将在全国范围内启动为期一年的互联网金融专项整治,北京、江苏等多地的互联网金融监管已经进入实操阶段,而浙江省互联网金融的整治工作也已经启动,省互联网金融联盟已下发通知,要求相关平台开展自查整改。

为了更好地配合这项工作,2016年金融研究院课题组密集调研了多家浙江省P2P典型平台,重点调研了这些P2P平台的风控理念和风控措施,现梳理小结如下,希望能够为下一步浙江省实施互联网金融专项整治和未来监管提供一些建议。

一、规范发展P2P平台已成业内共识

规范发展是网贷平台演进的内在要求。网贷平台的发展,在经历了第一阶段的金融产品互联网营销、第二阶段的垂直领域资产挖掘或者一站式理财产品互联网销售之后,目前正向第三阶段,即网贷平台对接"互联网＋"行业(如跨境电商、长租公寓等)的金融需求阶段发展,相应要求网贷平台在为特定行业的"互联网＋"企业提供资金的同时要相应负责相关资产的风

---

① 浙江大学金融研究院AFR咨询要报,2016 No. 5。

控。这就对网贷平台的风控能力提出了更高的要求。只有规范发展，同时在资产端具有定价和风控能力的网贷平台才能持续发展。因此，规范发展P2P已成行业共识。同时，一些真正认识到互联网力量能够以较低成本满足草根个人和小微企业的金融需求的P2P平台，在经历了一段时间探索后，正在其熟悉领域进行深耕，也希望以较为规范的方式发展平台，真正实现行业的良性发展。

二、我省网贷平台风控的经验归纳

网贷平台的风险控制，主要从公司治理、业务集中度、建立完整的风控体系、控制操作风险以及控制违约风险5个方面进行。(1)公司治理方面。网贷平台应尽量通过引进知名PE或知名上市公司作为战略合作方等手段，优化公司治理结构。(2)业务集中度方面。由于网贷平台上的资产项目较多，因此在产品开发和配置时，应做到尽量不把鸡蛋放在一个篮子里，实施多样化、分散化的产品战略，以降低公司对某类特定产品的依赖性。(3)风控体系建立方面。风控体系建立前期，要尽量借鉴传统金融特别是商业银行的成熟风控体系，并力争实现网贷平台在资金托管（与银行合作进行智能清算结算）、产品设计（与保险公司合作开发银保联动产品）等方面与传统金融机构建立合作关系。(4)操作风险的控制。应尽可能做到资金第三方托管，以及资金与项目的一一对应（金额可拆、期限不可错配），这样就从根本上杜绝了自融和资产池风险。(5)违约风险的控制。由于网贷平台的核心能力就是资产端的定价和风控，因此风控必须做到资产端，可通过平台项目资产收益权账户由网贷平台和合作方共管、将"互联网＋"合作方的ERP信息共享给网贷平台以保证交易数据和交易场景的真实性、网贷平台加强对相关资产的还款来源和抵押物的管理等手段来降低违约风险。

三、注意采用互联网思维加强平台风控

除了一些传统风控手段外,网贷平台还应根据互联网特点,通过风险管理模式创新、以互联网方式加强信息披露和外部监督、采用云计算和大数据作为风控手段以及加强平台间数据共享等手段来进一步加强风控。(1)风险管理模式创新。由于互联网金融企业的产品类别较为广泛且经常变化,因此整个风控体系应在一个基本框架下采用插件式模块化的风控管理模式,在维持风控体系相对稳定的前提下提升与产品多变特性相匹配的风控能力的弹性和适应性。(2)将更多云计算和大数据等技术手段引入风控。借鉴Lending Club等公司的信贷工厂模式,利用云计算和大数据分析进行行为分析和建模,并采用模型进行贷前识别,尽量减少人工干预;与高校和相关企业合作,开发并使用计算机自动反欺诈预警系统。(3)信息披露和外部监督更互联网化。平台可创造条件,便利投资者进行线上和线下相结合的"查标",同时通过网络社区或APP推送等方式进行信息披露,引导投资者在其网络社区上进行互动。(4)建立平台间信用数据共享机制。以省互联网金融联盟为纽带,首先建立信用信息共享机制和黑名单共享机制,在此基础上建立P2P平台数据实时管理系统,便于实时监管,待时机成熟时考虑接入中国人民银行征信系统。

四、相关建议

一是发挥我省互联网金融联盟作用,积极配合互联网金融行业的专项整治,研究总结网贷行业的风控标准,并在促进信息实时报送、黑名单共享方面加快实施进程;二是探索成立网贷平台互助基金,为网贷平台行业提供新的救助机制;三是由联盟牵头,开展互联网金融方面的投资者教育活动。

（本报告由浙江大学金融研究院提供）

绿色金融专题研究

第十七章　2017年第一季度浙江省绿色金融发展报告

党的十八届五中全会确立了"创新、协调、绿色、开放、共享"五大发展理念。加强环境保护和生态治理、推动绿色发展,已经成为国家战略,同时也是社会各界的高度共识。绿色金融是推动绿色发展的重要力量,"构建绿色金融体系"是国家"十三五"规划的重要内容。2016年8月,中国人民银行等国家七部委联合印发了《关于构建绿色金融体系的指导意见》,提出了比较完备的绿色金融政策体系。同年9月召开的G20杭州峰会将绿色金融作为重要议题,并发布了《G20绿色金融综合报告》,提出扩大绿色投融资,支持G20实现强劲、可持续和平衡增长的战略目标。

作为我国经济先行地区和金融创新高地,以及习总书记"两山理论"的重要思想发源地,浙江在绿色金融创新探索方面勇立潮头,不仅在全国率先创新了排污权抵押、环境责任险等绿色金融产品,而且在湖州市、衢州市率先开展绿色金融改革探索并取得初步成效,浙江绿色金融发展已在全国形成了一定的规模和示范效应。

一、浙江绿色金融发展情况

(一)绿色信贷

截至2016年年末,浙江省绿色信贷余额7443亿元,同比增加10.1%,占全辖各项贷款余额9%。在推进绿色信贷过程中,主要形成了以下模式:一是在全国首创排污权抵押贷款模式①。截至2017年第一季度末,全省排污权抵押贷款余额54.7亿元,同比增长55.22%,居全国第一。二是林权抵押贷款发展迅速。省内拥有林业资源的地市全部开展了林权抵押贷款业务,截至2017年第一季度末,全省林权抵押贷款余额达84.93亿元,是2010年年末的2.91倍。三是"五水共治"贷款。围绕浙江"五水共治"战略,引导金融机构支持污水治理等工程,2016年全省共发放"五水共治"贷款470亿元。四是去产能调结构融资,截至2017年第一季度末,浙江省淘汰落后和过剩产能重点行业贷款余额2160.7亿元,同比下降615.3亿元。此外,浙江银行业还针对区域内的"美丽乡村""特色小镇""机器换人"等生态工程分别推出"绿色银团""综合授信""绿色基金""绿色租赁"等模式。

(二)绿色债券

交易所债券市场方面,2016年5月,浙江嘉化能源化工股份有限公司发行的企业债在上海交易所挂牌上市,成为中国首例在交易所公开发行的绿色公司债券,注册8亿元额度,首期发行3亿元,利率为4.78%,期限5年。银行间债券市场方面,中国人民银行杭州中心支行积极支持符合条件的金融机构发行绿色金融债,2017年2月华融租赁股份有限公司成功发行20亿元绿色金融债,为金融租赁行业发行额度最大一单;同时积极推动符合条件的企业发行绿色债务融资工具,2016年12月,盾安控股集团有限公司发行我省首单绿色债务融资工具,共计发行10亿元,并首次引入"绿色投资人"概念,成为市场新亮点。

(三)绿色信用体系建设

中国人民银行杭州中心支行积极加强与省环保部门合作,持续开展企业环保信息采集工作,截至2017年5月,全省共采集环保信息逾1.5万条,银行机构在办理、管理信贷业务时,将企业环保守法情况作为重要依据。同时创新推动绿色信用评级。鼓励绿色企业开展信用评级,引导金融机构应用

---

① 2010年,中国人民银行杭州中心支行会同浙江省环保厅出台了《浙江省排污权抵押贷款暂行规定》,在中国首创排污权抵押贷款。

评级结果,推进绿色发展领域金融产品创新,指导辖内评级机构改善评级指标,适当增加绿色信用指标权重。

(四)绿色产业基金

与世界银行绿色基金项目合作进展顺利。2016年9月,经与世界银行沟通协调,世界银行拟出资3.5亿美元左右,采用绿色产业基金的形式,专项用于浙江的绿色项目融资。为此,中国人民银行杭州中心支行组织世界银行有关专家在浙开展调研,协调相关部门和地区积极合作对接,推动相关地区绿色产业基金项目库建设,世界银行绿色金融投资基金项目有望2017年在浙江落地。

二、浙江绿色金融改革工作进展

在浙江省委、省政府和中国人民银行总行的关心、指导和支持下,浙江省绿色金融改革创新试验区申报工作稳步推进,目前包括浙江在内的五省(区)绿色金改总体方案已完成部委会签,进入审议待批阶段。浙江两地绿色金改方案总体要求是通过金融组织、融资模式、服务方式和管理制度等创新,积极探索绿色金融发展的有效途径和方式,引导投资结构调整,推动经济转型升级,探索形成可复制、可推广的绿色金融发展模式,湖州市侧重金融支持绿色产业创新和升级,衢州市侧重金融支持传统产业绿色改造和转型。申报工作开展以来,省委、省政府及相关职能部门积极指导、支持湖州市和衢州市积极谋划思路,加强组织实施,推动绿色金融改革相关基础工作取得一定进展。

一是建立工作领导小组,加强改革工作组织协调。湖州建立了政府、人行、金融系统等3个层面的工作推进机制;在政府层面成立由市政府主要领导为组长,各县(区)政府和市相关部门主要领导为成员的绿色金融改革创新工作领导小组,并在市人行设立领导小组办公室。衢州市政府成立由市长任组长的绿色金融工作领导小组,市人行作为领导小组办公室单位,按照职责分工,成立绿色金融综合组、银行组、保险组等6个工作组。

二是开展多层次改革规划编制,注重改革总体设计。湖州市委托人民银行研究所完成《湖州市绿色金融改革创新五年规划》的编制工作,目前《规划建议》已经由专家评审通过;市人民银行层面出台《湖州市金融系统绿色金融改革创新活动方案》,制定实施绿色金融改革创新年度行动计划。衢州市委托中央财经大学气候与能源金融研究中心专家组初步完成《衢州市"十三五"绿色金融发展规划》编制,目前正组织对规划初稿进行修改完善工作。

三是推动金融机构绿色化改造。湖州以市农行、兴业银行、湖州银行、安吉农商行等4家银行作为"绿色金融改革创新示范点",探索建立绿色金融专营机制,如安吉农商行建立了绿色金融事业部,成为全国首个建立绿色专营机制的地方小法人银行。衢州市按照"试点先行、龙头示范、法人探路"的工作思路,鼓励处于衢州绿色产业集聚区的银行业分支机构利用地域优势,先行先试创建绿色金融专营支行。2016年12月授牌中行衢州经济开发区支行为"绿色金融试点行",人民财产保险衢州分公司在系统内率先设立绿色保险事业部。

四是加快绿色金融产品和服务方式创新。湖州市积极引导商业银行创新各类绿色信贷产品。南浔农商行、湖州银行试点推出"环保贷"等排污权抵押贷款业务;湖州银行探索开展合同能源管理融资业务;德清农商行、安吉农商行推出光伏贷转型贷款等。衢州市出台《衢州市金融支持传统产业绿色转型发展的指导意见》,将信贷资金优先支持环境治理建设项目和绿色低碳循环经济领域,协调发放绿色并购贷款,支持巨化集团公司收购菲达环保,提升巨化集团生产有害物排放处理能力。推进金融支持绿色PPP项目3个,发放贷款3.76亿元。2017年第一季度末,湖州市绿色信贷余额527.14亿元,比年初新增86.54亿元;衢州市绿色信贷余额142.48亿元,较年初增加18.24亿元。

五是探索绿色产业债券融资。湖州市积极推动符合绿色发展导向的企业积极对接资本市场,纳入上市挂牌后备资源库,推进绿色项目债券融资。2017年1~5月,全市银行机构已累计助推绿色项目完成直接融资66.25亿元。衢州围绕区域产业布局和绿色循环经济导向,对照《绿色债券支持项目目录》,完成全市绿色金融债券项目库梳理工作,累计入库项目152个,总投资1750亿元,积极对接有发行意愿的银行机构。

六是发挥绿色产业基金撬动作用。湖州产业资金发展突出"绿色发展"和"新兴产业培育"两条主线,初步设计为"双百亿工程",即政府性出资约20亿元,形成总规模200亿元以上的产业基金,其中"绿色发展""新兴产业培育"各100亿元,拟带动投资1000亿元以上。衢州市拟设立绿色产业引导基金,采取母子基金的构架运行,首期规模10亿元,目前已到位的母基金4.1亿元,并以2.05亿元参股设立了3个子基金,带动其他社会资本投资共8.45亿元,已完成项目投资6.43亿元。

七是创新发展绿色保险。湖州市积极推动建立环境责任保险制度,研究制定环境污染责任保险试点工作办法,拟将企业环境污染责任险纳入县(区)生态市建设考核要求,并在重污染高耗能行业整治过程中予以推广。衢州市创新推出"政府监管、财政扶持、企业运作、保险联动"的生猪保险与病死猪无害化处理联动机制,生猪投保率、死亡生猪无害化处理率、死亡生猪理赔率均实现100%,该模式引发全国关注,并在全省推广。另外,针对辖内重化产业比重高、涉危化品生产企业多、企业风险分担机制不健全等情况,衢州在全国率先试点安全生产和环境污染综合责任保险项目,集成安全生产事故责任、环境污染事故责任、危险品运输责任三项险种,使保险职能从以往单纯的赔偿职能向"过程管理＋赔偿"的职能转变,截至2016年年末,完成市本级涉危化品企业试点,参保企业达到67家,保费金额600万元。

八是强化绿色金融基础设施建设。湖州市以基础保障机制建设为重点,努力为绿色金融改革创新营造良好环境。优化改进绿色支付环境,推动"绿色支付无障碍区"示范点建设;加快推进绿色担保机制建设,在中小企业项目融资担保中,要求担保机构优先支持节能环保产业项目、绿色技术改造项目;建立完善用能权有偿使用和交易制度,积极筹备碳排放交易市场平台,扎实开展安吉竹林碳汇示范区建设。衢州市推进绿色信贷风险补偿及费用补贴等基础性制度建设,市政府出资70%,启动5000万元"科技金融风险池"和1500万元"绿色资金风险池"两个项目,用以覆盖8.38亿元绿色信贷风险。人行衢州市中支加强与市环保局、经信委、食安办等部门的沟通协作,推动企业环保处罚等信息公开,为绿色信用信息采集奠定基础;同时探索构建绿色金融监测体系,制定《衢州银行业绿色金融监测制度》,共设计140个指标,涵盖绿色信贷业务、绿色金融结算、绿色金融产品等六大方面,定期监测辖内绿色金融发展状况和风险情况,为全面监测评估辖内绿色金融开展情况提供重要的数据支持。

三、绿色金融发展方面的政策建议

(一)建立统一、科学的绿色金融相关技术标准

一是当前绿色金融所包含的绿色信贷、绿色证券、绿色融资担保等缺乏明确技术标准,影响金融数据统计及绩效评估。如在信贷方面,虽然2012年银监会制定出台了《绿色信贷指引》,但据银行反映,由于对有关信贷的内涵界定较为原则,外延又不全面、不清晰,所以具体统计时是否归入绿色信贷存在较大的随意性。二是在绿色金融各项技术标准不明的情况下,各部委在框架下出台的指引标准不一,影响基层绿色金融工作推进。在债券发行方面,中国人民银行、国家发改委分别出台了《绿色债券支持项目目录》和《绿色债券发行指引》,但是不同主管部门制定的绿色债券标准不统一,直接导致绿色项目库构建缓慢。

建议…尽快制定出台统一、科学、可操作的绿色金融服务标准体系,为各地提供指引。

(二)建立绿色金融支持政策体系

从政策层面看,目前除了原则性的指导意见,尚没有实质性的绿色金融激励措施,市场主体实际获得感不强。以绿色债券为例,缺少在主体评级、发行价格等方面的实质性优惠,加之绿色债券需要专业鉴定、独立认证,反而额外增加发行人的成本,影响发行人积极性。

建议国家各部委尽快出台扶持绿色金融发展的鼓励政策,包括货币信贷、金融监管、金融市场、财政税收等政策。如探索开展绿色发展再贷款、绿色信贷资产证券化试点工作,对金融机构开展绿色金融业务提供流动性支

持;适度降低绿色信贷的风险权重;确立绿色债券相较于普通债券所具有的优先受偿权,明确开通绿色企业IPO和发行绿色债券的"绿色"通道;探索将绿色信贷等纳入宏观审慎评估框架,提高金融机构参与绿色金融的积极性。

(三)建立健全相关法律法规体系

虽然国家已出台了多项涉及绿色金融的政策文件,但从这一系列政策制度的性质和效力看,大多属于部门规章,缺乏在法律法规上的强制约束力。如环境污染责任险的非强制性,企业缺乏投保的外部压力,绿色保险业务难以拓展。

建议加快节能减排和绿色发展的法制化进程,通过国家立法确定节能减排的约束性指标。一是推行环境高风险领域的强制性绿色保险制度,解决绿色保险推动依据不足、惩治制度不完善等问题;二是明确金融机构的环境法律责任,确立金融机构对所投项目的环境影响具有法定审查义务;三是建立上市公司环境信息强制披露制度,为上市公司环境风险评估和准确估值提供法律基础;四是明确排放权、排污权和用能权的产权性质,为环境权益交易市场建设和以环境资产作为抵押的融资产品创新奠定法律基础。

(四)加快建立全国统一的环境权益交易市场体系

目前,全国性环境权益交易市场尚处于探索阶段,统一的市场体系尚未形成。①从各地的情况看,存在区域性市场发展不平衡、环境权益分配方式不统一、交易制度规则不一致等问题。由于区域性环境权益资产交易仅局限于试点地区,试点省份内部不同地区、试点省份与省外无法进行跨区域交易,这种市场割裂的状况,使得环境权益流动性差,市场价值被严重低估,甚至可能引发套利行为。此外,由于环境权益没有获得市场充分估值,又会进一步阻碍基于环境权益的绿色金融创新。

建议加快建立全国统一的环境权益交易市场体系。一是建立健全用能

---

① 其中,全国水权交易平台(中国水权交易所)已于2016年6月正式开业,而根据《"十三五"控制温室气体排放工作方案》(国发〔2016〕61号),全国碳排放交易市场将于今年启动,但全国性排污权、用能权市场却尚未列入议事日程。

权、用水权、排污权、碳排放权初始分配等基础性制度,同时继续完善相关环境权益资产的有偿使用和交易制度,包括交易场所管理制度、交易规则、风险控制、信息披露等。二是积极支持并指导改革试点地区环境权益市场建设先行探索,并逐步规范化、标准化区域性交易市场环境权益交易产品,同时加快构建统一性履约体系、市场运行体系、监管体系等。三是金融监管部门有序推动碳金融、排污权抵押贷款等各类环境权益融资工具和金融衍生产品的发展。

(本报告由中国人民银行杭州中心支行提供)

第十八章 浙江银监局探索建立 "绿色金融"监管评级体系

G20杭州峰会以来,浙江银监局紧紧围绕习近平总书记提出的"绿水青山就是金山银山"理论,按照中国人民银行等国家七部委联合发出的《关于构建绿色金融体系的指导意见》要求,以"两山理论"发源地湖州为试点,在国内率先建立银行业"绿色金融"监管评级体系,探索监管推动绿色金融发展的有效路径。

一、建立"绿色金融"监管评级体系的主要做法

"绿色金融"监管评级体系是银监部门对银行业金融机构的金融绿色化程度进行科学、直观评价的工具,通过A、B、C、D 4级9档划分,综合评价银行业金融机构在"绿色化改造进度、绿色信贷执行与风险、绿色运营情况、绿色友好程度"等四大方面的进展情况,并基于评级结果实施差异化监管政策,从而激发银行业发展绿色金融的内生动力。

(一)科学的评级指标设计

从组织管理、机制管理、流程管理、经营目标等多个维度,设置22项标准评级指标,逐条列明扣减标准,按年对银行机构进行绿色金融评级。在主评价体系之外,增设"加分项、减分项及限制、降级项"等11项弹性指标。如,对违反绿色金融相关法律法规、被监管部门行政处罚的机构实行一票否决,当年评级一律不得高于C级(合格);对在绿色金融管理及产品创新方面取得重大突破和进展的机构另行加分。同时,为避免"模糊评级""原则性评

级"，尽可能用数据说话，在评级指标中定量指标占比达61.54%。

（二）地方特色的监测指标体系

一是监测指标更全面。以银监会绿色信贷统计和自评价指标为基础，配套完善设置"重点绿色领域、绿色风险、绿色信贷、绿色运营"等4套共308个指标的监测体系，对银行业金融机构在重点绿色产业的支持力度、环境风险管控程度以及绿色经营目标完成进度进行全面监测。二是融入特色指标。在监测指标中融入生态旅游、"五水共治"等地方特色性指标和绿色住房贷、绿色消费贷款等新兴领域指标，对绿色金融的监测富有地方特色，也更能反映绿色金融发展的实际情况。

（三）一致性与差异化相结合的评价方式

一是提出绿色信贷"三个高于"的一致性标准。设置"绿色信贷余额占比高于去年同期、绿色信贷增速高于全部贷款增速、绿色信贷户数高于去年同期"指标，考核银行机构绿色信贷增长情况，合理评估不同机构发展绿色金融的"努力程度"和实际效果。二是在机制建设方面设置差异化目标考核值。考虑到不同银行机构发展绿色金融的基础各不相同，设置不同的考核目标，如在绿色人才储备、组织管理等方面，按法人、分支机构分别设定不同的考核目标，对法人机构提出更高要求和更高标准。

（四）多管齐下的激励约束政策

为更好地激发银行机构发展绿色金融的积极性，绿色金融监管评级体系以正向激励为主，反向约束为辅。一是强化监管激励约束。强调绿色评级结果的重要性，将其作为监管评级、审慎性监管措施、机构设置规划、现场检查与非现场监管频度与力度的重要参考依据。对绿色金融发展良好的机构给予政策倾斜，对发展不力的机构予以一定限制。二是强化外部激励约束。联合中国人民银行、地方政府相关部门建立评级结果的外部运用机制，使绿色评级结果与地方政府的信贷贴息、绿色债券审批、产业基金、财政补贴、税收优惠等挂钩，通过实施差别化政策措施，切实发挥绿色评级引导金融资源配置的作用。

（五）打造具有示范效应的实践标杆

在试点地区湖州选取 4 家基础相对较好的银行机构作为"绿色金融改革创新示范点"，按月运用监测和评级体系评估上述银行的绿色金融开展情况，按月通报考评结果，通过树立标杆的方式鼓励该地区银行业"创先争优"。目前，湖州率先设立了地方性银行绿色金融事业部、城商行绿色金融管理中心，打造了"湖州绿色金融改革亮点项目库"。该项目库对全市银行业金融机构的覆盖率达 96.77%，首批入库项目 37 个，涌现出了一批如"绿水青山产业投资基金""仟禾福"绿色普惠农业项目等优秀绿色金融项目，绿色金融发展多点开花。

二、深化措施和政策建议

下一步，浙江银监局将实施"绿色金融三年行动计划"，推动建立政府、银监、协会、银行、企业"五位一体"的绿色金融体系，以湖州试点为基础探索建立更加完善的绿色金融监测和评估体系，加强总结推广，形成多方合力，为全国绿色金融发展探索更多试点经验。同时，建议如下：

（一）支持浙江创建全国绿色金融示范和标杆省。建议将浙江作为我国实施绿色金融发展战略的试点省份；支持湖州市创建全国绿色金融改革创新综合试验区；推动浙江省政府在政银企联动协作、政策性担保、财政贴息、产业基金等方面完善绿色金融发展政策环境，努力打造全国绿色金融的标杆。

（二）推动浙江绿色金融改革创新先行先试。建议在银行业绿色金融专营机构建设、绿色金融债券、绿色信贷资产证券化、绿色产业投贷联动试点等方面，支持和鼓励浙江银行业先行先试；鼓励全国性银行机构将浙江分支机构作为绿色金融试点行，给予绿色信贷、绿色债券、考核激励等政策倾斜。

（三）加强浙江绿色金融监管的引领和指导。目前，浙江银监局绿色金融的监测和监管评价仍处于起步阶段，建议在"指标设置、评估维度、激励政策"等方面给予指导,完善绿色金融监测与评估机制。同时,加强顶层设计,指导建立绿色金融风险识别、监测、预警和防控机制,推动金融、财政、环保、发改等部门强化合力,加快绿色信用信息共享、碳排放和排污权交易市场等基础设施建设。

（本报告由中国银监会浙江监管局提供）

第十九章 聚合力,广布局,稳起步
——嘉化能源绿色公司债再拔头筹

继 2016 年 3 月初浙江交通投资集团有限公司成功发行全国首单可续期公司债之后,由浙商证券主承销的浙江嘉化能源化工股份有限公司绿色公司债券(以下简称"嘉化能源绿色公司债")于 2016 年 5 月 20 日成功簿记发行,成为交易所债券市场全国首单绿色公司债。此次嘉化能源绿色公司债的成功首发,是浙江省公司债市场品种创新的又一次有益尝试,为绿色企业通过资本市场直接融资探索出一条切实可行的路径。

一、嘉化能源绿色公司债成功发行

2015 年下半年,证监会启动绿色公司债研究。在证监会的指导和省委、省政府的支持下,浙江证监局深入调研,协调各方,合力推进,多次联合上海证券交易所、省金融办、券商、律师事务所、会计师事务所以及部分意向企业进行座谈交流,共同研究推动浙江省绿色公司债起步发展的各项具体措施,争取首单绿色公司债在浙江省落地。

2015 年 5 月 20 日,嘉化能源绿色公司债在上海证券交易所成功发行,发行主体及债项信用评级均为 AA,首次发行金额 3 亿元,期限 3+2 年,认购规模 2.3 倍,票面利率 4.78%,远低于此前协合风电 3 年期绿色中期票据 6.2% 的票面利率,也远低于同期银行项目贷款 5.7% 左右的市场利率水平,充分反映市场对绿色债券品种的广泛认可。

此次首发的嘉化能源绿色公司债,所募集资金将全部用于投资公司热电联产机组扩建等绿色项目建设,高度契合生态浙江发展的总体导向,在拓宽绿色项目融资渠道、降低绿色项目融资成本、助力节能减排和绿色发展、推动浙江经济转型升级等方面具有重要意义。

二、浙江公司债市场发展成绩斐然

近年来,我省各级政府推动公司债市场发展的意愿不断增强,各类企业利用公司债市场融资的意识显著提升,证券公司等中介机构服务公司债市场发展的能力明显提高,助推我省公司债市场发展取得骄人成绩,呈现出起步早、发展快、创新多的鲜明特点。

(一)起步早。我省公司债市场的历史最早可以追溯至2008年,新湖中宝在上海证券交易所成功发行8年期14亿元公司债,成为全国首单民营企业发行的公司债、省内首单公司债。2012年5月中小企业私募债试点启动后,在交易所备案的前19家企业中,有7家是浙江企业。2015年1月《公司债券发行与交易管理办法》颁布后,我省众多非上市企业积极筹备,2015年5月,舟山港集团成功发行5年期7亿元公司债,成为全国首单非上市公司小公募债。

(二)发展快。近年来,尤其是2015年新公司债管理办法出台以来,我省公司债市场规模呈指数型增长。2015年,我省企业共发行70只公司债,同比增长133%;融资总额710.59亿元,同比增长316%。其中,非金融企业发行公司债56只,同比增长87%;融资总额561.09亿元,同比增长228%。2016年1~4月,我省企业共发行46只公司债,同比增长188%;融资总额449.54亿元,同比增长406%,继续保持高速增长。其中,非金融企业发行公司债44只,同比增长340%;融资总额419.54亿元,是去年同期的22倍。

(三)创新多。我省上市公司、非上市企业主体众多,民营企业、中小企业资金需求迫切的特点为我省公司债市场的创新发展提供了不竭动力。全国首单非上市公司小公募债、首单可续期公司债、首单绿色公司债等,连续斩获的这些"首单"巩固了我省在交易所债券市场中的创新"排头兵"、品种"试验田"地位,随之而来的示范带头作用进一步增强了各方参与公司债市场创新的积极性。

三、推动我省债券市场进一步发展的建议

下一步，浙江证监局将通过对符合条件的上市公司进行重点推介、加强对公司债的宣传和舆论引导、做好公司债创新品种的研究和推广、引导中介机构进一步提升服务能力等方式深耕公司债市场，推动我省率先在全国形成服务面广、特色鲜明、点面结合、全面发展的公司债券市场。同时，为更好地推动我省债券市场的持续稳步发展，建议省委、省政府进一步发挥组织、引导、推动和协调作用，从加大政策扶持、完善配套服务、强化风险防控等方面助力我省公司债券市场实现跨越式发展。

（一）加大政策扶持力度。建议省委、省政府在依法合规和条件允许的情况下，通过设立债券专项投资基金，给予税收优惠、奖励或补助等方式，引导各地市政府加大对公司债的政策扶持力度，提高市场中介机构和企业的发债积极性。尤其是对于绿色公司债等符合浙江经济发展导向的债券创新品种，特别给予支持。

（二）完善配套服务体系。加快"信用浙江"建设，加大全省范围内各地方、各部门信用信息整合力度，完善公共信用信息服务平台，健全守信激励和失信惩戒机制，营造诚实守信的社会信用环境，为我省公司债市场发展提供更好的信用体系保障。拓宽公司债增信渠道，切实发挥新设立的省级融资担保公司及各地市政策性融资担保机构功能，鼓励保险机构进行公司债保险产品创新，帮助企业提升资信评级，使更多优质民营企业、中小企业能够利用公司债进行融资。

（三）强化风险防范和处置。在经济下行背景下，债券违约风险正在不断积累，据统计，自年初以来，我国已有超过20家公司出现信用债违约。为有效预防、及时控制可能出现的公司债券违约风险，切实保护投资者的合法权益，维护我省金融和社会稳定，建议省委、省政府以公司债监管合作备忘录为基础，推动建立地方政府、司法机关、监管部门、交易场所、中介机构等共同参与的市场化、法治化工作机制，稳妥处置违约事件，共同维护区域金融稳定。

（本报告由中国证监会浙江监管局提供）

第二十章　衢州安全生产和环境污染综合责任保险试点工作情况

近年来,化工产业稳步发展,同时也面临安全生产和环境污染的较高风险。衢州是浙江省重要的化工产业制造基地,拥有国家级的氟硅新材料高新技术特色产业园区。2016年年底,浙江保监局联合浙江省安监局推动衢州市政府,针对化工企业危化品生产、储存和运输等环节面临的高风险,在全国首创安全生产和环境污染综合责任保险(以下简称"安环险")试点,以"保险＋风控"为重要抓手,为政府综合治理安全生产、降低环境污染风险探索出一条新路子。

一、主要做法

(一)扩展产品责任,提升企业抗风险能力。传统保险险种中,安全生产保险与环境污染责任险(以下简称"安环险")分别承保,保障范围分割,也给事故后的保险责任确定带来不便。安环险针对企业需求,通过整合相关险种,将保险责任扩展至安全生产事故责任、环境污染事故责任和危险品运输责任,涵盖了化工产业上下游的主要风险;并针对企业生产、运输、仓储等全流程风险提供菜单式选项,新增危化品运输车辆超额保障,累计保障额度从500万元提高到1100万元,每次事故保障额度从100万元提高到350万元,企业可根据自身实际进行差异化投保。同时,对未参保或无法参保工伤保险的员工均提供保障,每人保额提升至100万元;对事故造成的第三者人身伤亡和直接财产损失也予以赔偿,全方位提升了参保企业抗风险能力。目前,衢州市71家试点企业总保障额度超过100亿元,投保首单的浙江中天氟硅材料有限公司最高保障达到2.96亿元。

（二）政府专项扶持，切实减轻企业经济负担。衢州市政府为鼓励企业通过保险机制做好风险管控，对参保企业提供50%的保费补贴，补贴后企业缴纳的保费仅为以往保费标准的37%；此外，市财政为保险公司提供保费额度30%的专项补贴，用于保险公司聘请第三方服务机构开展专业化风险管理工作经费，大幅减轻参保企业缴纳风险管理费用的负担。例如，投保企业浙江正邦有机硅有限公司，以往每年需缴纳6万元安全生产社会化服务费，在试点开展后只需交纳4.18万元保费，无须再缴纳服务费就可享受风险管理加保险保障一条龙式服务。通过这种"政保合作"模式，衢州市逐步建立起保险与企业安全环保良性互动的工作机制，有效促进当地安全环保形势持续稳定好转。

（三）引入社会化服务，创新风险管理及安全生产监管。借助中国人民财产保险股份有限公司（简称"人保财险"）与清华大学环境学院的战略合作，由清华大学环境学院制定《衢州市安环保险风险报告》，向地方政府和保险公司提出风险管控重点。人保财险根据企业风险等级和规模，"一企一策"制定保险方案，实行差异化费率。其中，对管理规范、安环风险较小的企业实行降低费率等奖励措施，对不注重安环管理、潜在风险较大的企业采取提高保费或限期整改等措施。此外，选取专业检测机构为投保企业提供风险评级、环保体检、安全培训等配套服务，帮助投保企业排查隐患，提出风险管理建议，降低企业风险水平。同时，保险公司将相关风险报告等信息录入风险管控平台，成为辅助政府监管的"第三只眼"，帮助相关部门了解企业风险，便于其进一步采取针对性的管理措施。

二、主要成效

（一）开创企业安全生产和环境风险一揽子保险保障新模式。安环险解决了保险公司原先单一险种保费偏高、保险责任重叠、保障程度偏低的问题，通过运用保险机制，强化对投保企业的事前、事中、事后安全防范与过程管理。而且，政府的保费补贴提高了企业参保和保险公司承保的积极性，既放大了财政资金的杠杆效应，又降低了当地化工产业安全生产与环境污染的风险，有效提升了政府社会综合治理工作的效率。

（二）探索政府与社会共同治理安全生产与环境风险新路径。安环险引入社会化服务参与安全生产管理，创新了商业保险与专业风险管理服务相结合的发展模式。通过为投保企业开展风险评级、安全巡查、安全培训等服务，加强企业过程管控和事故预防，提升了风险评估及管理的专业化水平。该模式为贯彻落实中央深改组在2016年提出的"安全生产监管体制改革——社会化服务"改革，探索了可实现的路径。

（本报告由中国证监会浙江监管局提供）

附录一 2016年浙江省促进金融业发展的政策汇编

省金融办关于印发《浙江省政策性融资担保体系建设工作指导意见(试行)》的通知

各市、县(市、区)人民政府,省政策性融资担保体系建设工作领导小组成员单位:

经省政府同意,现将《浙江省政策性融资担保体系建设工作指导意见(试行)》印发给你们,请结合实际,认真组织实施。

浙江省人民政府金融工作办公室

2016年7月1日

浙江省政策性融资担保体系建设工作指导意见(试行)

根据《国务院关于促进融资担保行业加快发展意见》(国发〔2015〕43号)、省政府《关于推进政策性融资担保体系建设的意见》(浙政发〔2015〕32号)以及省政府有关专题会议精神,现就我省政策性融资担保体系建设工作提出如下指导意见:

一、总体目标

坚持"政府主导、市场运作,统分结合、抱团增信,管理科学、运营规范"的原则,整合优化现有融资担保服务资源,通过增信服务机制、风险共担机制、风险补偿机制、信息发现机制和绩效考核机制等制度设计,健全完善以

政策性融资担保机构为主、其他融资担保机构为补充,主要为小微企业和
"三农"服务的全省政策性融资担保体系。到2020年,全省政策性融资担保
机构争取实现全覆盖,注册资金总规模达到300亿元,政策性融资担保业务
责任余额达到1500亿元,担保放大倍数达到5倍以上,全省小微企业和"三
农"融资担保在保户数占融资担保在保总户数的比例不低于75%。

二、基本原则

(一)坚持政策性定位。服务小微企业和"三农"的融资担保业务具有准
公共产品属性,需要政府给予大力支持,支小支农、不以盈利为目的是政策
性融资担保体系的基本定位。

(二)可持续经营。发展政策性融资担保是支持大众创业、万众创新战
略,支持小微企业和"三农"发展的一项长期性制度安排,需要公共财政提供
必要且稳定的支持,以确保政策性融资担保机构可持续经营。各级财政应
安排一定资金用于政策性融资担保的风险补助,以适当方式保证政策性融
资担保机构的持续经营。

(三)依法合规经营。纳入政策性融资担保体系的融资担保机构要严格
遵守相关法律法规和政策要求,坚持依法合规,自觉接受行业监管部门的
监管。

三、主要内容

(一)建立覆盖省、市、县(市、区)的政策性融资担保机构体系。政策性
融资担保体系以国有控股或参股的政策性融资担保机构(包括符合条件的
小微企业信保基金等,下同)为主体开展担保业务。省级层面组建浙江省担
保集团有限公司(以下简称"省担保集团");设区市可由市设立政策性融资
担保机构,也可由区、产业集聚区分别设立政策性融资担保机构;每个县
(市)都要设立国有控股或参股的政策性融资担保机构。

(二)建立企业、银行、担保机构合作体系。按照先易后难原则,政策性
融资担保机构分别与银行业金融机构及小额贷款公司建立合作关系,探索
与保险机构开展合作,实行风险分担。

（三）建立风险防范与风险分担体系。政策性融资担保机构要按照银监会等七部委联合发布的《融资性担保公司管理暂行办法》等要求,建立健全法人治理机制,规范内部管理,健全内控制度,在发展业务、扩大服务面的同时,切实防范经营风险和道德风险。合理确定银行与担保机构之间,省担保集团与市、县担保机构之间风险分担机制,鼓励与保险公司等有助于加强政策性融资担保功能的机构开展合作,进一步增强政策性融资担保体系的风险承担能力。

（四）建立完善配套政策体系。对省担保集团和地方政策性融资担保机构建立科学的考核机制,降低或取消盈利要求,重点考核小微企业和"三农"融资担保业务规模和服务情况。加大政策支持力度,通过建立风险补偿制度及增强资本实力等措施,确保政策性融资担保机构的可持续发展。将各地政策性融资担保工作及其功能发挥情况纳入对各级政府的考核督查体系。

四、运行主体和基本要求

（一）政策性融资担保机构。

1. 省担保集团。在省中小企业再担保公司基础上增资组建省担保集团,注册资本30亿元,以担保和再担保服务、股权投资、信用服务等为纽带,与符合条件的市、县融资担保机构开展合作,共同构建全省政策性融资担保业务体系,提升全省政策性融资担保业务规模、覆盖面和经营效率,增强行业抗风险能力和服务能力。其主要任务:

（1）分批分步与符合条件的市、县融资担保机构建立业务合作关系;

（2）牵头与各银行建立银担合作机制;

（3）牵头与各保险机构等建立合作机制;

（4）建立全省政策性融资担保业务数据库及小微企业和"三农"信用数据库,研究制定政策性融资担保业务标准,创新业务模式,提高经营水平、运作效率和风控水平;

（5）投资参股部分符合条件的地方政策性融资担保机构,指导地方政策性融资担保机构健全管理制度。

2. 地方政策性融资担保机构。由各市、县（市、区）政府出资设立或注资参股的政策性融资担保机构或政府设立的小微企业信保基金,注册资金或基金规模原则上不少于1亿元;主要负责为所在地符合条件的小微企业和"三农"提供政策性融资担保服务,与省担保集团开展再担保业务合作,并参与全省政策性融资担保业务数据库建设。

(二)银行业金融机构。银行业金融机构要积极与政策性融资担保体系建立合作关系。对与政策性融资担保机构合作的企业贷款业务应合理确定利率,不得要求贷款企业以贷转存、存贷挂钩、借贷搭售等其他方式变相提高融资成本。对政策性融资担保业务的风险分担,不得以任何方式向政策性融资担保机构或贷款企业转嫁。同时,配合省担保集团公司建设信用数据库,实现相关信息资源共享。

(三)保险机构。保险机构积极开展小额贷款保证保险业务,探索参与政策性融资担保体系的合作模式。同时,配合省担保集团公司建设小微企业和"三农"信用数据库,实现相关信息资源共享。

五、业务模式

(一)支持对象。以服务小微企业和"三农"为主,单户企业担保贷款总额度原则上不超过500万元,具体信贷投向要符合国家和区域产业政策导向。其基本要求:

1. 企业具有良好的成长性,并达到贷款银行、政策性融资担保机构的信用记录等合规评估要求;

2. 贷款用途符合政策要求,主要用于生产经营;

3. 企业能如实提供相关材料和信息,配合政策性融资性担保机构做好相关信息数据的报送、更新工作。

(二)申请途径。由借款人向合作银行提出贷款申请,经合作银行审核同意后向当地政策性融资担保机构申请担保,经政策性融资担保机构审核同意后,由银行发放贷款。符合条件的业务纳入全省政策性融资担保体系,由当地政策性融资担保机构通过全省政策性融资担保业务数据库上报省担保集团,由省担保集团提供再担保服务。贷款发放后,当地政策性融资担保机构和合作银行分别进行保后、贷后跟踪管理。

（三）费率和风险分担情况。政策性融资担保业务的担保费率原则上不高于1.5%。按照风险把控以地方政策性担保机构为主体、保费收入向基层倾斜的愿则，风险分担的指导比例暂定为银行20%；省担保集团40%；地方政策性融资担保机构40%。担保费收入分成的指导比例暂定为省担保集团40%；地方政策性融资担保机构60%。具体如表1所示。

表1　政策性融资担保业务风险及保费分担指导比例

单位:%

机　　构	风险分担比例	担保费分成比例
银行	20	/
省担保集团	40	40
地方政策性融资担保机构	40	60

上述比例为指导比例，具体可与代偿率挂钩，根据各地政策性融资担保机构情况不同可作浮动调整。

（四）债务追讨和偿额支付。政策性融资担保业务出现风险后，经当地政策性融资担保机构确认，由当地政策性融资担保机构和省担保集团按代偿额的一定比例向贷款银行预付偿额，债务可由贷款银行或担保机构负责追偿（具体根据协议确定）。其余代偿额待相关债权执行终结后按实际收回金额进行结算。

（五）风险控制。建立"上下联动、统分结合、权责对等"的风险控制机制。

由合作银行根据政策性融资担保体系的要求对贷款业务进行贷前审核；贷款发放后监督借款人贷款资金的使用情况，若发现借款人有潜在风险损失的可能，应及时书面告知地方政策性融资担保机构，共同协商处理，控制贷款风险的发生；贷款发生风险后，及时采取诉讼、追讨等措施，并按协议承担相应的风险责任。

地方政策性融资担保机构负责对申请担保贷款的借款人进行审核；贷款发放后进行保后跟踪和管理；贷款发生风险后，按照约定做好贷款的风险代偿，并与合作银行共同向借款人追讨。

浙江省担保集团牵头建立全省政策性融资担保体系准入和退出机制，设立叫停机制，对代偿率达到较高比例的地方政策性融资担保机构，进行风险提示,对代偿率持续达到或超过一定比例的地方政策性融资担保机构,可暂停新的融资担保业务;制定政策性融资担保业务细则和风控要求,建立政策性融资担保业务标准;建立健全政策性融资担保业务数据库,对全省政策性融资担保业务加强保后管理,贷款发生风险后,按照约定做好贷款的风险代偿。

六、管理机制

省政策性融资担保体系建设工作领导小组负责组织领导和统筹协调全省政策性融资担保体系建设工作,领导小组办公室设在省金融办。各级金融办、经信、财政、审计、人行、银监等部门要在各自职能范围内加强对政策性融资担保机构的监管、服务和指导。

（一）省担保集团的管理机制。经省政府同意,省担保集团为副厅级管理的省属国有企业,并按《公司法》规定组建董事会、监事会,按市场化原则选聘经营团队。各地可参照省担保集团的管理机制,对当地政策性融资担保机构建立相应的管理机制。

（二）政策性融资担保体系的考核机制。根据国务院和省政府相关文件要求,对省担保集团公司及地方政策性融资担保机构的考核要降低或取消盈利要求,重点考核担保放大倍数、服务小微企业和"三农"户数、担保费率、风险控制水平等要素。

七、支持政策

（一）建立完善风险准备金制度。按照《融资性担保公司管理暂行办法》等规定,对符合条件的政策性融资担保机构按照当年担保费收入的50u/o计提未到期准备金,按照不超过当年年末担保责任余额1%的比例计提担保赔偿准备金。

（二）落实财税支持政策。各级监管部门和税务部门要按照相关规定,对符合条件的政策性融资担保机构落实好税收减免和准备金所得税前扣除等相关政策。

（三）增强资本实力。各地财政要根据政策性融资担保机构的业务规模、放大倍数以及服务小微企业覆盖面等情况，逐步增加政策性融资担保机构的资本实力，以提升其担保能力。

（四）建立风险补偿制度。持续稳定的风险补偿政策是政策性融资担保体系可持续运作并发挥"支农支小"作用的重要保障。各级财政要安排资金，建立完善各种方式的风险补偿机制，确保政策性融资担保机构可持续经营能力。

八、本意见自2016年8月1日起施行。

抄送：浙江省人民政府办公厅

浙江省人民政府金融工作办公室

2016年7月7日印发

浙江省金融办　人行杭州中心支行　浙江银监局
关于加快银行不良资产处置的意见

浙金融办〔2016〕69号

各市、县（市、区）人民政府，省级有关单位：

为加快处置银行不良资产，有效化解企业"两链"风险，营造良好金融生态环境，支持我省经济稳定增长、结构调整和转型升级，经省政府同意，现提出如下意见。

一、总体要求

（一）指导思想

认真贯彻落实国务院和省委、省政府关于防范化解金融风险的工作部署，按照底线思维、问题导向和依法处置原则，统筹兼顾去杠杆、去产能和稳增长工作，总结有效做法，完善政策机制，增强工作合力，进一步用好法治化、市场化手段，帮扶困难企业和化解"两链"风险并重，处置不良资产和打击逃废债并重，积极营造良好金融生态环境，更好地支持我省加快供给侧结构性改革和经济持续健康发展。

（二）目标要求

在各级政府、各金融机构及企业的共同努力下，采取司法破产一批、资产重组一批、贷款展期一批、保证转信用一批和优势企业扶持一批的有效举措，全面遏制"两链"风险和不良贷款上升势头，尤其是"两链"风险较大、不良率较高的重点区域要加大处置力度，力争全省不良贷款率和关注类贷款比率实现逐年"双下降"。

二、主要任务

（一）摸清底数，加强对困难企业的分类帮扶。各级政府要加强对本地企业用地、用电、用工、产值、纳税、负债、担保等风险监测，重点关注负债率高、担保比率高、融资成本高、企业主移居境外、资金转移出境等高风险因素,摸清困难企业生产经营、资产质量、偿债能力等风险情况。对于排查发现的困难企业以及银行机构报告的出险企业,地方政府要牵头组织有关部门、债权银行进行会诊协商,按照银行业分类帮扶困难企业指导意见中的要求,明确扶持类、挽救类和退出类,形成分类帮扶动态清单,加强协同帮扶。

(二)化旧控新,遏制不良资产上升势头。完善政府牵头、企业自救和银行帮扶有机结合的协同工作机制。加大力度、加快进度处置不良资产,对扭亏无望、已失去生存发展前景的企业,要坚决实施破产清算,依法适用破产重整、和解制度帮扶有帮扶价值的危困企业,探索破产预重整实践;对有救助价值、救助希望的企业,要通过出售部分资产、增资扩股等办法,减少不良贷款和关注类贷款;对生产经营基本正常、但有资金压力的企业,适当采用贷款展期、贷款重组、利率下浮、利随本清等方式缓解企业的还款压力;对投资大、增长快、效益好的企业,要加大信贷扶持力度,重点支持企业加强技术改革、实施并购重组。各债权银行要加强会商帮扶,积极降低企业融资成本,不随意抽贷、压贷、断贷,不随意增加贷款条件和负担。困难企业要诚信经营、积极自救、配合政府帮扶,努力尽快渡过难关、走出困境。

(三)化圈解链,阻断企业担保链风险蔓延。加快清理企业过度担保、过度互联互保,对于金额较大、关系复杂的担保链和担保圈,适时通过压缩退出、调整担保方式、变更担保主体等方法,逐步解开担保链、缩小担保圈。对信用良好的企业,积极推动银行发展信用贷款。对于涉及担保链的不良资产处置,要总结推广"先处置贷款企业、后协商担保企业代偿""先处置抵押物、后追诉保证责任""共保企业责任分担""银行机构会商帮扶、协调一致行动"等有效做法,防止因盲目追诉,造成正常经营的担保企业被迫倒闭。对于积极履行代偿责任的担保企业,银行机构要灵活采取平移代偿、延缓追偿、减息降息、减费让利等措施,减轻代偿压力,有效隔离企业担保链风险传导。

(四)应核尽核,提高不良资产处置效率。银行业金融机构要抓住有利时机,继续积极向总部争取不良贷款核销规模指标,用好用足不良贷款清收、转让、核销、上划总行等政策,做到应核尽核。进一步做好不良资产转让工作,通过招标、拍卖、竞价等方式,批量转让和单项转让相结合,提高不良资产处置效率。加强不良贷款清收,对于经采取所有可能的措施和实施必要的程序之后仍无法收回的呆账损失,按规定及时予以核销。做好"账销案存",探索对"僵尸资产"进行二次处置,维护合法金融债权。

（五）创新方式,拓宽不良资产处置渠道。各大资产管理公司要充分发挥处置不良资产的功能作用,扩大资金来源,进一步提升收购不良资产的能力。支持各资产管理公司在不良资产比较集中的区域积极开展业务,支持有条件的市、县(市、区)依法依规搭建土地、厂房等资产收储处置平台,加大不良资产收购力度。推动银行业金融机构开展不良资产收益权转让试点,支持有条件的法人银行争取不良贷款资产证券化资格,争取市场化债转股实施,充分利用银行业押品资产交易信息平台加快押品流转,拓宽不良资产处置渠道。探索实施以不良贷款协议偿还方式收回全部或部分本金。

（六）健全制度,促进金融机构人员尽职勤勉。银行业金融机构要提高风险容忍度,建立健全细化、操作性强的尽职免责制度,科学区分创新行为与工作过失、客观原因与主观原因、善意帮扶与道德风险,合理界定员工违规失职行为。在风险可控前提下,尽量下放审批、管理等各类权限,充分发挥基层机构身处一线、贴近市场的优势。对于银行工作人员在帮扶困难企业、处置出险企业过程中的适当行为以及非因道德风险、重大过失而形成不良的小微企业、"三农"和创新类贷款,应当减轻或免于追究责任,既有效防范道德风险,又充分调动工作积极性。

（七）建立绿色通道,加快不良资产司法处置。支持地方法院开辟金融案件"快立、快审、快判、快执"绿色通道,实行审限内提速。支持地方法院推行金融案件审判程序繁简分流,充分发挥实现担保物权特别程序和小额诉讼程序作用,推行企业破产案件简易审机制,加大简易程序适用力度。积极加快金融积案清理,支持有条件的地方法院成立专门从事金融审判、破产审判的业务庭或者合议庭,充实金融案件审判人员力量。支持地方法院加大金融案件执行力度,依法制裁各类规避执行、对抗执行行为,切实解决"送达难""执行难"等问题。

（八）完善机制,优化不良资产处置司法保障。各地要建立健全政府法院联席会议、企业破产联席会议等密切联动机制,加强行政帮扶和司法处置有机衔接,基于市场化导向和专业化审理,对资不抵债企业实行"有保有破"差异化处置。支持地方法院探索完善诉前协调、"刑民交叉"协调、查封资产临时解封、破产案件处置税收债权协调等司法机制,努力实现拯救企业和清理债务的双重目的。支持有必要的地方政府设立破产援助专项资金,用于支付无产可破案件的管理人报酬,保障破产案件顺利审判执行。

(九)惩防并举,依法打击逃废债行为。地方政府要进一步明确责任主体、丰富工作手段,加大逃废债惩戒力度,改善区域信用环境。推动企业完善法人治理,依法加强对企业股权变更、资金转移、不动产转让及租赁、负责人出国出境等行为的监测管理,充分发挥破产程序对于揭露逃废债务的作用,坚决严厉打击假破产、假倒闭、刻意脱保、"失联跑路"等各类逃废债行为,防止形成"羊群效应"。在"僵尸企业"处置过程中,要把握好市场出清的节奏、力度和方法,最大限度盘活资产、减少损失。建立银行业联合惩戒逃废债工作机制,加强信息共享和密切协作,在行业内形成"一处失信、处处受限"的局面。依法加大对逃废债典型案件的曝光力度,形成强有力的舆论压力、道德约束和法律震慑。

(十)深化建设,营造诚信守法的金融环境。建立完善守信联合激励和失信联合惩戒制度,深化守信"红名单"、失信"黑名单"及信用修复机制建设,加强行政性、市场性、行业性和社会性的联合奖惩。推进各类公共信用信息平台建设,培育发展征信机构和信用评级机构,推动各类信用信息的归集共享和有效使用。推进杭州、温州、台州、义乌等国家社会信用体系建设示范城市创建工作,总结推广台州小微企业信用体系、丽水农村信用体系等建设经验,提升全省社会信用体系建设水平。加强诚信文化建设,深入开展以诚信为主题的宣传、教育和实践活动,促进企业诚信守法经营。

三、保障措施

(一)健全机制增合力。省级有关部门密切协作配合,建立省级层面的协调机制,加强指导协调,各市、县(市、区)人民政府落实属地责任,形成上下联动、齐抓共管的工作局面。原则上,不良贷款余额较大或比率较高的市、县（市、区）政府要组建专门处置领导小组，统筹协调有关工作。省金融办、人行杭州中心支行和浙江银监局等省级部门分别定点联系重点区域，指导、帮助和推动有关工作落实。

（二）完善政策强支持。加大财政支持力度，加快推进政策性融资担保体系、信用保证基金和小额贷款保证保险业务建设，完善企业应急转贷机制，深化小微企业贷款、农业贷款、融资担保等风险补偿工作。用足用好企业债务重组所得税递延纳税等税收政策，全面落实减少金融企业涉农贷款和中小企业贷款损失税前扣除报送资料的规定，落实银行机构不良贷款核销税前列支等优惠政策，优化纳税服务，对涉农贷款和中小企业贷款损失、银行不良资产转让价格低于计税成本的差额等税前扣除进一步简化程序。各地政府要积极盘活困难企业土地、房产等不动产资源，在"以物抵债"处置不良资产等方面依法简化手续，适当减免费用，加强政策支持。

（三）督查考核抓落实。各金融机构要认真落实有关工作，各级政府以及人行、银监等金融管理部门在政策范围内对工作有力、成效突出的金融机构实施正向激励措施；对未认真执行市、县（市、区）政府及其授权部门会诊协商的处理意见、未按银行同业要求协调一致行动及擅自抽贷压贷、加大处置难度的银行机构，加强督查考核。省级层面对各市、县（市、区）的工作完成情况进行督查，对工作不力的市、县（市、区）采取约谈等措施，确保各项工作落实到位。

本意见自公布之日起施行。

浙江省金融办　人行杭州中心支行　浙江银监局
2016 年 11 月 18 日

抄送：浙江省人民政府办公厅。

浙江省人民政府金融工作办公室
2016 年 11 月 21 日印发

浙江省人民政府办公厅
关于推进钱塘江金融港湾建设的若干意见

浙政办函〔2016〕94号

杭州市及所辖县(市、区)人民政府,省级有关单位:

为推进钱塘江金融港湾建设,构建财富管理产业链和新金融生态圈,打造财富管理和新金融创新中心,经省政府同意,现提出如下意见。

一、明确重点支持范围。根据《钱塘江金融港湾发展规划》总体布局和要求,重点支持在以杭州市区为中心的主规划区内打造核心区和系列金融特色小镇(集聚区),形成点面结合的"1+X"空间布局。其中:"1"是指以钱江新城和钱江世纪城为中心的核心区;"X"是指系列金融特色小镇(集聚区)。按照统一规划、梯度发展、分段推进的原则,通过主规划区的建设和要素集聚,逐步带动钱塘江金融港湾整体建设。

二、加大金融机构引进力度。积极引进各类法人金融机构总部及一级分支机构、区域性总部(专营)机构,财富管理机构总部,新金融机构总部等;鼓励引进国内外有影响力的金融研究机构、金融中介服务机构等,形成高效、活跃的金融生态系统。加大对金融机构引进的政策支持力度,对推动钱塘江金融港湾建设有突出贡献的机构,给予专项扶持政策。杭州市及所辖县(市、区)政府在落实好现有激励政策的基础上,要对新引进的金融机构给予适当激励。

三、鼓励金融要素交易市场集聚。支持省级股权交易平台改革发展,创新管理体制机制;鼓励中小微企业在省级股权交易平台挂牌,省级股权交易平台为挂牌中小微企业提供规范治理、融资路演、上市培育等服务;2016—2020年,省级股权交易平台暂免企业挂牌费用,由省财政根据中小微企业实际挂牌数量和成本,给予专项补助;鼓励省级股权交易平台开展挂牌企业股权转让融资交易,工商、税务部门在工商登记、完税手续等方面给予支持。积极发展股权、产权、金融资产、大数据、碳排放、农村综合产权、文化产品、互联网金融等交易平台。培育发展区域性债券、场外商品（不含黄金）及衍生品等交易市场。

四、支持创建金融特色小镇（集聚区）。支持在钱塘江金融港湾主规划区内创建一批金融特色小镇（集聚区），按照重点发展类、重点拓展类、重点延伸类三类进行分类分批推进，形成各具特色和影响力的金融特色小镇（集聚区）品牌。加大对金融特色小镇（集聚区）培育创建的支持力度，制定钱塘江金融港湾金融特色小镇（集聚区）培育创建实施办法，对纳入创建和培育的金融特色小镇（集聚区），省级相关部门给予相应的政策支持；杭州市及所辖县（市、区）政府要加大财政投入，加快各类金融要素集聚，积极推动金融特色小镇（集聚区）发展。

五、加快构建金融与产业互动互赢平台。搭建多领域产业与金融对接平台，推动金融机构与政府间、金融机构与企业间、金融机构间的交流合作，优先为区域内的各类机构和企业提供股权投资、企业并购、重点项目、政府和社会资本合作（PPP）项目等投资机会。鼓励和支持高校与金融机构、金融企业合作共建创新平台，促进金融创新成果转化。支持开展高端金融交流活动，创建纵向和横向的行业交流对话平台。鼓励和支持创业投资基金、股权投资基金、产业投资基金加大对我省实体经济投资力度，对投资于省内企业或项目的，杭州市及所辖县（市、区）政府在其退出后给予一定的激励。

六、增强金融人才引进优势。建立金融人才管理改革试验区，探索符合金融人才特点的人才引进、评价、激励、服务等政策措施。加大金融人才引进的政策支持，制订钱塘江金融港湾人才计划，对推动钱塘江金融港湾建设做出突出贡献的金融人才，优先推荐参加浙江省"千人计划""浙江省高层次人才特殊支持计划"评选，入选后按规定给予相应支持。杭州市及所辖县（市、区）政府对推动钱塘江金融港湾建设做出突出贡献的新引进金融人才给予适当激励；进一步加大对高层次金融人才在落户购房、社会保险、医疗服务、子女入学、车辆上牌、出入境等方面的支持力度。

七、加强产业和生活配套设施建设。建设疏密有度、错落有致的金融集聚空间，有效集聚各类金融机构、财富管理机构、新金融机构以及金融大数据、云计算、区块链、人工智能、互联网征信等金融科技类企业。加大政府投入,推进城际铁路、地铁、公路、水上巴士等交通基础设施规划建设,积极拓展国际航线,提升区域之间的互联互通能力;大力支持金融人才公寓、外籍人员子女学校和医疗、保健等生活配套设施建设;推进钱塘江—富春江沿线防洪排涝和生态工程建设,加强流域综合治理。

八、提高土地要素保障。结合土地利用总体规划调整完善工作,将核心区和金融特色小镇(集聚区)建设用地按审批权限纳入城镇建设用地扩展边界;按照节约集约用地的要求,充分利用低丘缓坡、滩涂资源和存量建设用地。确需新增建设用地的,由杭州市先行列入项目库,对符合省级重大项目条件的,省级相关部门给予重点支持。

九、加大财政支持力度。对经认定的核心区和金融特色小镇(集聚区)新增财政收入上缴省级财政部分,前3年全额返还、后2年返还50%给当地财政,主要用于对金融机构、金融人才引进和产融投资引导的激励,以及配套基础设施项目建设等方面,同时对已经引进的金融机构和金融人才做好政策的统筹平衡,相关激励办法由杭州市政府制定实施。

十、创新领导体制机制。浙江省推进钱塘江金融港湾建设联席会议负责指导协调重大事项,建立督查评价机制;杭州市政府要强化主体责任,建立杭州市钱塘江金融港湾建设工作推进机制,负责主规划区建设的推进实施;健全完善地方金融工作领导机制,主规划区内杭州市所辖县(市、区)政府要加大地方金融管理力量建设。探索构建"政府＋行业自治主体"两元管理模式和"产业链＋资本＋人才"三轮驱动的体制机制。建立政府、部门工作联动机制和信息交流平台,整合有关行政审批程序,提供一站式服务。加强地方政府与金融监管部门协作,推进跨行业、跨市场的金融监管;加强金融风险监测预警,建立金融综合统计体系;加强金融法治建设,严厉打击非法金融,营造良好的金融生态环境。

本意见自2017年1月23日起实施。

附件:省级有关单位名单

浙江省人民政府办公厅

2016年12月23日

附件

省级有关单位名单

省委组织部（省人才办），省发展改革委、省经信委、省教育厅、省科技厅、省财政厅、省国土资源厅、省建设厅、省交通运输厅、省水利厅、省商务厅、省文化厅、省工商局、省政府研究室、省金融办，人行杭州中心支行、浙江银监局、浙江证监局、浙江保监局。

浙江省人民政府办公厅
2016 年 12 月 23 日印发

省发展改革委　省金融办
关于印发钱塘江金融港湾发展规划的通知

浙发改规划〔2016〕840号

各市、县(市、区)人民政府,省级有关单位:

《钱塘江金融港湾发展规划》是列入省级"十三五"专项规划编制目录的重点专项规划。经省政府同意,现印发给你们,请结合实际,认真组织实施。

浙江省发展和改革委员会　浙江省人民政府金融工作办公室

2016年12月23日

钱塘江金融港湾发展规划

本规划以党中央、国务院关于"依托黄金水道推动长江经济带发展"的战略思路及部署为指导,依据中共浙江省委《关于制定浙江省国民经济和社会发展第十三个五年规划的建议》《浙江省国民经济和社会发展第十三个五年规划纲要》《浙江省金融产业发展规划》和省政府关于打造钱塘江金融港湾的战略要求,结合浙江省政府、杭州市政府关于发展金融集聚区、推进财富管理和私募金融服务产业发展及实施"互联网＋"行动计划等相关文件精神编制。本规划以杭州市钱塘江两岸为中心,明确钱塘江金融港湾目标定位、空间布局、产业发展及功能配套,是未来一段时期推动"钱塘江—富春江"黄金水道沿线金融资源集聚发展的指导性文件。规划期2016—2020年,展望到2030年。

一、发展基础和条件

钱塘江是浙江的母亲河,流域面积广阔,孕育了浙江5000年文明,积淀了深厚的历史和文化底蕴。钱塘江也是金融之江,以杭州为核心的钱塘江流域集聚的金融资源为浙江经济社会发展提供了源源不断的"资金血液"。世界各大金融中心大多是依托腹地富饶、经济发达的中心城市,沿风景秀丽的大河、港湾布局。这些地区形成以"金融港湾"为核心的高端金融资源集聚区,既有其集聚社会发展、金融资源集聚的需要,也离不开优越的地理人文环境、发达的经济基础、浓厚的商贸氛围、高端人才大量集聚等要素的支撑。从我省的现实条件看,以杭州为核心的钱塘江—富春江沿岸具有打造"钱塘江金融港湾"的独特优势和有利条件。

(一)经济发展需求强烈

"十二五"期间,浙江人均GDP已经迈上1万美元的新台阶,进入经济转型升级的关键阶段,需求结构、产业结构、企业组织形态、商业模式等正处于重大调整和转型阶段。2015年,杭州成为中国第十个GDP总量跨越万亿元的城市,人均GDP超过11万元,达到富裕国家水平。在经济转型升级过程中,新兴产业尤其是服务型经济、高新技术产业的发展,亟需强有力的资本转化机制和新型金融服务支撑,对金融业的创新发展提出了迫切要求。浙江是企业上市和并购重组最活跃的地区之一,境内外上市公司接近400家,总市值超过5万亿元,累计融资超过7500亿元。上市公司数居全国第二位,2015年增量居全国第一位。2015年浙江上市公司共实施了396次并购,交易金额达1735亿元。产业转型升级对金融创新的内生需求为金融港湾建设带来新动力。因此,加快钱塘江金融港湾建设,既能顺应经济转型升级对金融创新发展的内在需求,又能为金融产业自身转型发展打造一个更大的空间载体和平台。

(二)社会资本高度集聚

长三角地区是中国城乡居民可支配收入和富裕程度最高的地区之一,也是高净值人群最集中的地区。根据胡润研究院的调研数据,截至2015年5月,中国大陆地区千万级高净值人士(包括实物资产和金融资产在内的个人总资产超过1千万人民币)的数量约为121万人,亿万级高净值人士约为7.8万人。东部地区高净值人群最为集中,其中上海千万级高净值人士18.1万人,排名第三;浙江14.6万人,排名第四;江苏超过8万人,排名第五。但是,高净值人群的资产配置和投资理财方式仍较为传统,98%的人以存款和不动产(房产)投资为主,存款在整个资产配置中占比38%,不动产占比35%。而在美国高净值人群的资产配置中,股票占比33.1%,保险和养老金储备占32.6%,现金和存款仅占13.5%。因此,随着长三角地区社会财富积累的日益增加,社会公众对财富管理和资产配置的需求正迅速爆发出来,财富管理产业发展的空间极其广阔。

(三)金融产业基础雄厚

一直以来,我省金融业增加值、社会融资规模、存贷款规模和质量效益等主要指标均位于全国前列。2015年,浙江省金融机构年末存贷款余额分别达到9.0万亿元和7.6万亿元,社会融资规模为6292亿元,其中直接融资(股票、债券融资)比重达到32.2%。民间资金保守估计规模在1万亿元以上。浙江省的证券交易额约占全国的10%以上、期货交易额约占全国的18%以上、大宗商品现货市场交易额约占全国总量的10%以上,均居全国第1或第2位,保险费收入占全国第4位,持牌金融在浙江形成了一系列"品牌"和"亮点"。同时,我省区域金融改革走在全国前列,灵活的体制机制有力激发了金融体系的活力,金融机构积极支持浙商走出浙江创新创业,大量民间资金进入私募投资、创业投资等新兴领域,对浙江乃至全国的创业企业形成资本辐射。独具特色和优势的浙江金融产业发展,为钱塘江金融港湾建设提供了重要保障。从金融产业的区域分布来看,杭州市是长三角仅次于上海的金融中心城市,其中上城区一直是我省金融机构的集聚地。近年来,随着高新区(滨江)和钱江新城的发展,金融机构向钱塘江两岸集聚的趋势正日益呈现。目前,钱塘江金融港湾所在的主规划区域GDP占全省的16.3%,存贷款余额占全省的份额接近30%,金融业增加值占全省的份额也超过20%,已经具备一定的金融业集聚发展基础。

(四)新兴业态蓬勃发展

近年来,在金融业改革创新浪潮的推动下,新兴金融业态蓬勃发展,成为浙江金融领域的特色和亮点,其中,私募基金和互联网金融的异军突起尤其引人瞩目。根据相关机构统计,全国私募基金的投资有20%以上来自浙江的有限合伙人(LP)。截至2016年4月,浙江省在中国证券投资基金业协会注册和备案的私募基金管理人共1841家，管理基金2514个，管理资产规模2166亿元人民币，仅次于北京、上海、广东；其中，杭州是全国私募基金集聚程度仅次于北京、上海、深圳的城市，注册私募基金管理人达到1081家，而根据基金注册备案的现实情况，预计私募基金实际数量为注册数的1~2倍，浙江省及杭州市正在逐步成为我国私募基金的重要集聚地。以蚂蚁金服为代表的互联网金融企业崛起，是近年来浙江省金融产业创新发展的又一突出亮点。截至2015年年底，浙江省已有网贷平台超过300家，年交易额超过1200亿元，贷款余额4395亿元。网络借贷正常运营平台占比高于全国水平，整体利率低于全国水平；众筹融资额和平台数位居全国第三和第四位；支付宝稳居互联网第三方支付市场龙头地位，占PC端和移动端的市场份额分别达到48%和70%。2015年，杭州市互联网金融和大数据云计算产业增加值增幅分别达到33.5%和29.6%。可见，浙江省和杭州市已经在财富管理、私募基金、互联网金融等领域具有领先优势，而以杭州为核心建设钱塘江金融港湾，能够充分发挥我省金融的特色优势，进一步提升资本集聚能力和金融创新能力。

（五）人文生态优势明显

浙江独特的历史人文传统和钱塘江—富春江沿岸生态景观优势，为金融港湾建设提供了极为稀缺的发展环境。历史人文方面，浙江自宋代以来就形成了义利并举的"重商文化"，成为江南经济文化中心和"海上丝绸之路"起点。浙江人投资理财及风险意识很强，具有独特的"金融基因"。改革开放30多年来，浙商创造了浙江经济的奇迹，浙江人敏锐的经济金融思维也随着800万浙商"走出去"而影响到全国乃至全球，并创造了更大的财富和资金流。生态环境方面，杭州拥有世界文化景观遗产西湖和世界文化遗产京杭大运河，钱塘江—富春江沿岸山清水秀、风景宜人，自东向西分布着海宁观潮城、南宋皇城御街遗址、吴山玉皇山景区、南宋官窑博物馆、八卦田遗址、六和塔、九溪云栖、湘湖、黄公望森林公园、富春山居图原景地、桐君山、严子陵钓台等一系列自然人文景观，拥有长三角和华东地区绝无仅有的休闲居住环境，具有吸引高端金融人才特别是私募机构高管落户创业的独特优势。

（六）城市地位日趋突出

改革开放以来，杭州城市发展日新月异，经济社会功能日益健全，已经成为一个现代化的大都市和长三角地区重要的区域金融中心【见附图01：杭州在长三角的区位图】。特别是两届"世界互联网大会"在杭州周边的乌镇召开，以及2016年9月在杭州钱塘江畔召开的"G20峰会"，进一步凸显了杭州作为中国重要的国际化大都市的城市地位和全球影响力。2016年1月，国务院批复同意《杭州市城市总体规划（2001—2020年）》（2016年修订），5月底国务院正式批复通过《长江三角洲城市群发展规划》，明确了浙江省建设杭州都市圈和宁波都市圈的要求，为杭州市未来城市发展描绘了崭新的蓝图。根据上述规划：杭州中心城区人口将达到400万人，市域人口将进一步集聚达到1000万人；规划10条轨道交通线路，地铁线从82公里增加到442公里；以杭州城市轨道交通网为中心，形成"一心八射"的都市区交通骨架和1小时通勤网络。其中，特别是杭黄高铁计划于2018年前开通，将大大缩短杭州到钱塘江—富春江沿线县市区的交通距离，成为钱塘江金融港湾从核心区沿江延伸拓展的重要通道。同时，总体规划还提出以"美丽中国先行区"为目标，提升城市功能，增强杭州的辐射带动能力，共建共享国际化世界名城，为钱塘江金融港湾确立了国际化的建设标准。

二、规划定位和目标

钱塘江金融港湾的规划建设是"十三五"期间浙江金融优化布局、提升高度、增强服务实体经济能力的重要举措，也是未来10~20年浙江金融产业发展的重大战略。钱塘江金融港湾的目标定位，必须跳出浙江本土视野，站在全国乃至全球化的高度，进行前瞻性、全局性的谋划。钱塘江金融港湾的建设要依托浙江经济金融、区位环境发展优势，要将市场自发性与政府推动力充分结合，实现金融港湾与当地经济、社会、人文的高度融合。

（一）指导思想

全面贯彻党的十八大、十八届五中全会精神和浙江省系列决策部署，坚持以"八八战略"为总纲，以改革开放为指针，遵循长江经济带发展规划的原则和要求，借鉴伦敦、纽约、香港、上海等全球典型港湾型金融中心发展经验,运用国际先进的金融产业集聚理念和发展模式,结合浙江省和杭州市的金融发展条件和区域特质,围绕"做强做大金融产业,支持经济转型升级"的主线,以构建金融服务产业链和生态圈为核心,营造现代化、国际化、专业化、生态型的区域金融产业集聚和金融服务创新中心,推动金融与产业的融合、金融与生态环境的融合、金融与创业创新的融合。在依法合规、风险可控的前提下,开展业务、产品、运营模式和服务方式创新,形成浙商总部金融、私募金融、互联网金融、并购金融及普惠金融、绿色金融等领域特色优势,为我省乃至长三角地区经济社会发展和产业转型升级提供强有力的金融保障。

(二)目标定位

钱塘江金融港湾发展的总体定位是:经过"十三五"时期乃至今后10年以上时间的建设,构建起金融机构总部、金融要素市场、私募基金、互联网金融、金融大数据产业协同发展的财富管理产业链和新金融生态圈,将钱塘江金融港湾打造成为具有国际影响力、国内优势地位的,具有强大资本吸纳能力、人才集聚能力、创新转化能力、服务辐射能力的财富管理和新金融创新中心。

钱塘江金融港湾的具体目标是:

——成为一流的金融要素集聚高地。依托钱塘江沿岸优越的生态环境和经济金融基础,在以杭州为核心的钱塘江沿岸,形成金融机构、金融资产、金融市场、金融人才等金融要素的高度集聚,尤其是要集聚一批以高端金融人才为主导的总部金融机构、财富管理机构、私募基金、大数据和互联网金融机构。争取到2020年,推动全省金融业增加值占区域GDP的比重达到9%,钱塘江金融港湾主规划区范围的金融业增加值占全省的比重(集中度)超过25%,成为全国要素密集程度最高的金融集聚区之一;到2025年,钱塘江金融港湾范围的金融业增加值占全省的比重达到35%。

——成为一流的金融要素交易中心。强化钱塘江金融港湾的金融要素流动功能,进一步提升浙江地方资本市场作为投融资中心和筹资中心的能级。争取将浙江股权交易中心打造成为支持创新创业的资本集聚与转化大平台,全国性中小企业股权投资和交易中心,构建全国领先的多层次资本市场体系;做大做强浙江金融资产交易中心、互联网金融资产交易中心、国际金融资产交易中心和票据交易中心,争取成为全国性非标金融资产交易集聚地;同时,培育一批新型金融要素市场,包括区域性债券和票据市场、场外商品及衍生品交易中心、私募股权二级市场及新型互联网金融交易平台。争取到2020年,钱塘江金融港湾要形成1家以上万亿级、3家以上千亿级金融要素交易场所;到2025年,钱塘江金融港湾要形成5家以上具有全国影响力的万亿级金融要素交易场所。

——形成一流的金融要素辐射能力。要通过集聚各种金融要素和专业化投资管理,探索市场化的高效配置转化机制,通过产融合作、投贷联动,发挥"互联网＋"优势,形成对实体经济的持续辐射和投入;要积极配合国家"一带一路"战略的实施,谋划发展"丝路民间金融中心",推动民间资本对接国家战略;尤其是要通过私募股权、创业投资、产业基金等形式集聚全省乃至全国、全球的资本,投资于战略性新兴产业和成长型中小企业,形成金融与其他产业相互促进的格局。争取到2020年,钱塘江金融港湾集聚规模化私募基金及各类财富管理机构3000家以上,管理资产规模超过1万亿元人民币;到2025年,钱塘江金融港湾集聚规模化私募基金及各类财富管理机构5000家以上,管理资产规模超过2万亿元人民币。

三、规划区域和发展梯度

(一)规划区域

钱塘江金融港湾主规划区:所涉行政区域以杭州市为中心,包括钱塘江、富春江两岸沿江的县(市、区),东起萧山区(包括大江东产业集聚区),经下沙经济技术开发区、江干区、上城区、高新区(滨江)、西湖区、富阳区,西至桐庐县、建德市、淳安县,流域全程约200公里。形成核心区加若干金融特色小镇、金融集聚区,由城市CBD型态到小镇型态"点面结合"的"1＋X"有机空间布局【见附图02:港湾行政区划图】。

大钱塘江金融港湾:钱塘江金融港湾规划范围除主规划区外,还包括杭州市下城区、拱墅区、余杭区以及临安市等杭州全市范围,嘉兴市南湖区、海宁市、桐乡市等相关区(县、市)。同时,沿江下溯杭州湾,把嘉兴、绍兴、宁波、舟山等城市的重点金融集聚区域纳入。形成囊括整个钱塘江流域和大杭州湾地区,涵盖杭州、嘉兴、绍兴、宁波、舟山等地的大钱塘江金融港湾范畴。

核心区:即"1+X"中的"1"。以杭州市区钱江北岸的江干区钱江新城和钱江南岸的萧山区钱江世纪城为中心,由中央商务区(CBD)向沿江两岸成片扩展。

金融特色小镇(集聚区):即"1+X"中的"X"。以杭州市区沿"钱塘江—富春江"两岸为中心,适度沿江向上下游、离江向城市相关区域扩散的一系列各具特色的金融特色小镇(集聚区)为重点,构建适度分散又有机结合的多元空间分布。在杭州市区钱塘江两岸,由密集分布的金融特色小镇和集聚区形成沿江宽3公里左右、长约25公里的金融集聚带;沿江延伸部分,以重点金融特色小镇(集聚区)为节点,通过快速交通线形成"点链式"结构的产业通道;离江扩散的金融特色小镇(集聚区),则以钱塘江为中心轴形成有机结合的"网络状"分布。上述金融特色小镇(集聚区)根据其空间分布和建设条件可分为三大类型:

重点发展类:包括杭州市区"钱塘江—富春江"两岸密集分布的上城区玉皇山南基金小镇、萧山区湘湖金融小镇、富阳区黄公望金融小镇,高新区(滨江)科技金融集聚区、上城区望江新金融集聚区,以及适度离江向城市相关区域扩散的拱墅区运河财富小镇、西湖区西溪谷互联网金融小镇等金融特色小镇(集聚区)。

重点拓展类:包括杭州市区范围内以"强化金融功能、对接产业发展"为特色的西湖区云栖小镇、滨江区白马湖创意小镇、下沙金沙湖商务区等。

重点延伸类:包括沿江向上下游适度延伸发展的桐庐县健康金融小镇、建德市新安江财富小镇、淳安秀水基金小镇等。

同时,积极推进大钱塘江金融港湾范围的嘉兴市南湖基金小镇、海宁钱潮金融小镇,宁波保险综合创新示范区、梅山海洋金融小镇、鄞州四明金融小镇、月湖金汇小镇,以及舟山大宗商品交易中心等金融特色小镇(集聚区)建设。

因此,钱塘江金融港湾区域规划的总体空间结构可概况为:由核心区对峙于钱江两岸的钱江新城和钱江世纪城,构成拥江发展的"双肾"结构,形成金融要素集聚、交易和辐射扩散的中心;由"钱塘江—富春江"沿岸一系列金融特色小镇(集聚区)为节点,构成带状和"点链式"结构的产业通道,沟通钱塘江的金融血脉,形成"1+X"带状空间布局【见附图03:全域规划图】【见附图04:杭州市区范围规划图】。

(二)发展梯度

钱塘江金融港湾的规划发展将遵循"统一规划、梯度发展、分段推进"的原则,根据发展条件和产业需求,主规划区分三期推进建设。

一期:"十三五"前期(2016—2017年)启动,重点建设范围为核心区、重点发展类金融特色小镇(集聚区)。核心区的"双肾"建设,以发展较为成熟的钱江新城为主核,率先启动、优先发展;以钱江世纪城为副核,加快启动、协调布局、错位发展。同时,积极推动作为核心区延伸扩展部分的上城区望江新金融集聚区、高新区(滨江)科技金融集聚区的创新发展。

启动重点发展类金融特色小镇(集聚区)范围内已获批省级特色小镇和培育小镇的金融小镇建设。包括:上城区玉皇山南基金小镇二期、拱墅区运河财富小镇、西溪谷互联网金融小镇。适时启动萧山区湘湖金融小镇、富阳区黄公望金融小镇。

二期:"十三五"中期(2018年前)启动,重点建设范围为重点拓展类和部分重点延伸类金融特色小镇(集聚区)。包括:杭州市西湖区云栖小镇、滨江区白马湖创意小镇、下沙金沙湖商务区等。同时,择机启动桐庐县健康金融小镇等。

三期:"十三五"后期(2019—2020年)启动,重点建设范围为重点延伸类金融特色小镇(集聚区)。包括:建德市新安江财富小镇、淳安秀水基金小镇及其他新增小镇或集聚区,进一步拓展钱塘江金融港湾的沿江"点链式"布局空间。

四、功能分区、定位和核心业态

根据规划区域不同的发展基础和优势条件,结合打造财富管理和新金融创新中心的发展目标,钱塘江金融港湾在规划空间的功能布局上,将设立

"钱江财富管理核心区""钱江私募基金走廊（带）""钱江金融大数据创新基地（带）""钱江新金融众创空间"等四大功能区块，形成"一核、两带、多空间"的金融产业功能布局。并据此规划各功能区的定位和核心业态。

（一）钱江财富管理核心区

1. 空间布局

钱塘江金融港湾核心区，即钱江财富管理核心区。空间布局以杭州市区的钱江新城、钱江世纪城为中心。根据发展需要，未来可适当向上城区、高新区（滨江）的沿江区域延伸【见附图05：钱塘江财富管理核心区规划图】。区域总规划面积约8.5平方公里，可用及拟建建筑面积约460万平方米。

借鉴上海陆家嘴金融中心区规划指标和发展现状，结合杭州市CBD建设的具体条件，钱江财富管理核心区各业态物业配比原则上可按金融30%、企业总部20%、商务综合10%、商业15%、文化娱乐5%、住宅15%、行政办公5%确定，因此，核心区可用及拟建金融物业面积约138万平方米。

江干区：规划建设钱江新城金融集聚区。包括钱江新城核心区和二期发展区，区域面积约5.5平方公里，规划商务办公建筑面积约350万平方米，40余栋楼宇。目前，钱江新城核心区已完成一期建设并投入使用，余留和待建面积约160万平方米。

萧山区：规划建设钱江世纪城金融集聚区。包括钱江世纪城临江区块和陆家嘴金融创新园。临江区块四至范围为：东北至民祥路，西北至钱塘江滨，西南与金鸡路相接，东南至奔竞大道。区域规划面积约2平方公里，建筑面积200万平方米；陆家嘴金融创新园与下沙大学城隔江相望，四至范围为：北至滨江路，西至香樟路，南至先锋河，东至九号坝直河。规划面积约1平方公里，建筑面积100万平方米左右。

2. 功能定位

钱江财富管理核心区作为钱塘江金融港湾的地理核心，要充分发挥其坐拥钱江两岸中央商务区的区位、产业基础和商务配套优势，进一步集聚全球化的金融机构、人才和服务资源，进一步提升金融机构、平台的质量和竞争力，进一步增强对金融资源的吸纳、转化和辐射能力，做强做大金融总部和交易平台，做精做优财富管理产业，引领和带动钱塘江金融港湾整体建设。

到2020年,钱江财富管理核心区范围内要集聚各类金融机构和财富管理机构总部超过1000家,培育10家以上行业排名前5位的龙头型金融服务及财富管理机构,3~4家具有较大行业和区域影响力的千亿级金融要素交易场所,打造1~2家具有全国影响力乃至国际化的万亿级金融要素交易场所,成为浙江省金融产业发展的龙头和高地,形成具有全国影响力的财富管理中心和金融要素交易中心。

3. 核心业态

钱江财富管理核心区重点集聚银行、证券、保险等传统金融机构总部,信托、基金、期货、资产管理公司等大型财富管理机构总部,上市公司及其投融资总部;重点发展地方资本市场和金融要素交易中心,集聚股权债权交易、金融资产交易以及其他各类金融要素交易场所;积极发展产业基金、政府引导基金、母基金(FOF)、私募股权和证券投资等专业化财富管理机构,创业风险投资等科技金融机构,金融大数据服务、互联网金融等新金融业态。同时,要积极争取国家级大型机构、项目落地,集聚金融监管机构、权威行业组织和金融教育机构、金融司法仲裁机构及一流金融中介服务组织,举办国家级、国际化高端论坛,承担整个钱塘江金融港湾的主体配套功能。

钱江新城金融集聚区:重点发展传统金融机构总部、大型财富管理机构及投资基金总部、大型国企及上市公司总部,国内外大型金融机构、财富管理机构的区域性总部,地方资本市场和金融要素交易中心,大型金融中介服务机构,地方金融监管机构及权威行业性组织等。

钱江世纪城金融集聚区:重点发展资产管理等非银机构总部,上市公司及其投融资总部,科技和产业金融综合服务机构,场外商品及衍生品交易中心、互联网金融交易平台等。

(二)钱江私募基金走廊

1. 空间布局

钱江私募基金走廊主要由钱江财富管理核心区加上沿钱塘江、富春江两岸"点链式"分布的一系列金融特色及相关小镇组成,以杭州市上城区玉皇山南基金小镇、西湖区云栖小镇、滨江区白马湖创意小镇、萧山区湘湖金融小镇、富阳区黄公望金融小镇、桐庐县健康小镇、建德市新安江财富小镇、淳安县秀水基金小镇等8个金融特色及相关小镇,以及海宁市钱潮金融小镇等大钱塘江金融港湾范围的沿江金融特色小镇(集聚区)为主要载体,串联形成以各类私募基金集聚和特色金融服务创新为主要特征的金融集聚带。其中,位于钱塘江金融港湾重点发展区域的钱江新城金融集聚区和若干个金融特色小镇(集聚区),沿钱塘江和富春江交接处的"之字型"大拐弯呈紧凑的"S型"点链分布【见附图06:钱江私募基金走廊(带)规划图】。其中,重要节点规划空间如下:

玉皇山南基金小镇:东临南宋皇城遗址控制范围线,西接虎跑路,北至玉皇山脚,南至铁路线、复兴路及之江路。基金小镇核心区规划总占地面积约3平方公里,总建筑面积约50万平方米。此外,根据产业发展需要,适当设立项目拓展区。

湘湖金融小镇:沿湘湖周边布局,规划面积约3平方公里,建设面积100万平方米左右,包括大小毛坞(湘湖一期)、陈家埠(湘湖二期)和金西(湘湖三期)三个区块。

黄公望金融小镇:东至黄公望风情小镇,西至高尔夫路,南至北支江南岸规划道路,北至黄公望森林公园山体线,面积约为6.2平方公里。小镇总新增建设面积为94.38公顷,包括:北支江北侧四块存量用地及沿江公路北侧、高尔夫球场东侧存量用地作为小镇的重点建设区,面积合计约为18.8公顷;北支江南岸的游艇俱乐部及相邻滨江地块,面积约为33.53公顷;富春高尔夫北侧低丘缓坡,面积约为43.25公顷。上述三块区域中金融产业用地为63.12公顷。

2. 功能定位

钱江私募基金走廊将依托钱塘江—富春江流域独一无二的生态环境和人文历史资源,通过建设一系列集产业、商务、旅游、生活为一体的金融特色小镇(集聚区),重点发展私募基金及特色金融产业,集聚高端金融投资人才,推动私募基金产业的规范健康发展,形成面向全球的强大金融要素吸纳和辐射功能,实现高端金融产业发展与自然生态环境保护的完美融合。

到2020年,钱江私募基金走廊要引进和培育规模化私募基金及各类财富管理机构3000家以上,金融特色小镇(集聚区)数量超过10个,培育3~5

家资产管理规模达到千亿级的领袖型私募基金和100家以上具有全球化投资能力的资产管理机构,私募基金管理资产规模超过1万亿人民币,远期达到2万亿以上,打造成为中国最具代表性的世界级私募基金走廊。

3. 核心业态

钱江私募基金走廊的金融特色小镇(集聚区)要大力引进和培育私募股权基金、产业投资基金、风险投资基金、私募证券基金、期货及商品投资基金、量化投资及对冲基金等私募基金及各类直投机构、资产管理机构,结合产业基础创新发展健康金融、量化投资、产业金融、互联网金融等特色金融服务。各金融特色小镇(集聚区)要充分发挥各自的区位和配套优势,形成各自特色,谋求协同和错位的平衡发展。

玉皇山南基金小镇:重点发展私募证券基金、私募股权基金、私募商品(期货)基金、对冲基金、量化投资基金等五大类私募基金,以及各类资产管理公司、财富管理中介机构,打造中国版的"格林威治小镇"。

湘湖金融小镇:重点发展上市公司投融资总部、大型企业直投机构、私募基金、家族基金、各类民间资产管理和金融投资公司等私募及直投机构,培育新金融人才和新兴金融投资业态,打造中国版的"苏黎世湖区"。

黄公望金融小镇:重点发展产业投资基金、并购基金、私募股权基金、私募证券基金、资产管理机构、各类投资公司和财富管理中介机构,打造宜居宜业的现代版"富春山居"图景。

云栖小镇:依托阿里云的大数据和云计算平台,重点发展创业风险投资、量化投资基金、程序化交易基金、智能化资产管理机构、互联网理财平台等,培养高端量化投资人才,打造中国第一流的"量化投资小镇"。

桐庐健康小镇:结合大健康产业需求,重点发展"保险+健康服务"运营机构、健康保险机构、健康产业基金、绿色金融服务机构和平台、各类私募基金和财富管理中介机构。

(三)钱江金融大数据创新基地

1. 空间布局

钱江金融大数据创新基地主要以杭州市区钱塘江沿线为轴线,依托西湖区云栖小镇、高新区(滨江)滨江科技金融集聚区、上城区望江新金融集聚区、江干区钱江新城和钱塘智慧城、下沙金沙湖商务区密集分布的互联网金融大数据和云计算服务企业，形成独具特色和优势的金融大数据创新机构集聚带【见附图07：钱江金融大数据创新基地（带）规划图】。其中，重要节点规划空间如下：

云栖小镇：以转塘科技经济园为核心，规划用地3415亩，规划建筑面积212.95万平方米，目前已建成20万平方米，未来3年内楼宇面积扩至100万平方米以上。

滨江科技金融集聚区：其中奥体中心规划面积约1.5平方公里，杭州高新区（滨江）行政中心及科技金融服务中心区块等占地约4平方公里，拟规划建设互联网产业科技金融集聚区和物联网产业科技金融集聚区。

望江新金融集聚区：位于上城区东南部，以望江智慧产业园为核心，以望江东路为中轴，由三桥、四桥和钱江路、清江路合围而成，园区规划面积约3平方公里。集聚区南临玉皇山南基金小镇，北接钱江新城，现已有建筑空间180万平方米，正在建设及待建设空间120万平方米左右。

2. 功能和业态定位

钱江金融大数据创新基地要牢牢把握金融大数据产业发展趋势，创新发展金融云计算平台、数据驱动型金融机构、金融大数据服务企业、互联网金融交易平台、金融区块链技术公司等金融大数据创新企业和平台；积极培育金融科技上市公司、数字普惠金融机构，大力支持传统金融机构互联网化，建立浙江金融行业云；有效集聚各类金融科技风险投资机构、金融大数据产业基金、大数据创新机构，集聚全球一流的金融大数据服务商，为浙江乃至全国的金融业发展提供重要的大数据、云计算服务等金融科技支撑。

到2020年，钱江金融大数据创新基地要集聚发展100家以上金融大数据服务相关企业，金融大数据相关企业的年产值超过500亿元人民币，形成全国最大的金融大数据云计算平台，成为在中国最具竞争力的金融大数据研发和服务创新基地，数字普惠金融及智能财富管理产业的先行区。

（四）钱江新金融众创空间

1. 空间布局

钱江新金融众创空间以杭州市区钱塘江沿线为中心，适当离江向城市重点区域延伸,依托商务区、高新区和特色小镇并呈散点式、多空间分布。主要包括:杭州市范围内核心区的江干钱塘智慧城、上城望江智慧城、滨江科技金融服务中心和海创园科技金融聚集区,以及西湖区西溪谷互联网金融小镇、拱墅区运河财富小镇、萧山区湘湖金融小镇、滨江区白马湖创意小镇、下沙金沙湖商务区等【见附图08:钱江新金融众创空间规划图】。其中,重要节点规划空间如下:

运河财富小镇:位于杭州市主城区中北部,东至上塘路,南至胜利河,西接湖墅路、小河路,北至湖州街。总规划面积约3.3平方公里,产业建筑面积85万平方米。

西溪谷互联网金融小镇:规划东起古荡加油站、西至花坞路的西溪路两侧区域,包括天目山路北侧的古荡科技园。该区域为整个西溪谷的核心区,用地面积约3.1平方公里。

2. 功能和业态定位

钱江新金融众创空间通过构建车库咖啡、创新工场、创客空间、WeWork等新型孵化器、加速器,重点培育各类互联网金融(包括互联网支付、网络借贷、股权众筹、互联网基金销售、互联网保险、互联网信托和互联网消费金融等)、天使投资和创业投资、私募股权投资、数量化和程序化金融、普惠金融、绿色金融等新型金融业态的初创企业,培养全球化的高端金融创新人才,探索金融与互联网、创新创业、移动通信、数据科技、人工智能、生态保护等融合发展的"金融＋"创新模式,"多空间"与钱塘江金融港湾的"一核、两带"密切互动,并为其提供金融产业发展的战略储备。

到2020年,在钱塘江金融港湾功能扩散区范围内创建10个以上重点新金融众创空间,培育一大批新金融初创企业和创新人才,成为浙江省和杭州市建设全国互联网金融创新中心的重要平台,把杭州打造成为中国有代表性的"互联网金融创新中心"。

五、产业生态和配套体系

钱塘江金融港湾建设要在集聚全球化金融机构、人才的过程中,特别注重构建高效、活跃的金融生态系统,打造符合财富管理产业发展要求和新金融创新创业规律的产业链和生态圈,提供第一流的金融商务配套和金融基础设施,为高端金融人才提供理想的生活环境和配套条件。

(一)金融产业链和生态圈

1. 协同四大功能区,构建多维金融产业生态

钱塘江金融港湾的四大功能区既存在不同的核心功能和业态,产生多维的金融行业生态;又通过产业关联和协同关系,形成统一的大金融产业生态体系。其中,钱江财富管理核心区拥有高度集中的综合型金融生态,形成金融总部、私募基金、金融大数据产业和新金融产业协同发展的混合生态系统;钱江私募基金走廊上的金融特色小镇(集聚区),与钱江财富管理核心区的大型金融机构和场外交易平台存在密切的业务关联;钱江金融大数据创新基地的大数据、云计算企业,则为核心区和金融特色小镇(集聚区)的机构提供着数据信息支撑和云计算服务;而钱江新金融众创空间孵化的创新企业和人才,能够为钱塘江金融港湾的未来发展提供源源不断的新鲜血液。

2. 打造财富管理产业链,发展私募基金生态圈

钱塘江金融港湾建设要致力于有选择地集聚各类优秀银行资管、证券期货、保险理财、信托理财、公募理财、私募基金、金融要素交易平台和托管清算服务机构,打通"募、投、管、退"各重要环节,构建传统金融机构、辅助性机构与资产管理主体机构协同创新的生态,打造完整高效的财富管理产业链;要特别重视龙头机构的集聚和引领作用,重点做好各类财富管理细分行业龙头与领袖型企业的招引与培育工作;要充分发挥金融特色小镇(集聚区)的产业集聚功能,依托小镇营造私募金融服务体系,构建独具特色的私募基金生态圈;在鼓励创新的同时,要进一步强化对新兴与混合金融业态的规范与监管工作,打造行业信息管理和风险监测平台,有效防控金融风险,维护港湾金融产业链和生态圈的良性健康运行。

3. 优化金融与产业的互动关系

钱塘江金融港湾要通过各类金融机构的集聚,特别是优质金融机构与龙头企业、优秀上市公司的空间聚集,促进金融业态的转型升级,推动金融体系的协同创新,优化金融产业与实体经济的互动关系,切实提升金融服务实体经济的能力。传统金融机构要向管理驱动型、数据驱动型现代金融服

务企业转型,创新发展理财业务和直投业务;财富管理机构要增强风险管理、大类资产配置的渠道和能力;金融要素交易平台要积极创新与区域经济、实体经济关系密切的交易品种;核心区的金融机构要与相邻的上市公司、实体企业成为伙伴,充分互信,构建新型的银企关系;金融特色小镇(集聚区)要与所在区县市的优质产业及产业小镇协同发展,带动和促进县域金融发展,兼顾和支持地方经济建设。

4. 加强与其他金融中心的协同交流

钱塘江金融港湾的定位是财富管理和新金融创新中心,与上海国际金融中心的定位既充分错位又互相补充。一方面,钱塘江金融港湾的建设需要上海陆家嘴金融中心和自贸区的大力支持,为港湾提供业务、交易、通道、人才、信息等全球化的资源;另一方面,港湾重点发展的私募基金、场外市场、新金融等业态,又与上海大型金融机构、公募市场、境外金融服务的优势存在极强的互补性,钱塘江金融港湾与陆家嘴金融中心的协同合作,存在共赢的巨大发展空间。同时,要加强与香港、纽约、伦敦等国际金融中心的交流,寻求在机构、业务、人才等领域的合作机会,建立密切互动的持续联系。

5. 营造金融创业创新的生态环境

钱塘江金融港湾建设过程中,要特别注重营造金融创业创新的良好氛围。通过一系列政策和舆论引导,鼓励金融机构创新,鼓励金融人才创业,鼓励海外人才回归。政府要做到信息公开、政策公平、服务高效,构建支持财富管理机构、新金融企业发展的良好生态。同时,在充分发挥浙江大学等高校和下沙高教园区的科技人才支撑作用的基础上,在港湾核心区筹建国内外名校的金融EMBA中心,培养高层次金融创新创业人才。

(二)产业配套和基础设施

1. 中介服务机构

钱塘江金融港湾要引入和配置我国第一流的金融中介服务机构,包括:知名金融法律服务机构、会计审计机构、资产评估机构、信用评级和征信机构、并购财务法律顾问、研究咨询机构等。特别是要弥补涉外律师事务所、金融专业法庭、并购顾问公司、高端财富管理研究院等短板,通过高水平、专业化的中介服务,有效提升财富管理机构和私募基金的运营能力、规范化程度、管理水平和经营效率。

2. 商务代理机构

钱塘江金融港湾的各类金融机构特别是私募基金及其配套机构需要开展大量的高端商务往来活动，优秀商务代理机构的引入可以帮助私募基金开展更为专业、高效的商务活动，拓展私募基金的市场领域，提升产业关注度，推动私募基金的业务便利发展。

3. 办公空间和环境

钱塘江金融港湾应制定高等级的环境规划，控制建筑密度、缓解环境压力，建设疏密有度、错落有致的金融集聚空间，发挥环境对业态的择优汰劣功能，吸引高端机构的有效集聚。钱塘江金融港湾金融机构的办公空间可分为城市型、生态型两类。核心区主要配置城市型办公空间，以中高层现代化商务楼宇和大型城市综合体为载体；小镇则主要提供生态型办公空间，以低密度园林式办公楼组团为特色，形成置身山水、亲近自然的独特办公环境。

4. 通信设施

为满足现代金融企业高速交易和高频信息服务的需求，钱塘江金融港湾范围内应为金融机构提供企业级 1000 兆光纤宽带入户，提供"双工"和专线服务。同时，提供全域免费 WiFi 接入。

5. 公共交流空间

钱塘江金融港湾的办公楼群和小镇规划要充分考虑高端金融人才的业务交流需求，设置足够数量、各种类型的公共会议中心、中小型讨论室、咖啡吧、茶室等设施，便利金融人士随时开展交流讨论，营造港湾的金融商务氛围。

（三）生活配套和基础设施

1. 高品质住宅和生活环境

钱塘江金融港湾建设不仅要提供优越的商务办公条件，还要为高端金融人才提供便利的宜居环境。港湾所在的杭州市区部分和沿岸小镇拥有江景景观和山水景观，是杭州城市房产的稀缺资源。目前在钱江财富管理核心区的沿江两岸和黄公望金融小镇周边已有部分高端住宅，港湾建设中应根据各区域产业配置的实际情况，补充规划相应的高端住宅、精品公寓项目作为配套，为优秀金融人才提供便利舒适的生活条件。特别是要规划建设一批该区域较为稀缺的高品质金融人才公寓,满足机构引进青年人才的阶段性住宿需求,并解决机构引进高端人才的过渡性住宿安排。金融人才公寓应分为三种类型:一是满足高端金融人才的过渡性或短期住宿需求的酒店式公寓;二是符合国外引进优秀海归人才生活习惯和需求的国际人才公寓;三是较高标准的金融类一般人才公寓。

2. 国际化教育配套

高端金融人才特别是海归人才对子女教育环境的要求较高,一般希望进入国内名校和优质的国际学校接受教育。因此,学区所在地是否有名校或优质外籍人员子女学校配套,成为影响其工作地选择的重要因素。目前,钱塘江金融港湾范围及周边已集聚了一定数量的杭州市优质教育资源,但整体水平有待提高。"十三五"期间,应积极推动该区域内中小学校加强国际交流与合作,提升办学质量,并根据金融人才引进的需要和分布情况,选择合理区域增设若干优质外籍人员子女学校,消除海归金融人才的后顾之忧。

3. 优质医疗资源和设施

目前,浙江省最优质的医疗资源大都集中在钱塘江金融港湾范围及周边,钱塘江金融港湾建设中,要充分借助这些优质医疗资源,争取在金融机构相对集聚的核心区和小镇设立面向金融机构人员的医疗中心和保健中心,在海归金融人才集聚区域设立国际医疗中心,便利高端金融人才就近获得优质医疗资源和服务。

4. 立体化便捷交通网络

作为一个整体的金融集聚区,钱塘江金融港湾内部各区域之间需要构建密集便利的交通网络。目前,钱塘江金融港湾杭州市区范围核心区与小镇节点之间的城市快速道路、桥梁,市区范围以外各小镇之间的高速公路系统已较成熟;杭州已有到海宁的高速铁路并规划了从余杭临平延伸至海宁的市域轨道交通,连接西线各小镇的杭黄铁路也将于2018年全线贯通;杭州市区地铁1~2号线在核心区有多个站点,并连接湘湖和下沙。根据杭州市区范围的地铁和轻轨系统的整体规划,玉皇山南基金小镇和云栖小镇区域设有地铁站点,而轻轨富阳站离黄公望金融小镇较远。为了加强港湾区域之间的交通联系的便捷性,"十三五"期间,争取把杭州地铁6号线从云栖小镇延伸到黄公望金融小镇,预留延伸到桐庐健康金融小镇接口。中长期,争取构建钱塘江金融港湾的立体化便捷交通网络,规划建设一条从核心区沿钱塘江北岸到黄公望金融小镇的沿江观光轻轨(地铁),连接港湾核心区和沿江金融小镇,兼具商务和观光功能;规划建设一条从核心区到桐庐的水上巴士系统,钱江新城到富阳段应具备辅助高峰通勤功能;增加国际航空线路规划保障,并在现有千岛湖—建德通用机场规划的基础上,增加桐庐—富春江三类通用机场项目。

5. 完善的文娱体育设施

钱塘江金融港湾沿线现有文化、体育设施包括奥体中心和多个博物馆、历史遗址、生态景区、高尔夫俱乐部,"十三五"期间,应增加金融历史人文信息的挖掘和宣传,筹备设立浙江金融博物馆等金融文化设施。同时,积极开发钱塘江—富春江的自然环境资源,建设湘湖游艇码头、北之江游艇码头、北之江赛艇俱乐部,进一步提升港湾的文娱体育配套设施。

六、管理和发展机制

钱塘江金融港湾的区域范围涉及钱塘江—富春江沿线多个区、县、市,建设规划有效实施的关键在于要确立符合中心城市金融集聚区发展规律、统分结合的管理体制和发展机制。钱塘江金融港湾的建设,应引入国际先进的聚集区规划理念、专业化管理模式和市场化发展机制,学习和借鉴伦敦金融城自治管理的成功经验,探索"政府＋行业自治主体"的二元管理模式和"产业链＋资本＋人才"三轮驱动的发展机制,进行港湾开发、运营和管理。政府扮演"服务者"角色,为港湾建设提供良好的硬件环境、政策支持、服务配套;同时,充分借助行业龙头、行业组织的影响力、人脉资源和专业能力,促进钱塘江金融港湾的创新发展。

(一)"政府＋行业自治主体"二元管理模式

1. 钱塘江金融港湾发展领导小组

由省政府、杭州市政府领导牵头,省、市各相关部门负责人参加,共同组成"钱塘江金融港湾发展领导小组",负责对港湾建设进行统筹规划和指导管理,具体包括:制订总体规划、确定建设和配套标准、监督落实支持政策、确定招商原则和方向,指导行业发展及布局,推进征信体系建设,维护行业自律和公平竞争,决定发展基金的投向,开展港湾品牌宣传等。同时,由港湾区域的金融行业龙头机构、代表性行业组织的负责人、专家学者等共同组成专家咨询委员会。

2. 省、市、区统筹协调

建立省、市、区政府三级协调机制,杭州市负责港湾主规划区建设的具体实施工作。港湾相关市、县、区的各级政府应配备懂金融的专职领导,负责各自辖区内钱塘江金融港湾区块的物理空间建设和维护,提供优质的硬件环境、服务配套;各级政府要积极推动总部金融机构、金融交易平台、基金和其他财富管理企业、金融管理和法律机构、金融行业组织和中介服务机构等各类金融要素向钱塘江金融港湾集聚,与行业共同开展招商引资,为入驻机构和人才提供政策支持等。

3. 发挥行业自治作用

港湾范围内的各区块和小镇,以行业龙头和行业组织为主体成立"行业自治委员会",配合"钱塘江金融港湾发展领导小组"和省、市、区各级政府的工作,积极参与本区域招商引资、行业发展的重大决策。发挥产业链和生态圈功能,与当地政府共同开展招商引资工作,促进产业有效集聚,维护行业自律和公平竞争环境。

(二)"产业链+资本+人才"三轮驱动发展机制

1. 发挥行业龙头的引领作用

要高度重视金融各行业领域龙头机构对行业和产业链的影响力与号召力。每个区块和小镇都要力争率先引入若干家主导行业的领军型龙头机构,发挥龙头企业的引领带动作用和项目筛选能力,积极运用"产业链招商"和"雁阵式发展"的模式,推动港湾快速实现产业集聚的目标。

2. 引导多元化资本支持港湾建设

对于钱塘江金融港湾核心区基础设施建设、小镇基础设施建设和环境整治等项目,由杭州市、嘉兴市政府列入财政资金专项,省政府予以支持;同时,充分借助行业力量,引进实力雄厚的中央企业、大型金融机构、大型民营企业共同出资,参与钱塘江金融港湾建设。根据市场需求,结合各级政府产业基金,设立市场化运作的"钱塘江金融港湾发展基金",用于推动钱塘江金融港湾建设和优质财富管理机构、金融创新企业的引导支持。

3. 加大金融人才引进和培养力度

人才是金融产业发展的根本。钱塘江金融港湾的建设,要把高端金融人才的引进和培育放在重中之重的位置,研究制定金融人才培养、交流、引进计划和相关政策。借鉴国家和省级"千人计划"的认定与激励模式,结合金融人才评价特点,实施浙江省钱塘江金融港湾"金融人才培养计划";进一步加大实用型金融人才、新金融人才、高级研究型人才的培养力度,创新体制机制,发展高层次金融人才培训机构,支持高等院校和专业培训机构开展各种基础性人才培养和专门化业务培训。"十三五"期间,为钱塘江金融港湾引进国内外高端金融人才1000人,培养本土优秀金融人才3000人以上。

（三）试点先行,稳步推进

管理体制和发展机制的调整是一个复杂的系统工程,应遵循"试点先行,稳步推进"的原则,在港湾的某一区域"先行先试"。从2016年起,先在积极探索创新、发展条件较好的若干金融特色小镇（集聚区）开展试点工作,探索建立"政府＋行业自治主体"的二元管理模式和"产业链＋资本＋人才"三轮驱动的发展机制。探索建立与完善综合监督与风险监测体系,切实防范区域性金融风险。取得经验后,在港湾范围内全面推行。

七、政策保障

（一）实行"五统一"

对钱塘江金融港湾的建设实行"五统一",即统一规划布局,统一指导管理,统一空间管制,统一品牌宣传,统一配套服务标准。对钱塘江金融港湾空间范围的发展建设进行严格的规划管制,包括产业定位、项目建设、投资强度、生态保护等进行统一的规划管制;对沿线金融特色小镇（集聚区）在政策上要区别于其他的特色小镇,由省级统一规划布局、统筹协调,形成统一的港湾金融特色小镇（集聚区）品牌;对沿线城市轻轨等交通路线根据规划要求统一优化调整,加强"1＋X"之间的交通联系,并统一和适当提高沿线教育、医疗等生活配套设施标准。

（二）优化港湾区域性政策支持

积极借鉴上海自贸区等地金融改革政策，针对钱塘江金融港湾范围内的财富管理行业和新金融初创企业，省、市、县（市、区）要给予优惠政策支持，实现政策叠加效应。针对中小企业股权等资产交易平台，给予交易企业相应的政策支持；制定奖励政策，特别是在金融人才奖励、落户奖励、购房补贴等方面，提供在长三角区域具有同等甚至更强竞争力的优惠配套政策，营造吸引国内外高端金融人才的良好发展环境。同时，积极争取在金融机构特别关注的跨境双向投资、金融创新业务试点等方面获得国家的相关政策支持。

（三）制定港湾小镇促进政策

制定钱塘江金融港湾金融特色小镇（集聚区）政策，加快钱塘江金融港湾金融特色小镇（集聚区）建设，制定钱塘江金融港湾金融特色小镇（集聚区）培育创建的具体办法。港湾主规划区范围内的省级培育小镇要加快完善和提升，争取尽快列入正式特色小镇名单。对于港湾范围内已启动建设、但还未获批省级特色小镇的金融特色小镇（集聚区），经认定，可享受港湾金融特色小镇（集聚区）的相关政策，以促进钱塘江金融港湾各功能区块的快速形成。

（四）营造健康发展制度环境

建立钱塘江金融港湾建设的多部门联动工作机制和监管协调机制，加强地方政府和金融监管部门协作，加强跨行业、跨市场金融监管协作，构建信息交流平台，完善信息共享机制；加强信用基础设施建设，整合司法机关、政府相关部门力量，加大金融案件处置力度，打击违规、违法行为，推进对失信行为的联合惩戒，有效防范金融风险，营造良好金融生态环境；积极探索互联网金融、混业金融等新兴金融领域的风险防控手段，严格准入管理，加强风险监测、评估，建立"黑名单"制度，促进金融混业业务和新金融的规范健康发展。

（五）简化办事和审批程序

针对钱塘江金融港湾范围内的各类金融机构及新金融创业企业，制定省级层面统一的简化办事和审批程序制度，简化企业所需的办事程序、优化行政审批流程。一是全面推行营业执照、组织机构代码证、税务登记证、社会保险登记证和统计登记证"五证合一"登记制度,推进项目并联审批工作,将金融企业所需的行政审批集中受理、并联批复,避免企业在多部门间来回奔波;二是精简审批事项,取消和下放审批事项,着力解决审批事项过多、审批环节和程序繁杂的问题;三是强化电子政务建设,利用电子化手段清晰指引企业办事,提高政务效能,方便企业审批,减少审批时间。

（六）开展钱塘江流域综合治理

钱塘江流域有关地方政府要坚持生态优先、绿色发展的战略定位,进一步加强钱塘江—富春江沿线生态建设和流域治理;要按照2015年省政府批复的《钱塘江流域综合规划》的要求,围绕综合规划提出的防洪断面流量、生态基流等控制性要求,积极落实有关防洪减灾、水资源保护与水生态修复等工程措施,切实加强流域管理;要增强流域的水源涵养、水土保持等生态功能,在整治航道、利用水资源、控制和治理沿江污染等方面提升标准、产生实效,加强流域生态系统和环境综合治理,大力构建钱塘江—富春江绿色生态廊道。

浙江省发展和改革委员会

浙江省人民政府金融工作办公室

浙江省钱塘江金融港湾发展规划

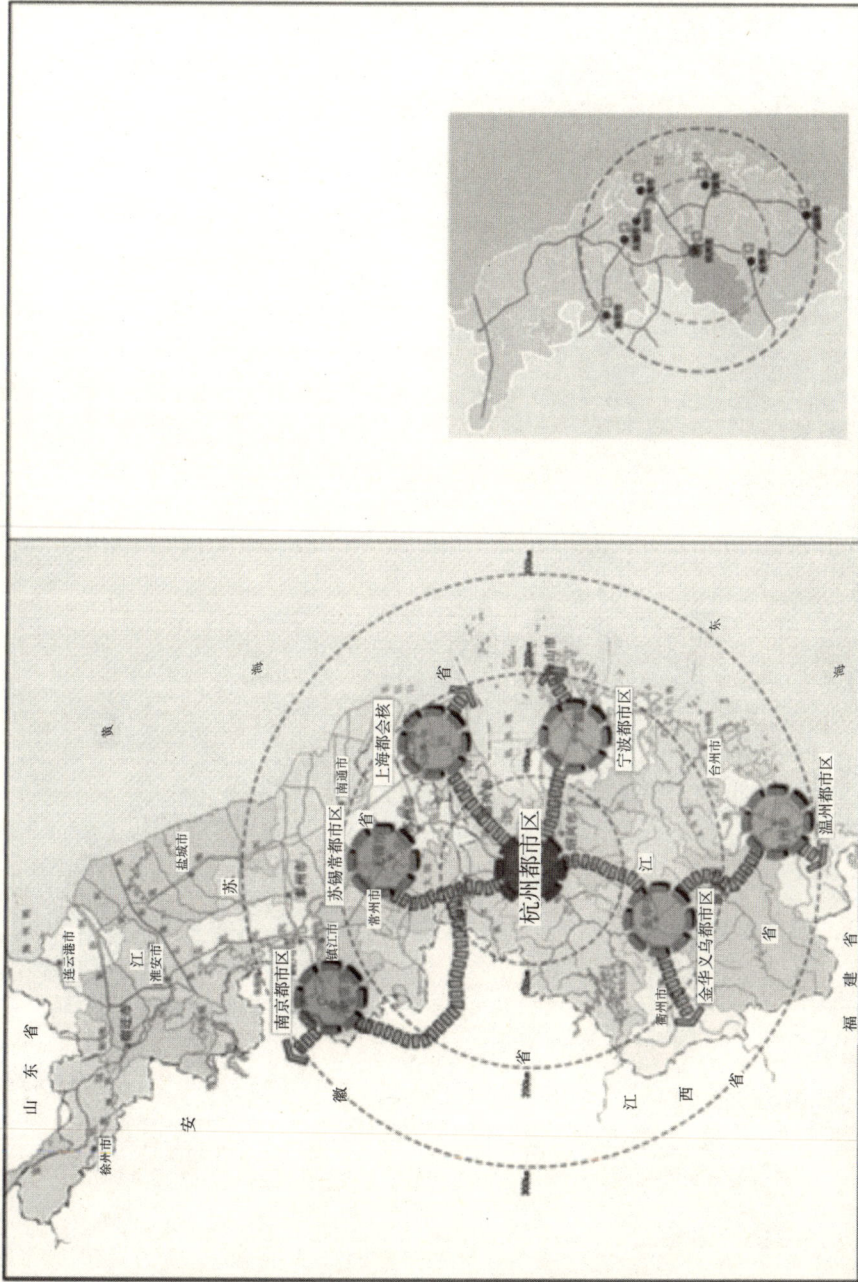

图01：杭州在长三角的区位图

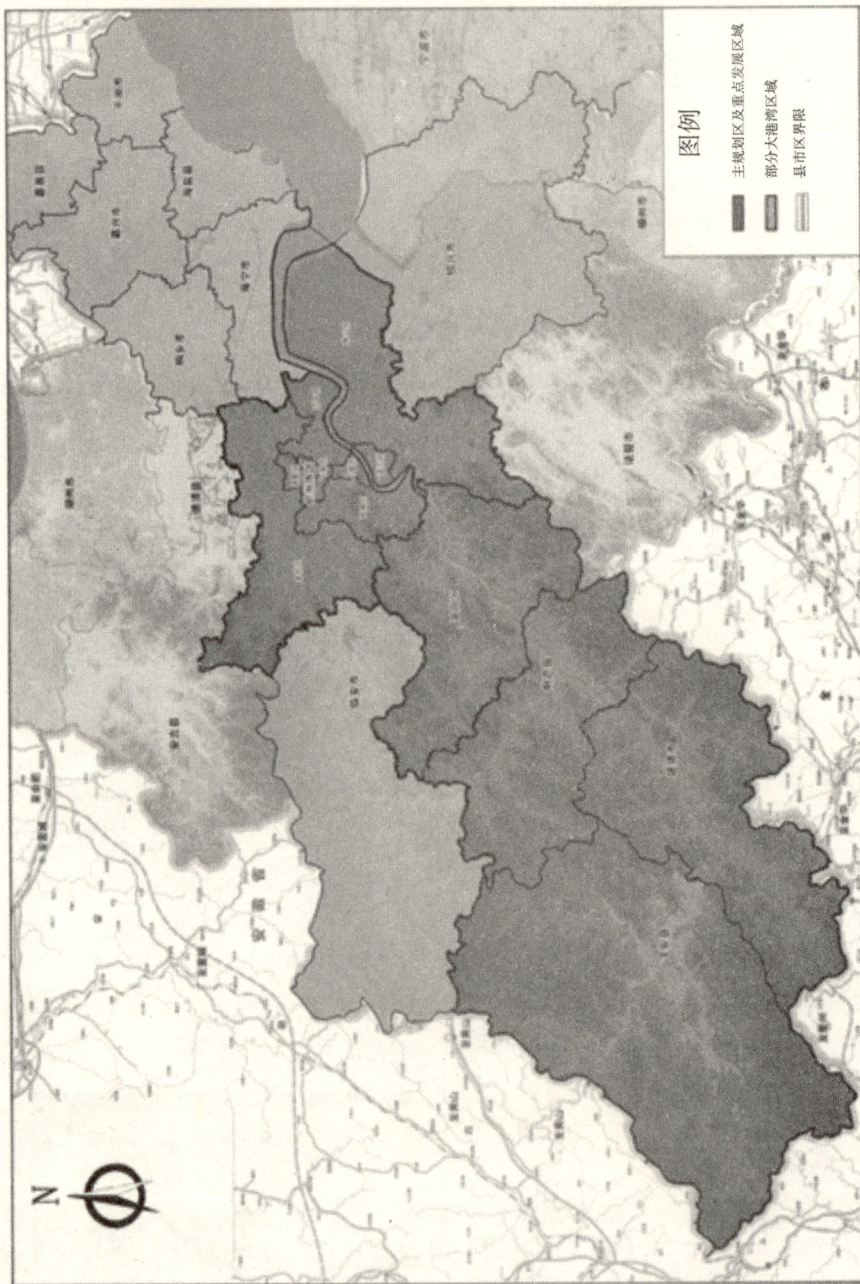

图02：港湾行政区划图

浙江省钱塘江金融港湾发展规划

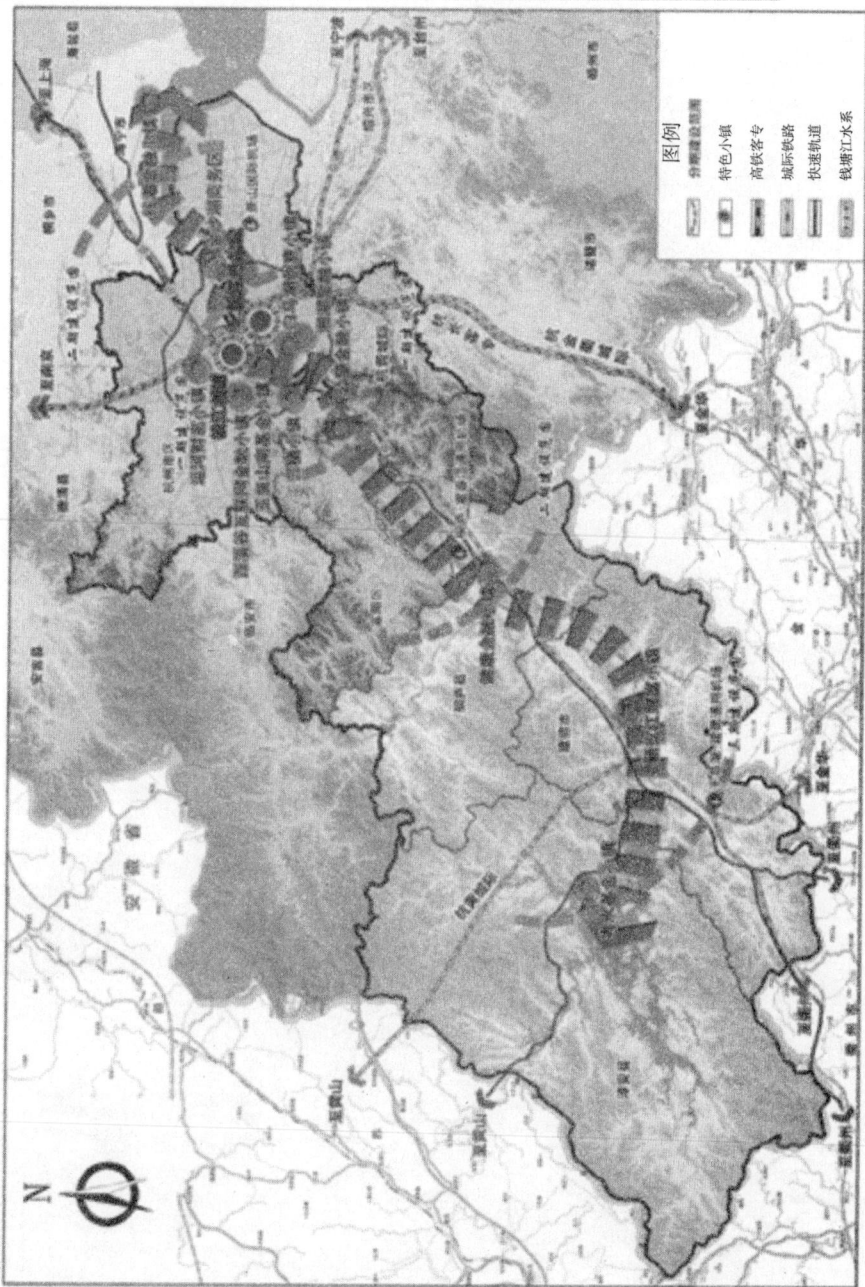

图03：全域规划图

浙江省钱塘江金融港湾发展规划

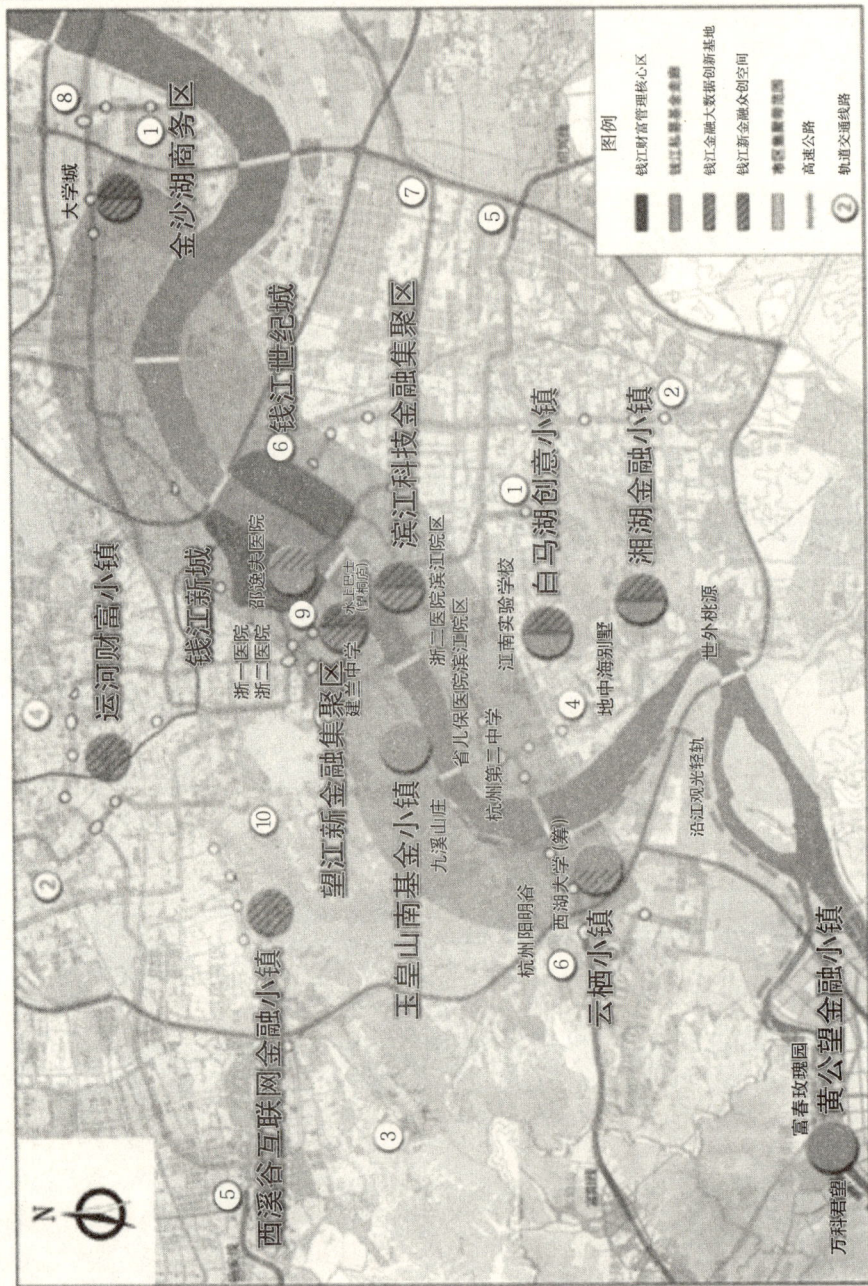

金沙湖商务区

大学城

⑧

①

钱江世纪城

⑦

⑤

滨江科技金融集聚区

⑥

运河财富小镇

钱江新城

浙一医院
浙二医院

邵逸夫医院
（庆春院区）

白马湖创意小镇

湘湖金融小镇

②

省儿保医院滨江院区
浙二医院滨江院区

朱昌巴士
（彩和坊）

江南实验学校

地中海别墅

世外桃源

④

望江新金融集聚区

建兰中学

杭州第二中学

④

望江山南基金小镇

九溪山庄

杭州阳明谷

西湖大学（筹）

②

⑩

西溪谷互联网金融小镇

云栖小镇

沿江观光轻轨

⑥

富春玫瑰园

黄公望金融小镇

③

万科精望

⑤

N

图例

钱江财富管理核心区
钱江私募基金港
钱江金融大数据创新基地
钱江新金融众创空间
重点集聚范围
高速公路
轨道交通线路

②

浙江省钱塘江金融港湾发展规划

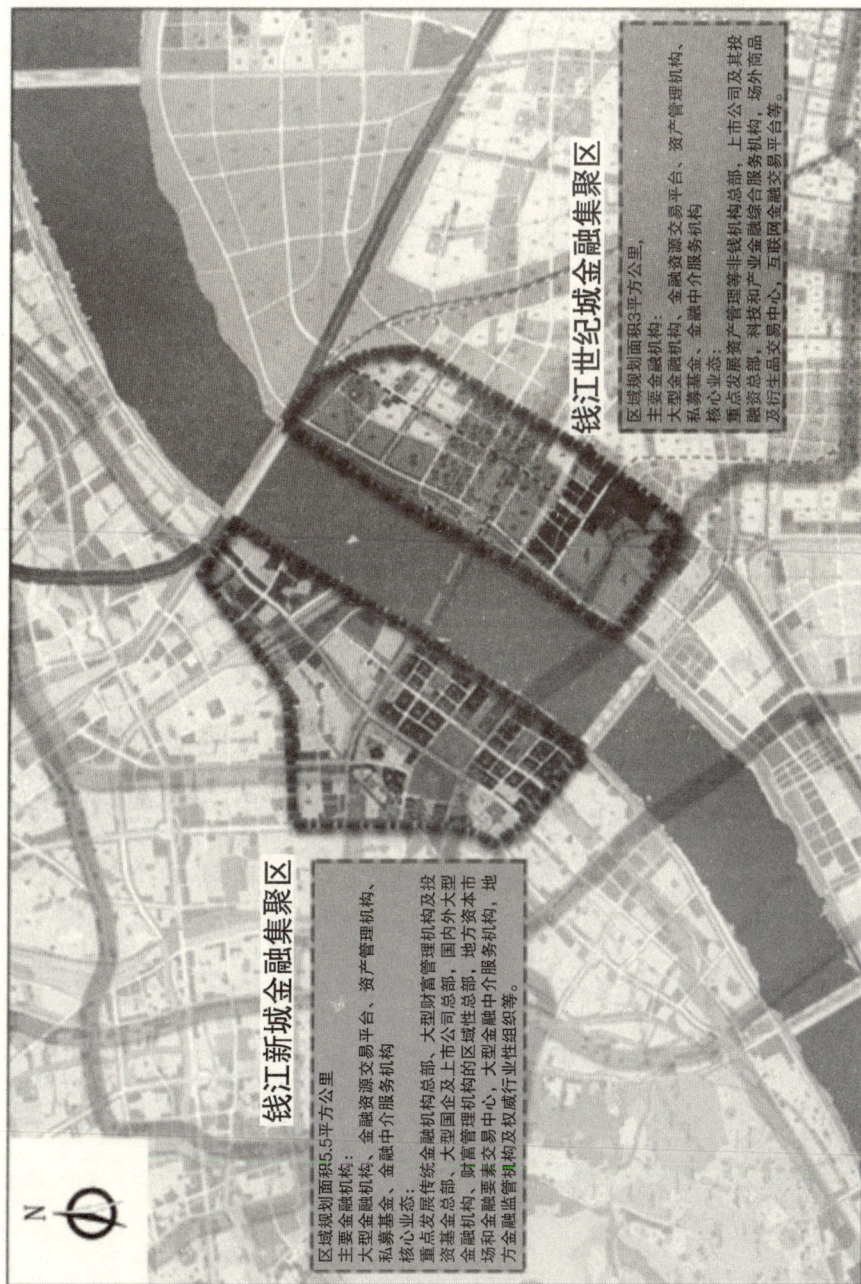

钱江世纪城金融集聚区

区域规划面积3平方公里

主要金融机构：
金融资源交易平台、资产管理机构、私募基金、金融中介服务机构

核心业态：
重点发展资产管理等非钱机构总部、上市公司及其投融资总部、财富管理和产业金融综合服务机构、科技和产业金融综合服务机构、地方金融综合服务机构、互联网金融交易平台等。

钱江新城金融集聚区

区域规划面积5.5平方公里

主要金融机构：
大型金融机构、金融资源交易平台、资产管理机构、私募基金、金融中介服务机构

核心业态：
重点发展传统金融机构总部、大型财富管理机构及投融资总部、大型国企及上市公司总部、国内外大型金融机构的区域性总部、地方资本市场和金融要素交易中心、大型金融中介服务机构、地方金融监管机构及权威行业组织等。

N

图05：钱塘江财富管理核心区规划图

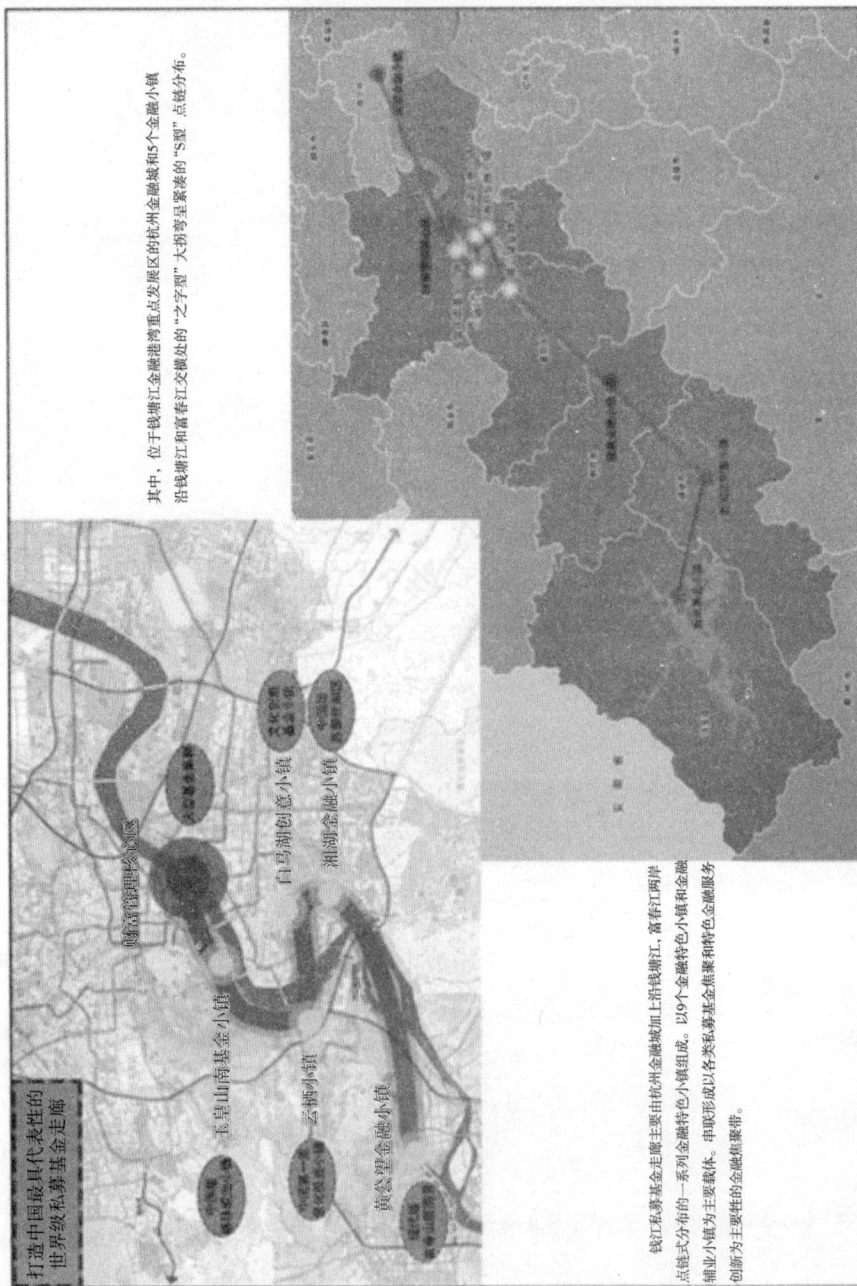

图06：钱江私募基金走廊（带）规划图

浙江省钱塘江金融港湾发展规划

金沙湖商务区

钱江新城

望江新金融集聚区

滨江科技金融集聚区

云栖小镇

云栖小镇

形成全国最大的金融大数据云平台，
成为在中国最具竞争力的金融大数据研发和服务创新基地。

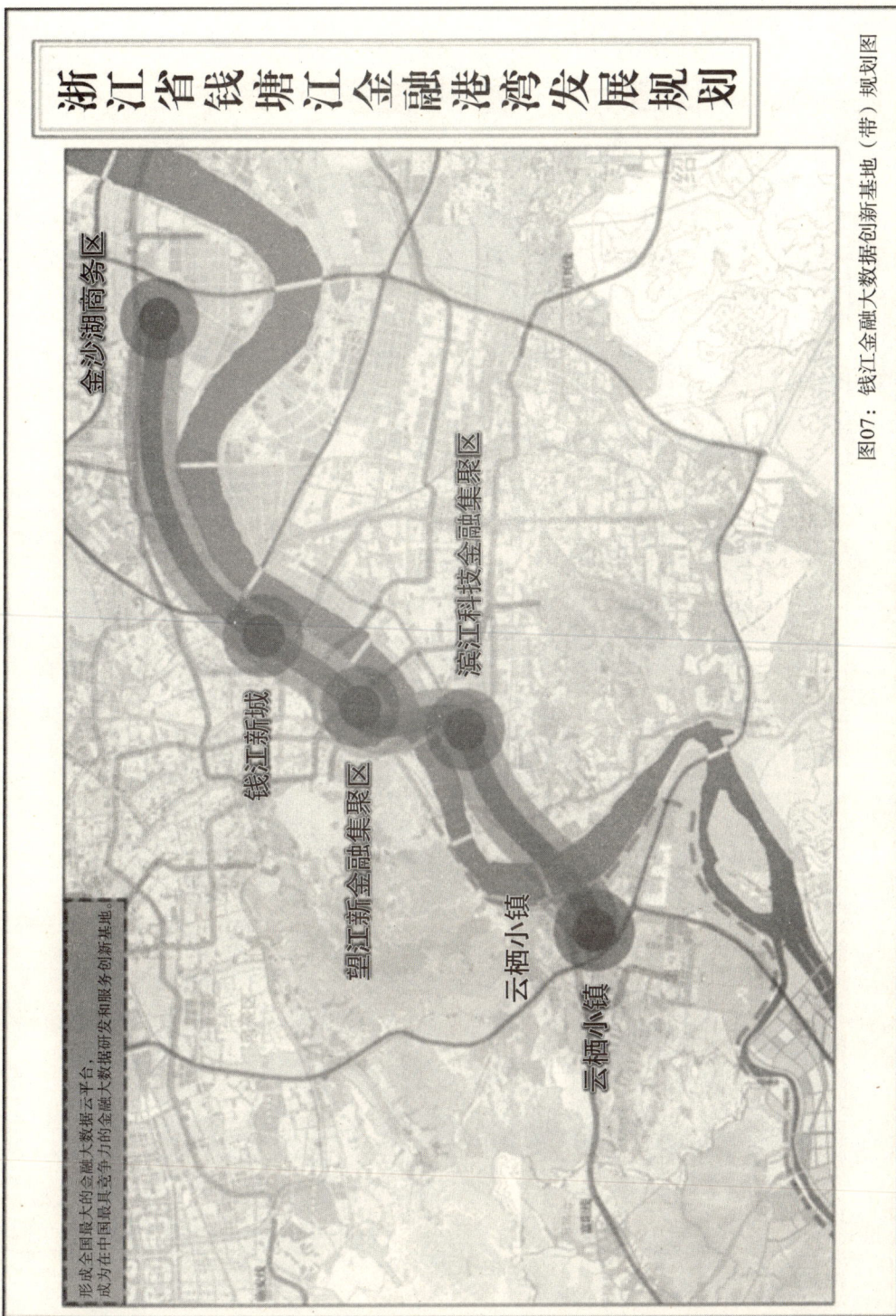

图07：钱江金融大数据创新基地（带）规划图

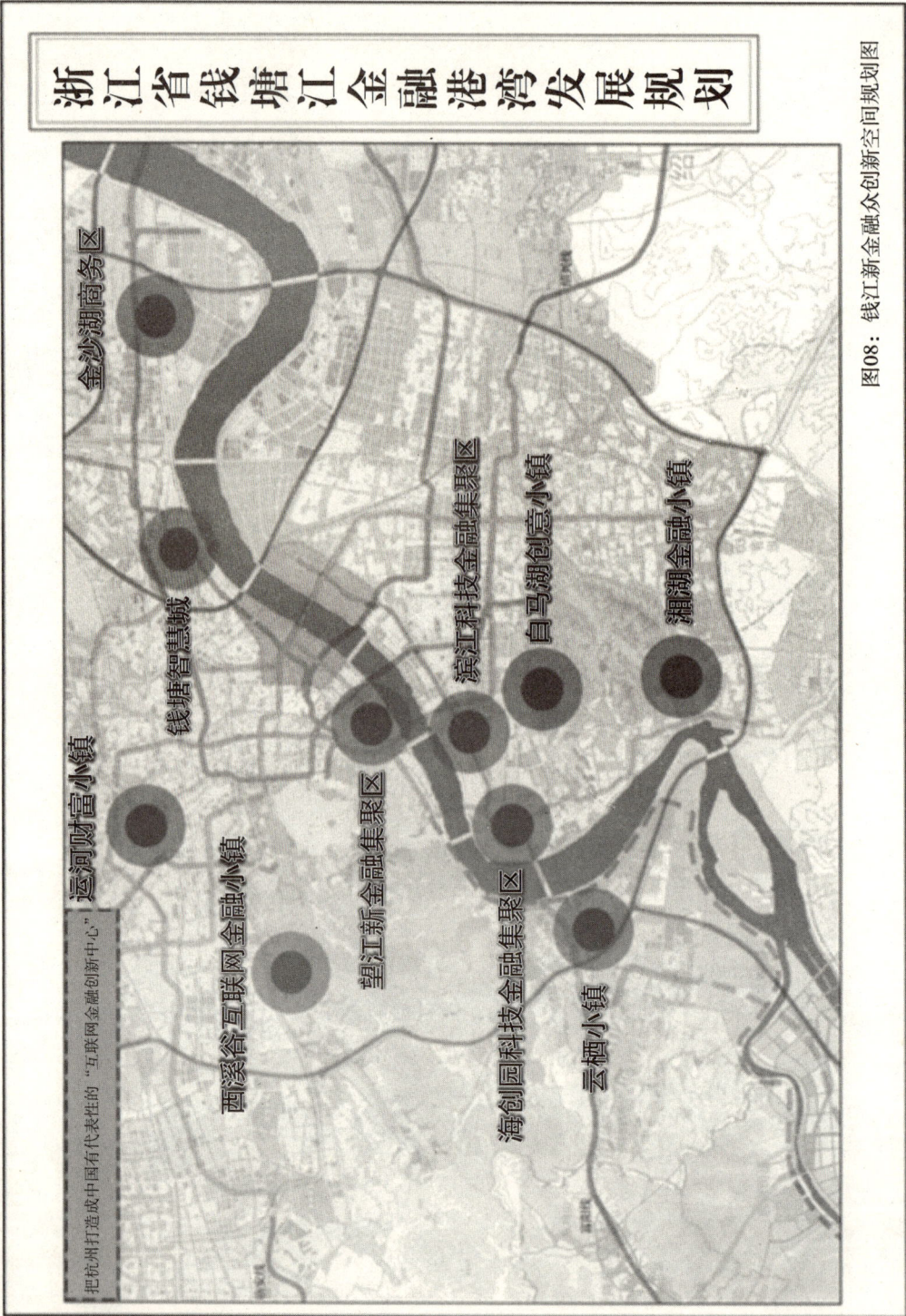

图08：钱江新金融众创新空间规划图

附录二　2016年浙江省主要经济金融指标

表 1　2016年浙江省主要存贷款指标

	1月	2月	3月	4月	5月	6月	7月	8月	9月	10月	11月	12月
金融机构各项存款余额（亿元）	91997.6	91599.3	93431.0	93524.0	93849.8	95066.0	94761.8	96119.6	96899.6	97112.9	98461.7	99530.3
其中：住户存款	36033.2	36954.8	37034.7	36605.1	36598.6	37170.3	37006.2	37402.5	38199.5	37768.7	38241.9	38755.1
非金融企业存款	31772.3	30587.2	32287.6	32291.1	32174.6	32799.1	32072.2	32991.9	33019.5	33029.5	34097.6	34561.8
各项存款余额比上月增加（亿元）	1696.0	-398.3	1831.7	93.1	325.8	1216.2	-304.2	1357.9	779.9	213.3	1348.8	1068.6
金融机构各项存款同比增长（%）	9.9	10.7	10.7	11.2	10.7	8.7	8.2	9.6	9.5	9.9	10.9	10.2
本外币 金融机构各项贷款余额（亿元）	78091.9	78695.7	79586.8	78942.8	79154.5	79880.4	79944.0	80221.8	80557.5	80890.6	81215.1	81804.5
其中：短期	40781.9	40729.3	40713.9	40373.7	40082.0	39989.3	39547.2	39277.2	38970.6	38579.3	38526.0	38652.0
中长期	32504.9	32931.6	33665.7	32877.9	33406.7	34270.6	34792.2	35278.9	25842.0	36336.3	36891.3	37586.8
票据融资	3406.1	3627.6	3734.6	4113.2	4127.7	4062.2	4052.0	4099.7	4168.7	4354.6	4228.1	3962.0
各项贷款余额比上月增加（亿元）	1625.6	603.8	891.1	-644.0	211.7	725.9	63.6	277.7	335.7	333.2	324.5	589.4
其中：短期	400.8	-52.5	-15.5	-340.2	-291.7	-92.7	-442.1	-270.0	-306.6	-391.3	-53.4	126.1
中长期	989.4	426.7	734.2	-787.8	528.8	863.9	491.5	516.7	563.1	494.3	555.0	695.5
票据融资	180.5	221.6	107.0	378.5	14.6	-65.5	-10.2	47.8	69.0	185.9	-126.5	-266.0

续表

	项目	1月	2月	3月	4月	5月	6月	7月	8月	9月	10月	11月	12月
本外币	金融机构各项贷款同比增长(%)	7.9	7.7	8.1	6.5	6.0	6.0	6.0	6.2	6.3	6.8	6.6	7.0
	其中:短期	0.0	-0.6	-1.2	-2.4	-3.3	-3.8	-3.8	-4.1	-4.3	-4.7	-4.7	-4.0
	中长期	13.0	12.9	14.3	10.6	11.2	12.4	13.1	15.4	15.8	17.3	17.8	18.8
	票据融资	104.1	112.9	117.6	136.7	126.7	104.1	81.1	57.7	54.1	54.3	39.6	22.8
	建筑业贷款余额(亿元)	2754.3	2757.0	2798.6	2813.5	2798.8	2811.1	2793.4	2786.3	2779.8	2769.7	2778.1	2777.3
	房地产业贷款余额(亿元)	3292.9	3325.0	3354.0	3222.0	3196.5	3269.2	3236.5	3169.0	3173.4	3198.1	3169.9	3180.0
	建筑业贷款同比增长(%)	6.0	5.0	5.9	6.0	3.8	2.2	1.8	1.3	1.9	2.6	2.5	3.1
	房地产业贷款同比增长(%)	5.8	5.2	5.0	-0.1	-2.1	-0.6	-1.2	-2.6	-2.6	-1.2	-1.8	-0.9
人民币	金融机构各项存款余额(亿元)	88920.9	88502.3	90375.0	90610.5	91017.6	92230.7	91959.3	93396.2	94139.9	94253.7	95527.5	96438.2
	其中:住户存款	35457.2	36398.3	36477.6	36058.3	36052.9	36612.5	36434.1	36841.8	37635.0	37168.3	37610.5	38077.1
	非金融企业存款	29484.8	28235.2	29990.1	30121.0	30078.6	30717.5	30042.4	31035.1	31026.7	30967.2	31990.8	32338.6
	各项存款余额比上月增加(亿元)	1527.6	-418.6	1872.7	235.5	407.1	1213.0	-271.4	1436.9	743.7	113.8	1273.8	910.6
	其中:住户存款	1238.6	941.1	79.3	-419.3	-5.4	559.6	-178.4	407.8	793.2	-466.7	442.2	466.6
	非金融企业存款	282.3	-1249.6	1754.8	130.9	-42.4	639.0	-675.1	992.7	-8.5	-59.5	1023.6	347.8
	各项存款同比增长(%)	9.3	10.3	10.7	11.4	10.9	8.8	8.3	10.1	10.0	10.2	11.2	10.4
	其中:住户存款	8.9	6.0	6.3	9.2	10.8	9.4	9.9	10.9	10.8	11.3	12.3	11.3
	非金融企业存款	4.4	7.9	10.9	12.1	10.4	10.9	9.6	11.7	10.8	11.0	11.2	10.1
	金融机构各项贷款余额(亿元)	75724.7	76398.0	77296.5	76768.7	76950.6	77696.2	77823.0	78131.7	78564.2	78947.8	79333.2	79926.0
	其中:个人消费贷款	14128.0	14128.7	14475.5	14757.8	15121.1	15533.4	15823.0	16246.1	16588.7	16913.1	17374.4	17759.6
	票据融资	3405.9	3627.4	3734.5	4113.1	4127.6	4062.1	4051.8	4099.7	4168.7	4354.6	4228.1	3962.0
	各项贷款余额比上月增加(亿元)	1654.5	673.2	898.5	-527.8	182.0	745.6	126.7	308.7	432.5	383.6	385.5	592.8
	其中:个人消费贷款	368.1	0.7	346.8	282.3	363.3	412.2	289.6	423.2	342.5	324.5	461.2	385.2
	票据融资	180.4	221.6	107.1	378.6	14.5	-65.5	-10.3	47.9	69.0	185.9	-126.5	-266.0

续表

		1月	2月	3月	4月	5月	6月	7月	8月	9月	10月	11月	12月
人民币	金融机构各项贷款同比增长(%)	8.9	8.9	9.4	7.9	7.3	7.2	7.2	7.6	7.6	8.0	7.6	7.9
	其中:个人消费贷款	23.1	22.2	24.0	24.4	24.9	24.8	25.6	26.8	26.9	28.0	28.6	29.1
	票据融资	104.1	112.9	117.6	136.7	126.7	104.1	81.1	57.8	54.1	54.4	39.6	22.8
外币	金融机构外币存款余额(亿美元)	469.6	473.2	473.0	451.1	430.5	427.6	421.4	407.0	413.3	422.7	426.1	445.7
	金融机构外币存款同比增长(%)	21.6	21.6	6.7	0.5	-3.1	-2.7	-2.8	-8.6	-9.0	-6.6	-4.2	-0.5
	金融机构外币贷款余额(亿美元)	361.3	351.1	354.5	336.6	335.0	329.4	318.9	312.4	298.5	287.2	273.3	270.8
	金融机构外币贷款同比增长(%)	-23.0	-23.0	-26.3	-29.8	-29.6	-31.6	-31.1	-31.8	-32.9	-30.8	-29.9	-26.6

数据来源:中国人民银行杭州中心支行。

表2　2001—2016年浙江省各类价格指数

	居民消费价格指数		农业生产资料价格指数		工业生产购进价格指数		工业生产者出厂价格指数	
	当月同比	累计同比	当月同比	累计同比	当月同比	累计同比	当月同比	累计同比
2001	—	-0.2	—	-0.3	—	-0.4	—	-1.7
2002	—	-0.9	—	-0.5	—	-2.5	—	-3.1
2003	—	1.9	—	2.9	—	5.8	—	0.6
2004	—	3.9	—	3.2	—	13.4	—	5.0
2005	—	1.3	—	5.8	—	5.4	—	2.3
2006	—	1.1	—	-0.4	—	5.6	—	3.8
2007	—	4.2	—	7.3	—	5.3	—	2.4
2008	—	5.0	—	18.9	—	10.6	—	4.3
2009	—	-1.5	—	-4.1	—	-7.4	—	-5.1
2010	—	3.8	—	2.9	—	12.0	—	6.2
2011	—	5.4	—	10.8	—	8.3	—	5.0
2012	—	2.2	—	4.2	—	-3.3	—	-2.7
2013	—	2.3	—	2.8	—	-2.3	—	-1.8
2014	—	2.1	—	-0.9	—	-1.8	—	-1.2
2015	—	1.4	—	-1.4	—	-5.5	—	-3.6
2015　1	0	0	-1.4	-1.1	-4.2	-4.2	-2.8	-2.8
2	0.8	0.4	-0.9	-0.8	-4.8	-4.5	-3.0	-2.9
3	0.9	0.6	-0.2	-0.4	-4.6	-4.5	-2.8	-2.9
4	1.2	0.7	0.8	-0.1	-4.5	-4.5	-2.9	-2.9
5	1.1	0.8	1.1	0.1	-4.4	-4.5	-3.0	-2.9
6	1.4	0.9	1.1	0.1	-4.8	-4.5	-3.4	-3.0
7	1.6	1.0	1.1	0.2	-5.5	-4.7	-3.9	-3.1
8	1.9	1.1	1.6	0.4	-6.3	-4.9	-4.4	-3.3

续表

		居民消费价格指数		农业生产资料价格指数		工业生产购进价格指数		工业生产者出厂价格指数	
		当月同比	累计同比	当月同比	累计同比	当月同比	累计同比	当月同比	累计同比
2015	9	1.7	1.2	2.2	0.6	-6.8	-5.1	-4.3	-3.4
	10	1.7	1.2	2.4	0.8	-6.7	-5.3	-4.2	-3.5
	11	2.0	1.3	2.0	0.9	-6.8	-5.4	-4.2	-3.6
	12	2.5	1.4	1.4	0.9	-6.9	-5.5	-4.4	-3.6
2016	1	2.0	2.0	-0.7	-0.7	-6.7	-6.7	-3.9	-3.9
	2	2.5	2.3	-0.2	-0.5	-6.6	-6.7	-3.7	-3.8
	3	2.3	2.3	-0.1	-0.4	-5.9	-6.4	-3.4	-3.7
	4	2.0	2.2	-0.4	-0.4	-4.8	-6.0	-2.9	-3.5
	5	1.5	2.1	-0.9	-0.5	-4.2	-5.7	-2.9	-3.4
	6	1.5	2.0	-0.6	-0.5	-3.7	-5.3	-2.8	-3.3
	7	1.4	1.9	-0.5	-0.5	-2.6	-4.5	-2.0	-3.6
	8	1.4	1.8	-1.0	-0.6	-1.6	-4.5	-1.2	-2.9
	9	2.0	1.8	-1.1	-0.6	-0.5	-4.1	-1.0	-2.6
	10	2.0	1.9	-1.2	-0.7	0.8	-3.6	-0.3	-2.4
	11	2.4	1.9	-0.1	-0.6	3.4	-3.0	0.9	-2.1
	12	2.1	1.9	1.0	-0.5	6.9	-2.2	3.1	-1.7

数据来源:《中国经济景气月报》、浙江省统计局。

表3　2016年浙江省主要经济指标

	1月	2月	3月	4月	5月	6月	7月	8月	9月	10月	11月	12月
	绝对值（自年初累计）											
地区生产总值（亿元）	—	—	9356.2	—	—	20762.3	—	—	32234.3	—	—	46485.0
第一产业	—	—	301.8	—	—	832.5	—	—	1251.1	—	—	1966.5
第二产业	—	—	3979.0	—	—	9113.8	—	—	14329.7	—	—	20517.8
第三产业	—	—	5075.4	—	—	10816.1	—	—	16653.5	—	—	24000.6
工业增加值（亿元）	1809.8	1732.3	2887.8	4008.9	5205.2	6518.7	7683.0	8853.7	10040.6	11213.1	12524.3	14008.8
固定资产投资（亿元）	—	2661.9	5424.0	7553.5	10106.1	13659.0	15955.6	18259.0	21176.9	23652.6	26522.8	29571.0
房地产开发投资	—	789.5	1457.4	2017.2	2654.6	3504.0	4085.6	4726.5	5442.6	6139.7	6810.0	7469.4
社会消费品零售总额（亿元）	—	3390.5	5026.1	6603.0	8358.4	10179.7	11955.4	13781.6	15614.0	17709.0	19829.0	21971.0
外贸进出口总额（亿元）	—	3068.9	4563.2	6383.7	8338.4	10261.0	12291.2	14464.5	16210.1	17950.6	19959.2	22202.1
进口	330.3	592.3	977.6	1337.6	1717.5	2097.0	2476.8	2854.8	3238.4	3606.4	4045.8	4535.6
出口	1479.6	2476.6	3585.6	5046.1	6620.9	8164.0	9814.4	11609.7	12971.7	14344.2	15913.4	17666.5
进出口差额（出口－进口）	1149.3	1884.4	2608.0	3708.5	4903.4	6067.0	7337.6	8754.9	9733.3	10737.8	11867.7	13130.9
实际利用外资（亿美元）	12.5	23.3	42.8	49.1	59.6	92.8	102.4	111.0	122.7	131.3	146.0	175.8
地方财政收支差额（亿元）	290.4	237.7	174.0	300.0	308.0	−83.1	−68.0	−243.1	−496.7	−396.9	−1011.7	−1674.5
地方财政收入	688.8	1092.7	1526.0	2068.3	2558.4	3043.5	3521.7	3868.3	4290.8	4742.6	5034.8	5301.8
地方财政支出	398.5	855.0	1352.0	1768.3	2250.4	3126.6	3589.8	4111.3	4787.5	5139.5	6046.5	6976.3
城镇登记失业率（季度）（%）	—	—	2.97	—	—	2.95	—	—	2.95	—	—	2.87
	同比累计增长率（%）											
地区生产总值	—	—	7.2	—	—	7.7	—	—	7.5	—	—	7.5
第一产业	—	—	1.2	—	—	1.7	—	—	2.5	—	—	2.7
第二产业	—	—	5.0	—	—	6.1	—	—	6.2	—	—	5.8
第三产业	—	—	9.5	—	—	9.7	—	—	9.2	—	—	9.4

续表

	1月	2月	3月	4月	5月	6月	7月	8月	9月	10月	11月	12月
工业增加值		4.1	6.1	6.4	6.5	6.7	6.9	6.9	6.6	6.4	6.1	6.2
固定资产投资		12.3	12.5	12.6	12.6	12.6	11.8	11.4	11.1	10.2	10.7	10.9
房地产开发投资		-6.7	-1.7	-0.4	-0.9	-0.8	-1.2	0.5	0.8	2.9	4.2	5.0
社会消费品零售总额		10.2	10.4	10.3	10.5	10.9	10.9	10.9	10.9	8.4	10.9	11.0
外贸进出口总额	-5.7	-14.6	-4.3	-0.9	1.5	1.7	2.5	3.8	2.0	1.6	3.0	3.1
进口	-11.4	-7.4	-5.1	-5.2	-2.5	-2.7	-2.9	-1.2	-0.9	-0.1	1.8	3.7
出口	-4.3	-16.1	-4.1	0.3	2.6	2.8	4.0	5.1	2.7	2.0	3.3	3.0
实际利用外资	18.4	17.4	10.3	4.4	-1.1	3.1	4.4	6.2	8.3	5.1	6.4	3.6
地方财政收入	9.8	10.7	10.4	11.3	13.0	11.9	10.2	10.7	11.6	11.0	11.1	9.8
地方财政支出	34.2	1.4	3.1	6.8	9.8	15.5	15.7	13.9	8.3	5.9	10.2	4.8

数据来源:浙江省统计局。